Hoffnung praktisch werden lassen

Befreiungstheologische Interventionen

Institut für Theologie und Politik (Hg.)

Hoffnung praktisch werden lassen

Befreiungstheologische Interventionen

Institut für Theologie und Politik (Hg.)

Edition ITP-Kompass, Bd. 30
Münster 2020

Bibliographische Information der Deutschen Bibliothek: Die Deutsche Nationalbibliothek verzeichnet diese Publikation in der Deutschen Nationalbibliographie; detaillierte bibliographische Daten sind im Internet über <http://dnb.dnb.de> abrufbar.

Hoffnung praktisch werden lassen
Befreiungstheologische Interventionen

Institut für Theologie und Politik (Hg.)
Münster 2020
Edition ITP-Kompass Bd. 30

© Edition ITP-Kompass
Institut für Theologie und Politik, Friedrich-Ebert-Str. 7, 48153 Münster
buecher@itpol.de | www.itpol.de

Satz und Layout: Philipp Geitzhaus
Umschlaggestaltung: David Hellgermann
Druck: Books on Demand GmbH, Norderstedt
ISBN: 978-3-9819845-3-8

Für Michael

Die Entwicklung einer eigenständigen Theologie der Befreiung, deren Kontext Europa sein muss, liegt heute klarer vor uns. Und die Einsicht, sowohl theoretisch als auch praktisch-politisch, die Menschen im Norden und im Süden nicht gegeneinander auszuspielen, gewinnt unter den Bedingungen eines neoliberalen und globalisierten Kapitalismus neue Bedeutung.

Michael Ramminger (1998)

Die Geschichten der Bibel sind die Geschichten des Abfalls vom befreienden Gott und der Kritik Gottes daran. Um diese Geschichten und die Möglichkeit zu bewahren, dass sie praktisch werden können, brauchen wir ein dialektisches Verhältnis zur Religion: Wir müssten Interpretationsgemeinschaft eines „militanten" Atheismus gegen die realexistierenden Götter sein, und wir müssten uns als Mahlgemeinschaft eines „militanten" Glaubens an den Gott der Befreiung und der Auferstehung (für das Subjektsein aller!) organisieren: gegen die banale erinnerungs- und hoffnungslose neoliberale Vernunft. Produktive Ungleichzeitigkeit eben!

Michael Ramminger (2008)

INHALT

VORWORT: HOFFNUNG PRAKTISCH WERDEN LASSEN............11

1. INTERNATIONALISMUS: GLOBALISIERUNG VON UNTEN..........14

Fernando Castillo: „Wir brauchen neue Bündnisse" 15 • *Olaf Kaltmeier*: Links von Nord und Süd 18 • *Olaf Kaltmeier*: Global umkämpfte Stadt 22 • *Sandra Lassak*: „Gutes Leben statt besseres Leben": Andine Visionen und gesellschaftliche Alternativen. Eindrücke vom Projekt politischen Wandels in Bolivien 27 • *Pilar Puertas*: Wir sind alle Ayotzinapa 31 • *Michael Ramminger und Katja Strobel*: „Wo seid ihr eigentlich?". Perspektiven aus den G8-Aktionen 36 • *Katja Strobel*: Blockupy. Widerstand im Herzen des europäischen Krisenregimes 40 • *Julia Lis*: Hoffnung entsteht aus Rebellion! Rückblick auf die G20-Proteste in Hamburg 45

2. CHILE..50

Olaf Kaltmeier: Chile als weltweites Lehrbeispiel in Sachen Neoliberalismus 51 • *Olaf Kaltmeier*: „Gefährliche Erinnerung". Vergangenheitspolitik in Deutschland und Chile 57 • *Barbara Imholz*: Das Gelobte Land. Über Verheißung, Hoffnung und den Umgang mit Niederlagen in Chile im 41. Jahr nach dem Putsch 62 • *Barbara Imholz*: Erinnern und Kämpfen – 50 Jahre Unidad Popular. Ein Blick auf die Straßen Santiagos in Chile 66

3. MIGRATION..70

Christine Berberich: Vom Umgang mit Fremden 71 • *Katja Strobel*: Migration und Asylpolitik. Theologische Herausforderungen 76 • *Boniface Mabanza*: Migration als Recht auf Bewegungsfreiheit 80 • *Michael Ramminger*: Durch einen Pass zum Menschen werden? 84 • *Michael Ramminger*: Der kurze Sommer der Menschlichkeit 87 • *Julia Lis*: Konfliktfeld Kirchenasyl. Radikal solidarische Praxis oder staatlicher Gnadenerweis? 90

4. MILITARISIERUNG..94

Michael Ramminger: Suche Frieden – trotz' der Gewalt 95 • *Michael Ramminger*: #Trotz der Gewalt – Folge Deiner Berufung! 99

5. NEOLIBERALISMUS...102

Michael Ramminger: Arbeit für alle? 103 • *Michael Ramminger*: Globalisierung, Neoliberalismus und christliche Identität 109 • *Katja Strobel*: „Freilich sollte unter dir ja kein(e) Bedürftige(r) sein..." (Dtn 15,4). Biblische Einwände gegen Hartz & Co 114 • *Katja Strobel*: Die K-Frage stellen. Krise, Kapitalismus, Kairos? 119 • *Andreas Hellgermann*: Auf dass wir Bereitschaftsmaschinen werden! Resilienz als Selbsttechnologie 123

6. FEMINISTISCHE GESELLSCHAFTSKRITIK
   – FEMINISTISCHE THEOLOGIE 128

Barbara Imholz und Katja Strobel: Feministische Kritik der Arbeit. Auswirkungen der Globalisierung auf das Geschlechterverhältnis 129 • *Sandra Lassak und Katja Strobel*: Identitätsdebatte und Geschlechterverhältnisse. Eine vernachlässigte Perspektive in der Globalisierungskritik? 133 • *Katja Strobel*: Der neue Mensch nach Hartz. Feministisch-theologische Erwägungen 140 • *Barbara Imholz und Julia Lis*: Papst Franziskus und die Frauen. Gegen das Patriarchat in Kirche und Gesellschaft 143 • *Julia Lis*: Wie aus Frauen Subjekte werden können ... Sexuelle Differenz bei Tove Soiland als Ausgangspunkt feministischer Reflexion 147

7. THEOLOGIE DER BEFREIUNG.................................150

Norbert Arntz: Ein Blick in die theologische Werkstatt des DEI in Costa Rica 151 • *Jon Sobrino*: Solidarität 154 • *Michael Ramminger*: Theologie, kulturelle Identität und Befreiung 160 • *Fernando Castillo*: Theologie, kulturelle Identität und Befreiung 1 165 • *Paulo Suess*: Theologie, kulturelle Identität und Befreiung 2 169 • *Kuno Füssel*: Theologie, kulturelle Identität und Befreiung 3 174 • *Elsa Tamez*: Klug leben inmitten der Absurdität 178 • *Ludger Weckel*: Fernando Castillo. Erinnerung an einen Freund 183 • *Michael Ramminger*: Wir Reichen, die Armen. Die Befreiungstheologie und ihr Echo in der BRD 189 • *Michael Ramminger*: Die Wiederkehr der Religion und der Tod Gottes (2003) 196 • *Nancy Cardoso Pereira*: Vom Anhalten der Uhren 200 • *Michael Ramminger*: Religion – Christentum – Ungleichzeitigkeit 203 • *Dick Boer*: Zwei inkompatible Sprachen? 208 •

Franz J. Hinkelammert: Kritik der politischen Ökonomie, Religionskritik und Humanismus der Praxis 213 • *Philipp Geitzhaus*: Bruch und Option. Zwei Basiskategorien einer Theologie der Befreiung 220 • *Claudia Huml und Andreas Kückmann*: „Das volck wird frey seyn!" Thomas Müntzers „vergessene Reformation" 224 • *Philipp Geitzhaus*: Politische Theologie in der Diskussion. Zur Kritik der postpolitischen Theologie 227 • *Philipp Geitzhaus*: Paulus, die Wahrheit und die Idee des Kommunismus. Badiou politisch-theologisch 231 • *Michael Ramminger*: „Wir waren Kirche ... inmitten der Armen". Das Vermächtnis der Christen für den Sozialismus in Chile 235

8. ISLAMISCHE THEOLOGIE DER BEFREIUNG............................240

Kacem Gharbi und Benedikt Kern: Der „Islam der Befreiung" hat Gerechtigkeit und Gleichheit zum Grundsatz. Ein Gespräch mit dem muslimischen Philosophen und Befreiungstheologen Kacem Gharbi (Tunis) 241

9. KIRCHE..251

Michael Ramminger und Ludger Weckel: Krise und Perspektiven von „Eine-Welt"-Gruppen 253 • *Michael Ramminger*: Dritte-Welt-Gruppen und Solidaritätsbewegung 259 • *Paulo Suess*: Zeichen der Zeit. Medellín war ein Umbruch in der lateinamerikanischen Kirche 264 • *Ludger Weckel*: Revolutionäre Zeiten. Die Bischofsversammlung von Medellín 272 • *Ludger Weckel*: Ein „umfassender Heilsbegriff". Die Aufbrüche in der Ökumene vor 40 Jahren 277 • *Cordula Ackermann*: Ökumene der Bewegungen 283 • *Michael Ramminger*: Parteilichkeit ist konfliktiv. Zur Notificatio gegen Sobrinos Christologie 286 • *Martin Ostermann*: Walter Dirks zur Zukunft des Vaticanum II 293 • *Michael Ramminger*: Missbrauch,

Kirche, Katakomben 297 • *Philipp Geitzhaus und Julia Lis*: Eine Kirche, die interveniert 301 • *Philipp Geitzhaus und Julia Lis*: „Anders Mensch sein in einer anderen Kirche für eine andere Welt". Zum Abschluss des Erinnerungsprojekts an das II. Vatikanische Konzil 305 • *Julia Lis und Michael Ramminger*: Neue strategische Allianz? Das Institut für Theologie und Politik beim Welttreffen der Sozialen Bewegungen in Rom 308 • *Benedikt Kern*: „Manchmal denke ich, dass ihr tut, was Jesus tat". Wie die Sozialen Bewegungen eine Kirche der Armen zum Kampf um neue gesellschaftliche Verhältnisse anstiften könnten 311 • *Institut für Theologie und Politik*: Müssen wir wirklich der AfD zuhören? - Nein! 314 • *Michael Ramminger: Laudato Si* und der Mist des Teufels 316 • *Benedikt Kern*: Klimasynode im Braunkohlerevier. Die Klimakrise als Kairos für eine Kirche im Kapitalismus 320 • *Michael Ramminger*: Das Modernisierungsprogramm von DBK und ZdK. Nachdenkliche Anmerkungen zum synodalen Prozess in der römisch-katholischen Kirche 323

10. MESSIANISCHER RELIGIONSUNTERRICHT......................328

Ricarda Koschick: Religionsunterricht zwischen Bedeutungslosigkeit und Anpassung? 329 • *Andreas Hellgermann*: Anmerkungen zum schwierigen Gebrauch des Kompetenzbegriffs in der Bildung 333

Vorwort: Hoffnung praktisch werden lassen

Christliche Existenz bedeutet, Hoffnung praktisch werden zu lassen. Sie bedeutet, der Hoffnung auf den Gott der Lebenden und der Toten Konsequenzen folgen zu lassen. Christliche Theologie ließe sich entsprechend als eine „Apologie der Hoffnung" charakterisieren. Eine solche Theologie reflektiert nicht nur die christlichen Begriffe, Motivationen oder Handlungsweisen, sondern sie formuliert eine konkrete Hoffnung sowie den Grund dieser Hoffnung in eine Situation hinein, die von Leiden, Kämpfen und Widersprüchen geprägt ist. Sie weist auf die Möglichkeit der vermeintlichen Unmöglichkeit hin, auf die bereits geschehenen und die noch einlösbaren Unterbrechungen.

Damit solch ein Programm nicht in bloßen Appellen verharrt oder allgemeine Floskeln zur Lage der Welt formuliert, ist es auf konkrete Analysen von Geschichte und Gesellschaft sowie auf die Wahrnehmung der Subjekte von Unterbrechungen angewiesen.[1] Um eine solche christliche Existenz und eine solche Theologie ist das Institut für Theologie und Politik (ITP) bemüht und damit aufs engste mit der politischen Theologie von Johann Baptist Metz und der Theologie der Befreiung Lateinamerikas verbunden.

In diesem Band haben wir Texte der letzten 26 Jahre – seit der Gründung des ITP – versammelt. Es ist ein etwas untypisches Buch, denn die Texte sind keine ausführlichen Analysen, sondern Essays, die zu konkreten Anlässen geschrieben und auch schon einmal in unseren zweimal jährlich erscheinenden Rundbriefen veröffentlicht wurden. Als Essays pointieren sie jeweils bestimmte Aspekte, sind teilweise polemisch, stellen Fragen, wollen Anregungen sein: es sind eben „Versuche" zu formulieren und zu kon-

---

1 Vgl. Metz, Johann Baptist: Glaube in Geschichte und Gesellschaft. Studien zu einer praktischen Fundamentaltheologie, Mainz ²1978, S. 3.

kretisieren, welche Fragen, Aufgaben und Herausforderungen sich aus einer Perspektive christlicher Hoffnung hier und heute in den Blick nehmen lassen. Allerdings zeigt sich rückblickend auch ihre Bedeutung für den Versuch von einem spezifischen Ort her, dem ITP, und inmitten politischer Auseinandersetzungen Theologie zu treiben. Es lässt sich erkennen, auf welche Weise Anregungen aufgenommen und weiterverarbeitet wurden. Darin weisen die Überlegungen auch immer wieder über diese mehr als 25 Jahre erstaunliche Kontinuitäten auf: Das gilt beispielsweise für das Thema der Migration und der Asylverweigerung oder für das philosophische Thema von Universalität und Partikularität. Gleichzeitig gibt es natürlich Themenbereiche, die erst seit wenigen Jahren im ITP Aufmerksamkeit erfahren haben, wie die islamische Befreiungstheologie. So bietet das Buch Einblicke in Entwicklungen der Arbeit und des Denkens in und am ITP. Viel entscheidender – so unsere Hoffnung – ist, dass die zahlreichen Essays befreiungstheologische Interventionen darstellen. Denn noch mehr als in differenzierten theologischen Aufsätzen und Büchern (die eigenen eingeschlossen[2]), tritt in diesen Essays das Engagement, die Positionierung, die Option in den Vordergrund.

Die Auswahl der zehn Kapitel spiegelt Themen- und Arbeitsbereiche des ITP wieder, die uns bedeutsam erschienen und die uns über politische Konjunkturen hinweg die Jahre über begleitet und beschäftigt haben. Viele Artikel ließen sich nicht einfach einem bestimmten Themenbereich zuordnen, was darauf verweist, dass wir hier am ITP immer bemüht sind, die Dinge zusammenzudenken. Unmittelbar befreiungstheologische Reflexionen fließen in politische Analysen ein und umgekehrt.

Michael Ramminger, der Mitgründer des ITP, ist in seinem Denken einer solchen Verknüpfung von Politik und Theologie stets treu geblieben. Ihm, der mit seiner ganzen Existenz Theologie und Politik verbindet, widmen wir zum 60. Geburtstag dieses Buch:

---

2   Vgl. die Bücher zur Befreiungstheologie der „Edition-ITP-Kompass".

Denn keiner von uns kann das ITP ohne Michael denken oder Michael ohne das ITP. Wie kaum ein anderer steht er dafür ein, dass es auch heute notwendig ist, ernsthaft Theologie zu treiben, das heißt begründet vom Gott der Auferstehung zu sprechen und dass es möglich ist, eine christliche Existenz, das heißt immer auch eine kirchliche Existenz, zu wagen.

Cordula Ackermann, Philipp Geitzhaus, Barbara Imholz, Benedikt Kern, Ricarda Koschick, Julia Lis und Pilar Puertas als seine FreundInnen und GenossInnen haben die Texte des Buches zusammengestellt und für eine erneute Veröffentlichung durchgesehen. Wir danken allen Autorinnen und Autoren der hier versammelten Essays, die Freundinnen und Freunde oder MitarbeiterInnen des ITP sind. Besonders danken möchten wir Theresa Lennartz für die hilfreiche Korrekturlesung und ihr Engagement bei der Entstehung dieses Buches.

Münster, Ostern 2020　　　*Philipp Geitzhaus und Julia Lis*
　　　　　　　　　　　　　　　　Für das ITP-Team

1. Internationalismus: Globalisierung von unten

Fernando Castillo

„Wir brauchen neue Bündnisse" (1994)

Viele soziale und politische Befreiungsbewegungen in Lateinamerika haben lange Jahre mit einem Befreiungsbegriff gearbeitet, zu dem es gehörte, dass Lateinamerika sich vom Norden, vom Weltmarkt befreien müsste. Dies ist heute nicht mehr so klar. Es gibt heute ein größeres Bewusstsein davon, dass die Probleme wesentlich komplexer sind und dass man eine neue Analyse über die Vernetzung des Weltsystems braucht. In den siebziger Jahren war man davon überzeugt, dass die Lösung für Lateinamerika in der Abkoppelung vom Weltmarkt bestand. Die politische Konsequenz, die man aus der Abhängigkeitstheorie zog, war die Abkoppelung vom Weltmarkt. Wenn ein Staat durch die Integration in den Weltmarkt gerade aus den Weltmarktzusammenhängen ausgebootet wurde, war die Folgerung, der erste Schritt, dass er diese Beziehung abbrechen muss. Das hat sich radikal geändert.

Die Abkoppelung ist vom Kapital vollzogen worden

Die Abkoppelung ist tatsächlich vollzogen worden, aber nicht von den Befreiungsbewegungen, sondern vom Norden bzw. vom Kapital. Viele Länder wurden in der Tat abgekoppelt, so z.B. Peru oder Länder in Afrika. Und andere Länder stehen jetzt vor der Bedrohung, abgekoppelt und eine ganz überflüssige Größe in der Welt zu werden. Jetzt besteht die Bemühung dieser Länder – und nicht nur der Finanzgruppen oder der Eliten dieser Länder – darin, nicht abgekoppelt zu werden. Ich glaube, da gibt es vielleicht ein gemeinsames Interesse. Die Frage ist nur, unter welchen Bedingungen. Das ist die Frage für die neunziger Jahre und alles läuft darauf hinaus, dass diese Integration für Lateinamerika wieder einmal ungünstig verlaufen wird. Andererseits wächst auch allmählich das Bewusstsein in Lateinamerika, dass Armut nicht nur ein Problem der „Dritten Welt" ist, sondern auch ein Problem der ersten Welt oder zu einem Problem der ersten Welt wird. Soweit sind wenigstens einige Kreise in Lateinamerika informiert und man vermutet, dass wir vor einem Prozess der Transnationalisierung der Armut stehen. So wie das Kapital sich transnationalisiert hat, transnationalisiert sich auch die Armut.

Das Nord-Süd-Schema stimmt nicht mehr mit den geographischen Grenzen überein

Das stellt auch eine Frage an das Nord-Süd-Schema. Ich glaube schon, dass es noch ein Nord-Süd-Gefälle gibt. Das ist evident. Aber es stimmt nicht überein mit den geographischen Grenzen. Immer mehr entsteht im Süden ein Norden, ein Sektor, der wirtschaftlich und vom Konsum her so dynamisch ist wie im Norden, und im Norden entsteht ein Süden. Insofern gibt es, glaube ich, eine neue Weltkonstellation und die Notwendigkeit, neue Solidarität und Allianzen zu denken. Man hat sich bei uns früher viel weniger von der Solidarität aus dem Norden erhofft als heute. Die Solidarität muss jetzt in eine neue Phase eintreten. Es geht nicht mehr darum, dass der reiche Norden nur Geld nach Lateinamerika schickt, sondern darum, dass wirkliche Allianzen und Bündnisse zwischen Armutsbewegungen im Norden und im Süden entstehen. Was sich transnationalisiert hat, ist die Armut, das Kapital und vor allem auch ein neues System oder eine Stufe im Weltsystem. Jahrzehntelang hat man gedacht, die Wirtschaftssysteme, vor allem die dynamischen Systeme im Norden, wachsen, in einer Form, dass die

Reichen reicher werden, andererseits aber die Armen auch Anteil am Reichtum haben, dass also alle Anteil am Wachstum haben.

Damit das System wächst, muss es Armut produzieren – auch in Europa

Wir geraten langsam in ein System, das überall das ökonomische Wachstum an die Produktion von Armut koppelt. Damit das System wächst, muss es Armut produzieren: In größerer Form in Lateinamerika, in kleinerer Form in Europa; man hört, dass auch in den USA die Armut enorm gewachsen ist (16 Mill.). Das schafft eine ganz neue Konstellation. Damit ist der Nord-Süd-Konflikt nicht abgeschafft. Dieser Unterschied existiert noch, aber er wird relativiert durch diese neuen Entwicklungen. Die geographischen Entfernungen verlieren in diesem Sinne an Bedeutung, so wie sie auch im Zeitalter der elektronischen Medien für den Kapitaltransfer an Bedeutung verlieren.

Olaf Kaltmeier

Links von Nord und Süd (1999)

Links von Nord und Süd ist eine politische Ortsbestimmung in der gegenwärtigen politischen Geographie des weltweiten Neoliberalismus. Wesentlich für die neue globale Karte ist die räumliche Entgrenzung des Kapitalismus. Mit der Globalisierungswelle gehen massive gesellschaftliche Differenzierungsprozesse einher, die den Begriff nationalstaatlich-integrierter Gesellschaften immer inhaltsleerer werden lassen und gesellschaftliche Exklusionen produzieren. Entsprechend analysiert José Bengoa für Lateinamerika:

> „Die Globalisierung, Kennzeichen der letzten Modernisierungswelle, hat kein ihr innewohnendes Prinzip der Integration. Ganz im Gegenteil. Sie verwandelt sich in das Phänomen der größten Sprengkraft für die lateinamerikanischen Gesellschaften [...] Und die Armen, die Marginalisierten, die Ausgeschlossenen werden sich in ihre Systeme der Auto-Subsistenz flüchten, [...] in ihre eigenen, vom Rest der Gesellschaft abgekoppelten Kulturen."[1]

Damit ist etwas Wirklichkeit geworden, „was Ricardo in der ersten Hälfte des 18. Jahrhunderts festgestellt hatte: der Kapitalismus schaffe nicht nur Reichtum (Hegel fügte hinzu: und Armut), sondern auch redundant population" (Agnoli 99). Diese gesellschaftliche Polarisierung und Exklusion von Bevölkerungsgruppen bzw. ganzer Regionen betrifft nicht nur den Süden sondern auch den Norden. Laut der im Oktober dieses Jahres vorgelegten Armutsstudie des Caritas-Verbands gehört in den alten Bundesländern

---

1 Bengoa 154-155; alle folgenden Zitate sind den entsprechenden Artikeln im Buch „Links von Nord und Süd", Kaltmeier/Ramminger, Münster 1999 entnommen.

den unteren 30 Prozent aller Haushalte nicht einmal ein Hundertstel des Gesamtvermögens von knapp 7,2 Billionen Mark. Diese Herausbildung des Südens im Norden bedeutet jedoch nicht, dass die geographische Kluft zwischen Nord und Süd vollends verschwindet. Aber entscheidend ist Folgendes: Gleichzeitig tun sich auch Klüfte innerhalb der Gesellschaften des Nordens auf. Auch in der BRD gilt, was Agacino en detail für Chile herausarbeitet: Es „konsolidieren sich zwei Welten, die durch abgrundtiefe Ungleichheiten voneinander getrennt sind" (Agacino, 70). Dies führt dazu, dass sich Erfahrungshorizonte von Armut, Ausgeschlossenheit, Rassismus, Patriarchat, Fremdbestimmung, etc. im globalen Neoliberalismus annähern. Transnationale Solidaritätsarbeit ist also heute jenseits von Nord und Süd positioniert. Diese sozialstrukturelle und empirisch feststellbare Annäherung von Erfahrungshorizonten fällt aber nicht zwangsläufig mit einer entsprechenden kulturellen Deutung der Situation zusammen. Die mögliche Annäherung von Erfahrungshorizonten muss erst in einem gemeinsamen Dialog konstruiert werden, sie ist auf der Handlungsebene nicht per se gegeben. Aufgabe der Solidaritätsbewegung wäre also, an der Konstruktion einer gemeinsamen Verstehensbasis mitzuwirken, auf deren Grundlage ein gleich-berechtigter, Differenzen anerkennender Dialog möglich wird. Wer sind aber die Akteure und von welchen gesellschaftlichen Orten sprechen sie? Bezüglich der Subjekte ist zunächst einmal Ratlosigkeit angesagt:

> „Im Gegensatz zur gesellschaftlichen und politischen Entwicklung der letzten zweihundert Jahre kapitalistischer Entwicklung haben erstmals gesellschaftliche Gegenentwürfe keinen erkennbaren sozialen Ort. Es gibt zwar durchaus noch Klassen. [...] Doch gesellschaftliche Opposition und Gegenmacht, die kollektiven Subjekte zur Durchsetzung von Gegenmodellen sind in den diffuser gewordenen, weit eher als früher subjektiv und individuell wählbaren Identitäten schwerlich noch zu finden" (Kößler, 161-162).

1. Internationalismus

„Einheit in der Vielfalt"

Insofern müssen wir uns heute von der Vorstellung eines Subjekts für gesellschaftliche Veränderung verabschieden und stattdessen die Vielfalt möglicher Subjekte anerkennen. Um aber durchsetzungsfähige Politik machen zu können, sind dann Bündnisse notwendig, die die diversen Forderungen aus den unterschiedlichen sozio-kulturellen Milieus unter dem Prinzip „Einheit in Vielfalt" (Vitale, 190) bündeln können. Konkret werden Soziale Bewegungen in diesem Zusammenhang schnell als mögliche Träger von gesellschaftlichen Veränderungen ausgemacht. Dem steht jedoch die Analyse von Alex Demirovic auf dem Seminar des Instituts „Bausteine für eine Globalisierung von unten" im Oktober dieses Jahres entgegen, die davon ausgeht, dass der Mobilisationszyklus Sozialer Bewegungen in der BRD beendet ist. Insofern stehen wir vor folgendem Dilemma:

> „Das Postulat, Gegenmacht und alternative Politiken zum herrschenden Neoliberalismus müssten nach wie vor von den gesellschaftlichen Bewegungen und in ihnen verwurzelten Organisationen ausgehen und entscheidend gestützt werden, bezeichnet daher nicht so sehr und nicht allein eine Lösung, als vielmehr zugleich das Problem der stabilen Organisation für solche Zielsetzungen." (Kößler, 164)

Dennoch ist die Herausforderung, gerade diese Leerstelle der Sozialen Bewegungen neu zu füllen, was ein langwieriger aber durchaus kreativer Prozess sein kann. „Diese Zeit des Übergangs ist gewiss keine Zeit erfolgreicher Experimente für die große Mehrheit, sie ist vielmehr eine Zeit der Vertiefung und der Kreativität, um neue Fundamente zulegen." (Richard, 172). Dabei ist es hilfreich, dass bestimmte Positionen verschwunden sind, während andere noch zu entdecken sind. So schreibt Vitale nahezu erleichtert: „Jetzt, wo das, was sich ‚Sozialismus' nannte, seinen Niedergang erlebt hat, haben wir größere Klarheit darüber, was wir nicht als Projekt einer alternativen Gesellschaft wollen." (Vitale,

197) Zurückgewiesen werden aber auch die NGOisierung sowie der ‚lange Marsch durch die Institutionen', d.h. gesellschaftliche Veränderung durch Staat und politische Parteien.

Alternativen vom Rand her

Die Konstruktion von Alternativen ist vom Rande der modern-kapitalistischen Gesellschaft zu denken und muss alle Lebensbereiche umfassen. Es geht um Selbstbestimmung gegen die neoliberale Fremdbestimmung, um Solidarität gegen das atomisierende Konkurrenzdenken. Und es geht letztlich darum, wie das individuelle Leben in den gegenwärtigen Verhältnissen gestaltet werden kann. Mit Pablo Richard kann gesagt werden: „Wir können zwar nicht außerhalb des Systems leben, weil die Globalisierung alles in ihren Bann zieht, aber wir können sehr wohl ein Leben im Widerspruch zum Geist des Systems führen" (Richard, 167). Dieses weitgehend unergründete Gebiet selbstbestimmter Alternativen ist zu erschließen und es sind „neue Machtverhältnisse zu konstruieren, und zwar von unten her [...]." (Richard, 173).

Olaf Kaltmeier

Global umkämpfte Stadt (2003)

Das Institut für Theologie und Politik vertritt bereits seit 1993 die These, dass sich in der aktuellen Globalisierungssituation der herkömmliche geographische Nord-Süd-Gegensatz aufgelöst hat und dass sich Erfahrungshorizonte von Menschen im Norden und im Süden annähern. Diese These beinhaltet ein neues räumliches Verständnis. Obwohl der Nationalstaat weiterhin ein wichtiger Akteur in der regionalen, nationalen und globalen Arena bleibt, können räumliche Bezüge nun nicht mehr allein auf ihn bezogen werden. Die herkömmlichen Beziehungen zwischen Stadt und Land, verstanden sowohl als ländliches Hinterland als auch als Nationalstaat, sind im Fluss. In der Soziologie und Geographie etabliert sich immer mehr das Bild eines netzwerkartig organisierten Raumes der Ströme (Telekommunikation, computergestützte Verarbeitung, Hochgeschwindigkeitstransport, Kapital). Diese Ströme bündeln sich in einigen Knoten und Zentren, wofür die sogenannten „global cities" das beste Beispiel sind. Sie sind sogenannte Agglomerationsstandorte (= Zusammenballungen) für hochspezialisierte und vernetzte Dienstleistungen, die nicht so sehr auf den Nationalstaat, sondern auf die globale Ebene orientiert und in ein Netz von Städten einbezogen sind. Hier sind vor allem Städte des Nordens wie New York, Tokio, London, aber auch Mexiko, Singapur, Hong Kong, etc. gemeint. Dies ist der neue globale „Norden". Der neue ebenfalls globale „Süden" sind die Regionen, Stadtviertel und ländlichen Räume, die von der Reichtumsproduktion dieses Netzes abgekoppelt sind. Besonders in Städten gibt es auf engstem

Raum ein Nebeneinander von hoch technologisierten, global vernetzten Räumen und verarmtem, exkluierten Vierteln. Diese mega-cities Afrikas und vor allem Asiens und Lateinamerikas sind, ähnlich wie auch die global-cities, die die zentrale funktionale Bedeutung als Knotenpunkte in den globalisierten Informationsströmen haben, durch zahlreiche Widersprüche geprägt: Nach außen verbinden sie die Stadt (= das Lokale) mit den weltweiten Netzwerken (= dem Globalen), nach innen trennen sie die nicht-funktionale, „überflüssige" Bevölkerung in Slums, squatter-Viertel, poblaciones ab. Sie verbinden global und trennen lokal. Übernahmen die Großstädte der 1960er Jahre noch vorwiegend Aufgaben im Nationalstaat, so werden Städte seit den 1970er und verstärkt seit den 1990er Jahren in einen globalen Wettbewerb gezogen. Dieser globale Standortwettbewerb betrifft nun allerdings nicht nur die global- und mega-cities, sondern unterschiedliche lokale Räume sind betroffen. Es ist die Rede von einer widersprüchlichen „Glokalisierung" – einem Prozess der gleichzeitigen Globalisierung und Lokalisierung: Räume werden zunehmend nicht mehr vom Territorium her verstanden, sondern von ihrer Anbindung an globale Ströme. Deshalb werden auch lokale Lebens-Kooperations- und Produktionszusammenhänge neu bewertet. In der vorherrschenden Diskussion dient der Begriff der Glokalisierung meistens dazu, eine konsequente Standortpolitik für die Interessen ökonomischer Interessensgruppen zu betreiben.

Zwischen Arm und Reich

Im Prozess neoliberaler Globalisierung vertiefen sich weltweit auch soziale Spaltungen. Dies gilt nicht nur für die Bresche zwischen einzelnen Nationalstaaten, sondern gerade auch für die immer weiter auseinander klaffende Schere zwischen Arm und Reich in einzelnen Nationalstaaten, Städten, Kommunen. Den von hohen Zäunen umschlossenen und von privaten Wachdiensten gesicherten condominios (Wohnsiedlungen der Reichen in Lateinamerika)

1. Internationalismus

stehen die oftmals illegalen Karton-, Wellblech- und Holzsiedlungen der pobladores (Slumbewohner der Favela) gegenüber. Die Rede von der EINEN Stadt erübrigt sich. Der Manager, der in einem condominio wohnt, zwei Autos hat und über ein Einkommen von mehreren tausend Dollar verfügt, hat mehr mit seinen US-amerikanischen und europäischen Geschäftsfreunden gemein als mit dem wenige hundert Meter entfernt wohnenden Armutsviertelbewohner, der seinen Lebensunterhalt auf den städtischen Müllkippen verdient.

Von öffentlich zu privat

Parallel zu dieser räumlichen Segregation gibt es weltweit eine zunehmende Privatisierung vormals öffentlichen Raumes. Dazu gehören direkte Privatisierung bzw. indirekte Privatisierungen (cross-border leasing) öffentlicher, zumeist kommunaler Dienstleistungen um die Bereiche Wasser, Verkehr, Elektrizität. Durch diese Enteignung öffentlichen Eigentums wird es immer privater und gehört damit wenigen Privatleuten. Hierbei handelt es sich um weltweite Prozesse, die auch im Kontext der in der Welthandelsorganisation beschlossenen Liberalisierung der Dienstleistungen zu sehen sind. Die Privatisierung der Trinkwasserversorgung in der bolivianischen Stadt Cochabamba kann damit in einen Zusammenhang mit dem Versuch der Privatisierung der Münsteraner Stadtwerke gestellt werden.

Zwischen Partizipation und Herrschaft

Im Zuge neoliberaler Globalisierung wurde in vielen Städten und Regionen deutlich, dass die herkömmlichen Mechanismen der politischen Steuerung unzureichend sind. Weltweit gewannen deshalb in den letzten Jahren sogenannte Policy-Netzwerke an Bedeutung, die versuchten, relevante städtische Akteure an einen Tisch zu bekommen, um Stadtpolitik zu betreiben. Dazu gehören so unterschiedliche Ansätze wie das Public-Private Partnership (PPP), das Stadtmarketing, die Lokale Agenda 21. Über diese Netzwerke soll sich die Region im globalen Standortwettbewerb behaupten, partizipative Elemente allerdings werden zunehmend fallen gelassen. Besonders deutlich wird dies am Beispiel der Lokalen Agenda 21, die laut einem Gutachten zweier vom ITP eingeladener ExpertInnen aus dem Süden in Münster an diesem Punkt gescheitert ist.

Glokaler Protest

Mit Blick auf die räumliche Artikulation von Protest gegen neoliberale Globalisierung können mehrere miteinander verschränkte Ebenen ausgemacht werden. Der nationalstaatliche Bezug bleibt, wie die Erfahrungen der PT (=Partei der Arbeit) und der Landlosenbewegung in Brasilien aber auch Proteste gegen Sozialabbau in Deutschland zeigen, weiterhin notwendig. Darüber hinaus soll hier betont werden, dass es gerade im lokalen Bereich Anknüpfungspunkte für Soziale Bewegungen gibt, die sich Raum aneignen (können). Die Enteignungslogik von Privatisierung, Schließung öffentlicher Räume und Ausgrenzung von Menschen wird weltweit ähnlich erfahren. Wenn die These stimmt, dass Städte die zentralen Knotenpunkte im Gitternetz des neuen „Nordens" sind, dann ist es ebenso notwendig den umkämpften Stadtraum zu glokalisieren. Die lokalen Kämpfe gegen Privatisierung und Enteignung und für mehr Rechte und Demokratie müssen in ihren globalen Kontext gestellt werden. Dies bietet die Möglichkeit, dass Gegenbewegungen Erfahrungen austauschen und eine gemeinsame Verstehensbasis aufbauen.

Aneignungen

Neben dieser gemeinsamen Erfahrung der Enteignung ist der Austausch über neue Erfahrungen bei der partizipativen Gestal-

1. Internationalismus

tung des Stadt-Raumes ein weiterer Ansatzpunkt. Hier ist besonders die Erfahrung von Porto Alegre mit der Einbeziehung der Bevölkerung in die Aufstellung von städtischen Haushalten und damit die Verwendung der vorhandenen Mittel zu nennen. Der Enteignungslogik und der Umgestaltung von Räumen nach kapitalistischer Verwertungslogik ist eine Aneignungsstrategie entgegenzusetzen, die lokale Räume zu „Widerstandsgebieten" macht. Damit diese jedoch nicht à la Asterix vereinzelte gallische Dörfer im römischen Imperium bleiben, müssen die lokalen Kämpfe globalisiert werden.

Sandra Lassak

„Gutes Leben statt besseres Leben": Andine Visionen und gesellschaftliche Alternativen (2010)

Eindrücke vom Projekt politischen Wandels in Bolivien

„Die sozialen Bewegungen können uns zu einem sozialistischen postkapitalistischen Horizont führen", so der bolivianische Vizeminister Alvaro Garcia Linera in Bezug auf das Projekt des sogenannten „proceso de cambio", des sozio-politischen und ökonomischen Transformationsprozesses, der fundamentale strukturelle Veränderungen Boliviens anstrebt. Einen kleinen Eindruck davon, welchen Erfolg Basisorganisationen und Massenmobilisierungen haben können und wie die gegenwärtigen Diskussionen um ihre Errungenschaften, aber auch noch ausstehende Herausforderungen aussehen, konnte ich während meines Aufenthaltes in Bolivien im Februar dieses Jahres gewinnen.

Dekolonialisierung und das Modell vom Guten Leben

Das Jahr 2009 war für Bolivien ein geschichtsträchtiges Jahr. Nicht nur die mit großer Mehrheit unterstützte Wiederwahl von Evo Morales, sondern auch die Verabschiedung einer Verfassung, die einer 500-jährigen Kolonialgeschichte endgültig ein Ende bereitete, sind Ausdruck des fundamentalen Veränderungsprozesses. Dabei bezieht sich die Dekolonisierung sowohl auf den Staatsapparat als auch auf die ökonomischen und sozialen Strukturen sowie kulturell verankerte Alltagspraxen und Denkweisen. Im Denken und im alltäglichen Miteinander zeigt sich ein Rassismus, der die Indigenen als rückständig und vormodern abwertet. Als Reaktion auf die Benachteiligung und Diskriminierung der indigenen Bevölkerungsgruppen, die in Bolivien mit mehr als 60 Prozent den größten Bevölkerungsanteil ausmachen, zielt die neue Verfassung auf einen multiethnischen, plurinationalen Staat, der „gutes Leben" (buen vivir) für alle garantieren soll. Die Idee des „guten Lebens" konterkariert die des „besseren Lebens", Paradigma des westlichen Fortschritts- und Modernisierungsmodells. Stattdessen geht es um ein gutes Leben, das als erfülltes Leben auf Prinzipien wie Wechselseitigkeit und Solidarität basiert und dabei nicht nur die Organisation der zwischenmenschlichen und gesellschaftlichen Verhältnisse im Blick hat, sondern sich auch der Bewahrung und Achtung aller Lebewesen und der Natur insgesamt verpflichtet weiß.

Indigene Gemeinschaften als Antriebskräfte der Veränderung

Dass diese umfassenden Veränderungsprozesse und das Projekt der Dekolonialisierung überhaupt angestoßen wurden, ist den sozialen Bewegungen, allen voran den indigenen Organisationen und den unterschiedlichen Massenprotesten, die es in vorhergehenden Jahren gegeben hat, zu verdanken.

Vor dem Hintergrund dieser historischen Ereignisse ist es kein Zufall, dass mit Evo Morales im Jahr 2005 ein indigener Präsident an die Macht gelangte und der Unterdrückung der indigenen Völker symbolisch ein Ende bereitete. Die Krise der herrschenden Klassen und das Erstarken sozialer Bewegungen, die Tausenden von BolivianerInnen, denen grundlegende Rechte verwehrt worden waren, ein Gesicht gaben, hatten dazu verholfen, Machtverhältnisse grundsätzlich neu und von unten zu gestalten.

Dabei ist es zu kurz gegriffen, das politische Projekt des Andenstaates als Aufbau eines kommunistischen oder sozialistischen Staates im andinem Gewand zu interpretieren. Dekolonialisierung meint auch „Entwestlichung", das heißt Befreiung von Rassismus und Eurozentrismus und damit auch eine Distanzierung von der bloßen Nachahmung linker („westlicher") Theorien.

Über den Aufbau eines sozialistischen Staates und die Anerkennung indigener Identitäten hinaus ist es notwendig, so der Aymara-Soziologe Felix Patzi, dem westlichen Denken alternative Wissenssysteme sowie kollektive ökonomische und sozio-politische Modelle gegenüberzustellen. So basiert beispielsweise die soziale und ökonomische Organisation der Aymara wesentlich auf kollektiven Strukturen, die keine Trennung zwischen Ökonomie und Politik vornehmen. In den sogenannten Ayllus oder min´kas werden Ressourcen gemeinschaftlich verwaltet und zum Wohl der Gemeinschaft verarbeitet, denn Land ist kein Privateigentum, sondern Lebensraum der ganzen Gemeinschaft. Die Wiederherstellung, Stärkung und Vernetzung dieser und ähnlicher kollektiver Modelle, die Ansätze für den Aufbau einer postkapitalistischen Gesellschaft bieten, gehört wohl zu den herausforderndsten Aspekten in der Frage um die Neuorganisierung Boliviens.

Religion und Kapitalismus: alte Allianzen in neuem Gewand

Multikulturalität und Plurinationalität zielen darüber hinaus auch auf die gleiche Anerkennung aller in Bolivien bestehenden Religionen und Traditionen. Von dem drohenden Verlust monopolisierter Privilegien ist besonders die kath. Kirche betroffen. Denn sie, zumindest große Teile der katholischen Hierarchie, war über Jahrhunderte hinweg Teil des herrschenden Apparates. Aufgrund ih-

1. Internationalismus

rer Vormachtstellung und ihres großen Einflusses in den Bereichen von Bildung und Erziehung wird sie besonders als zentrale Institution mentaler und kultureller Kolonialisierung angesehen. Unzureichend berücksichtigt bleibt dabei die Rolle anderer, besonders neopentekostaler Kirchen. Viele dieser neuen und äußerst erfolgreichen Kirchen sind mit ihrem Evangelium der Prosperität weitaus kapitalismuskompatibler und neokolonialer als Teile der katholischen Kirche. Die Allianzen zwischen Religion und Kapitalismus lassen sich nicht an religiösen Denominationen oder Institutionen festmachen, sondern die unterschiedlichen Positionierungen in Bezug auf das neue politische Projekt spalten die verschiedenen Kirchen in UnterstützerInnen und GegnerInnen des Dekolonialisierungsprojektes. Wenn sich die katholische Kirche größtenteils zwar bedroht und als Opfer in den gegenwärtigen Prozessen sieht und oppositionelle Kräfte bündelt, so gibt es dennoch auch Gruppen an der Basis, die in Anknüpfung an befreiungstheologische Traditionen die politischen Veränderungen als Chance für den Aufbau einer egalitären und solidarischen Gesellschaft begreifen.

An der Frage von Christinnen und Christen und religiösen Institutionen als zentrale gesellschaftliche Akteure in dem gegenwärtigen politischen Projekt des Andenstaates und ihrer Teilnahme an den sozialen Bewegungen wird sich letztendlich mitentscheiden, inwiefern ein Projekt des „guten Lebens", in dem verschiedene theologische und politische Perspektiven miteinander vermittelt und gemeinsam utopische Gegenentwürfe entwickelt werden, umgesetzt werden kann.

Pilar Puertas

Wir sind alle Ayotzinapa (2015)

Am 26. September vergangenen Jahres hat die Stadtpolizei von Iguala und eine Gruppe bewaffneter Zivilisten eine Reihe von Angriffen gegen die Studenten der „Escuela Normal Rural de Ayotzinapa"[1] durchgeführt. Das Ergebnis waren drei ermordete Studenten, drei weitere Tote, viele Verletzte und dreiundvierzig Verschwundene.

Anfänglich versuchte die mexikanische Regierung das Problem als eine örtliche Auseinandersetzung zu verharmlosen und kriminalisierte die Jugendlichen mit der Behauptung, sie hätten mit einer Gruppe Verbrecher zusammengearbeitet. Dann kam die Version auf, dass die Menschen von einer Gruppe Krimineller ermordet worden seien, die ihre Opfer danach verbrannt und die Reste der Toten in den Fluss geworfen hätten. Aber inzwischen ist bewiesen, dass Vertreter des Staates direkt an den Morden, den Verhaftungen und dem Verschwinden-Lassen beteiligt waren. Untersuchungen haben ergeben, dass unterschiedliche Einheiten der Polizei und selbst des Militärs fortwährend über die Aktionen informiert waren.[2] Lokale, bundesstaatliche und föderale Beamte, Exekutive, Legislative und Jurisdiktion sowie das Militär und Führer der lokalen Parteien waren praktisch oder durch Unterlassung in das involviert, was mit den Studierenden von Ayotzinapa geschah.

---

1 „Escuela normal rural" heißt die Schule, in der die zukünftigen Lehrer der ländlichen indigenen Gemeinden studieren.
2 Vgl. Díaz, G.L., „Selbst in den Untersuchungsakten der mexikanischen Generalstaatsanwaltschaft weist alles auf das Militär hin." In: *Proceso* 1992, 4. Januar 2015, 6-10.

Und das gilt nicht nur für den Überfall selbst, sondern auch für das, was im Vorfeld geschah. Ihre Verantwortung ist offensichtlich.

Strukturelle Gewalt in Mexiko

Der Fall von Ayotzinapa kann weder als ein von der Gesamtsituation des Landes isoliertes Ereignis noch nur als Ergebnis der wachsenden Gewalt organisierter Kriminalität verstanden werden. Mexiko hat eine lange Geschichte des Verschwinden-Lassens und der systematischen Verletzung der Menschenrechte durch staatliche Sicherheitskräfte. Konservative Schätzungen sprechen von mehr als 26.000 Verschwundenen zwischen 2006 und 2012 und trotz fehlender Informationen in den öffentlichen Medien kann man davon ausgehen, dass in den vergangenen zwei Jahren die Unsicherheit und die Gewalt angestiegen sind, ganz abgesehen von der Verschärfung der Kriminalisierung und Verfolgung von MenschenrechtsaktivistInnen, JournalistInnen und AnführerInnen sozialer Bewegungen. Es sei auch an die allgemeine Unzufriedenheit über die Strukturreformen der Regierung unter Peña Nieto erinnert und an das fehlende Vertrauen der Bevölkerung angesichts des Zusammenbruchs staatlicher Institutionen: Die Verwaltung und die ausführenden Justizorgane sind unfähig, Leben, Sicherheit und Würde der MexikanerInnen zu garantieren. Die Abgeordneten repräsentieren weder den Willen des Volkes noch schützen sie die Menschenrechte und Freiheiten der Bevölkerung. Während die Regierung vorrangig ökonomische Reformen durchführt, die das Gemeinwohl und die Sicherheit betreffen, treiben sie gleichzeitig Verfassungsreformen voran, die die Demonstrationsrechte beschneiden und die Repression gegen die Meinungsfreiheit legitimieren. Damit will man kollektive Aktionen und Organisierung verhindern.

Neoliberale Umstrukturierung und staatliche Repression

Die aktuelle Mobilisierung der mexikanischen Gesellschaft muss im Kontext der Unsicherheit verortet werden, in der sich das Land befindet. Deren Gründe liegen nicht nur in der Korruptheit der politischen Klasse und ihren Allianzen mit der organisierten Kriminalität, sondern auch in den fehlenden Zugängen zu Gemeingütern und der sozialen Ungerechtigkeit. Die Bilanz von zwanzig Jahren Freihandelsabkommen zeigt die zunehmende Ungleichheit in einem Land, in dem mehr als 45% der Bevölkerung in Armut und ungefähr 10% in absoluter Armut leben.[3] Der mexikanische Staat dient dem Kapital und den Unternehmen, die einen kleinen Sektor bilden, der seine Privilegien verteidigt und die Regierung beeinflusst, um diese Privilegien abzusichern. Die neoliberale Umstrukturierung hat wirtschaftliche Stagnation, die Privatisierung des gesellschaftlichen Reichtums und die Annullierung wichtiger verfassungsmäßiger Rechte hervorgebracht. Die Arbeit der Regierung bestand darin, die Bevölkerung zu kontrollieren, deren Zugang zur Justiz zu verhindern und sie durch Repression und Angst zum Schweigen zu bringen, um so ihre Widerstandskraft und Bereitschaft zu sozialem Wandel zu brechen.

In diesen Kontext bettet sich die jahrzehntelange bundesstaatliche und föderale Verfolgung der Studierenden an den „escuelas normales rurales" ein, wo Lehrer für die ärmsten Gebiete des Landes ausgebildet werden. Aufgrund ihrer starken Verbindungen mit den dörflichen Gemeinschaften, ihrer Tradition antikapitalistischen Kampfes und ihrer Verteidigung des öffentlichen Bildungssystems werden sie von den politisch und wirtschaftlich Mächtigen als „kommunistische Brutstätten" bezeichnet. Durch ihre ganze Geschichte hindurch sind die LehrerInnen und SchülerInnen von Ayotzinapa immer eine kritische Stimme der Verteidigung so-

---

[3] www.coneval.gob.mx/Medicion/Paginas/Medici%C3%B3n/Pobreza%202012/Pobreza-2012.aspx (zuletzt abgerufen am 23.03.2020).

zialen und kommunalen Eigentums gewesen; der öffentlichen Bildung, der besonderen Sprachen, ihres Eigentums an Grund und Boden und ihrer Würde. Deshalb haben die bundesstaatliche und die Landesregierung mit allen Mitteln versucht, gegen diese Bildungseinrichtungen vorzugehen, indem ihre Studenten kriminalisiert und bestraft wurden.

Zeichen der Hoffnung in Zeiten der Gewalt

Es ist ein Zeichen der Hoffnung, dass die Ereignisse von Ayotzinapa massive Proteste haben hervorbrechen lassen, in einer Gesellschaft, die desartikuliert, apathisch und erstarrt war angesichts der wachsenden Gewalt, der prekären ökonomischen Situation und dem Verlust der erkämpften Rechte und sozialen Fortschritte. Trotz der Angriffe durch den Neoliberalismus sind die Formen traditioneller kommunaler Solidarität in Mexiko besonders auf dem Land immer noch stark. Und selbst in den Städten überlebt diese besondere Solidarität. So gibt es zum Beispiel die zapatistischen Distrikte (*Caracoles*) in Chiapas, die selbstorganisierten Polizeikräfte von Guerrero (*policía comunitaria*), die Selbstverteidigungskräfte von Michoacán (*autodefensas*), die indigenen Gemeinschaften von Oaxaca, die Gemeinde von Tlaxcala. Es gibt auch die kämpferischen LehrerInnen- und Universitätsgewerkschaften, die Gewerkschaften der ElektrizitätsarbeiterInnen und der MinenarbeiterInnen. Es gibt die Initiative für eine neue verfassungsgebende Versammlung, die von Bischof Raúl Vera angeführt wird und die kürzlich gegründete Nationale Volksversammlung (*Asamblea Popular Nacional*), in der sich unterschiedliche gesellschaftliche Gruppen in Ayotzinapa zusammengeschlossen haben, um ausgedehntere Aktionen zu koordinieren.

Die große Herausforderung besteht darin, ob die Aufstände und Widerstände der Zivilgesellschaft es schaffen, eine grundsätzliche Überwindung der herrschenden Verhältnisse in Gang zu setzen. Und die einzige Möglichkeit besteht darin, die ganze Breite der Proteste, der Rebellionen, des Ungehorsams und des Widerstandes auf lokaler Ebene und in den unterschiedlichen gesellschaftlichen Bereichen, die es im ganzen Land gibt, zusammenzuführen. Wie es Subcommandante Moisés treffend anlässlich des ersten weltweiten Festivals des Widerstandes und der Rebellionen gegen den Kapitalismus gesagt hat:

> „Es gibt nicht die eine Antwort. Es gibt kein Handbuch. Es gibt kein Dogma. Es gibt viele Antworten, viele Weisen, viele Formen. Und jede wird ihre Ergebnisse hervorbringen und von ihrem eigenen Kampf und von anderen Kämpfen lernen... Jeder mit seinem Schmerz, seinem eigenen Kampf, seiner Hoffnung, seinem Herzen voller Würde, geben uns Rechenschaft davon, dass wir einen gemeinsamen Feind haben, dessen Name Kapitalismus ist und dass die gegenwärtige Regierung und die politischen Parteien die Marionetten der Herren des Kapitals sind."

Ayotzinapa ruft uns heraus und vereint die Solidaritäten im ganzen Land. Der Schrei „Wir sind alle Ayotzinapa!" (¡*Ayotzinapa somos todos!*) ist der Schrei der Empörung und der Rebellion, aber es ist auch der Schrei der Hoffnung.

Michael Ramminger und Katja Strobel

„Wo seid ihr eigentlich?" (2008)

Perspektiven aus den G8-Aktionen

In diesem Jahr stand für viele soziale Bewegungen, Nichtregierungsorganisationen und Initiativen der G8-Gipfel in Heiligendamm im Fokus ihres Engagements. Über zwei Jahre Vorbereitungen lagen hinter ihnen, als im Juni das Treffen der G8-RegierungsvertreterInnen begann. Die Protest- und Aktionstage dürfen mit Fug und Recht als gelungen bezeichnet werden. Ein breites Spektrum – im Sinne politischer Unterschiedlichkeit, aber auch im Sinne des Altersspektrums – kam nicht nur zur internationalen Demonstration am 2. Juni zusammen; viele blieben auch zu den Aktionstagen. In den Camps trafen sich ca. 15.000, zum Teil sehr junge, Menschen und beteiligten sich an den Aktionen. Besonders erwähnenswert ist die Demonstration zu Migration, bei der sich knapp 10.000 Menschen in großer Disziplin gegen die Polizeigewalt stellten und den permanenten Provokationen nicht nachgaben. Ein besonderer Erfolg war auch das spektrenübergreifende Koordinationsgremium, das die Debatten um die Eskalationen am 2. Juni überstand. Und natürlich die unterschiedlichen Blockaden, mit denen der Gipfel effektiv behindert wurde und die auch Leute mobilisierten und einbezogen, die nicht organisiert waren oder wenig politische Erfahrungen mitbrachten.

Die große Unterstützung der MecklenburgerInnen für die Proteste war bemerkenswert. Sie hatten sich nach langen Monaten der Panikmache durch Presse und Polizei nicht davon abhalten lassen, sich ein eigenes, großenteils positives Bild von den „Globalisierungsgegnerinnen" zu machen.

Diese Tage des Protests waren getragen vom Gefühl, etwas von dem herrschenden Unrecht deutlich machen zu können, wenigstens einen Moment lang stark zu sein, vom Gefühl der Solidarität untereinander. Um es theologisch zu sagen: Es war ein kleiner „kairos".

Ein kairos?

Ein kairos ist immer ein „Moment", ein Augenblick, in dem etwas von dem, was sein könnte, aufblitzt. Für die einen war es die Einsicht, dass es sich immer noch lohnt, die eigene Meinung und Überzeugung zu artikulieren, sich politisch zu äußern; für andere war es die erste Erfahrung, nicht allein zu sein in der Überzeugung, dass es anders weitergehen muss, dass es für radikale Menschenrechtspolitik in dieser Gesellschaft auch eine Basis gibt. Natürlich sagt all dies noch nichts darüber aus, welche der Perspektiven und ob sie überhaupt in die Alltagsrealität übertragen werden. Dies ist aber genau die Aufgabe, vor die wir uns jetzt gestellt sehen. Für uns im Institut für Theologie und Politik stellt sich die Frage, welche Konsequenzen und Herausforderungen sich aus den Protesterfahrungen für uns als ChristInnen ergeben.

Unsichtbare ChristInnen?

Wieso bleiben ChristInnen in den Protesten unsichtbar? Dort, wo sich ChristInnen engagieren, stoßen sie relativ schnell an die institutionellen Grenzen von Kirchen, die sich in der gegenwärtigen Situation mehr um sich selbst und ihre Selbsterhaltung sorgen als um ihren prophetischen Auftrag. Sie sourcen ihre Weltverantwortung in Bezug auf globale Probleme an die Hilfswerke und in Bezug auf die Probleme vor Ort an Diakonie und Caritas aus – zusammengebunden von Hierarchien, die sich moderat und unverdächtig äußern, um es sich mit niemandem zu verscherzen. Angesichts solcher Kirchenwirklichkeit scheint es dann für viele als vertane Lebensmüh und an den wirklichen Problemen der Welt vorbei gehandelt, sich noch mit Kirche als Institution auseinanderzusetzen.

Ein zweites Argument gegen das „Sichtbarwerden" von ChristInnen in Protesten knüpft eher an den eigenen Befindlichkeiten an: Man möchte keinen „missionarischen Eifer" an den Tag legen. ChristInnen sollten sich ganz im Sinne der urchristlichen Situation, dass sie von ihrer Umwelt als „Atheisten" bezeichnet wurden, und getreu dem Wort „An ihren Taten werdet ihr sie erkennen!" (Mt 7,20) einfach nur für Gerechtigkeit einsetzen.

Traditionsfreies Christentum?

Für uns stellte sich die Frage, wie angesichts der realen Trennung vieler engagierter ChristInnen von ihren kirchlichen Institutionen eine Tradierung unserer Geschichten möglich sein kann. Im Sinne der politischen Theologie stellt sich die Frage, ob es eine „institutionsfreie Religion" bzw. ein institutions- und traditionsfreies Christentum überhaupt geben kann. Wie können unsere Geschichten bewahrt werden, wenn wir den Institutionen, die sie bisher gewährleistet haben, den Rücken kehren (müssen)? Haben wir noch Hoffnung, dass diese Geschichte weitergeht? Halten wir dies gar für überflüssig oder gibt es einen geheimen Optimismus, dass dies trotz aller Unzulänglichkeit doch von den Großkirchen geleistet werden wird? Und wenn nicht – arbeiten wir ernsthaft an Alternativen? Vielleicht sollten wir hier die Einwände von Menschen ernster nehmen, die aus ganz anderer – nicht-christlicher – Perspektive diese Gefahr des Traditionsabbruchs sehen.

Aktiv werden und Profil zeigen

Leider neigen auch „alternative" christliche Gemeinschaften und Netzwerke dazu, sich auf Selbsterhalt oder Kirchenkritik zu beschränken, statt mit Bewegungen gegen Rassismus, Kriegspolitik, Ausbeutung von Menschen und natürlichen Ressourcen etc. zusammen zu arbeiten und sich in diesen Kämpfen sichtbar zu machen. Die Perspektiven, die christliche Gruppen hier beizusteuern hätten, wären, die unbedingte Würde jedes Menschen, eine Art historische Gelassenheit in der Hoffnung auf einen Gott und eine Zeit, die ganz anders sein wird als diese Welt, und eine internationale Dimension, die ganz praktisch durch viele internationale christliche Initiativen und Partnerschaften eingebracht wird.

Für uns wurden zwei Herausforderungen sichtbar: Erstens, wie wir uns ChristInnen als solche in den politischen Prozessen aktiver und sichtbarer machen können, wie wir als Mit-Handelnde und durch Sichtbarkeit die Bewegungen in aller Bescheidenheit stärken können. Zweitens, wie wir unsere christlichen Überzeugungen so artikulieren können, dass wir – ohne uns in Auseinandersetzungen mit kirchlichen Institutionen und Hierarchien aufzureiben – einen Glauben leben, der sich an den prophetischen und spirituellen Traditionen eines befreienden Gottes orientiert und so seinen Teil zur Erinnerung an die jüdischen und christlichen Traditionen von Gerechtigkeit, Autonomie und Egalität, von unbedingter Würde des Menschen beiträgt und dass wir so unsere Hoffnung auf eine andere Welt deutlich machen.

Katja Strobel

Blockupy (2013)

Widerstand im Herzen des europäischen Krisenregimes

Die Wirtschaftskrise hat die EU- und Weltwirtschaftspolitik weiterhin ökonomisch und ideologisch fest im Griff. Das zeigen die neoliberalen Sparprogramme, die Millionen Menschen v.a. in den südlichen europäischen Ländern in die Armut treiben und auch hierzulande weiter Lohndumping und die Ausweitung prekärer Leiharbeit befördern. Protestbewegungen sind in Deutschland weiterhin kaum hörbar. Dennoch gelang es 2012 und 2013 Blockupy-Aktionen und Demonstrationen in Frankfurt, Bankenmetropole und Sitz der Europäischen Zentralbank, zu organisieren.

Erfolgreiche Aktionen und Polizeigewalt: Die Bestie zeigt ihr Gesicht

Im Unterschied zum letztem Jahr war der Freitag als Blockade- und Aktionstag in der Frankfurter Innenstadt ein Erfolg: Die EZB konnte am Freitag Vormittag in strömendem Regen stundenlang weitgehend blockiert werden. „Krisenakteure markieren!" war die Losung der Aktionen am Nachmittag. In der Zeil, einer der umsatzstärksten Einkaufsmeilen Europas, am Abschiebeflughafen und am Standort der „Deutschen Annington", „Nummer eins" der privaten Immobilienfirmen, konnten starke Zeichen des Widerstands gesetzt werden. In den Medien war diesmal von den Inhalten die

Rede, um die es ging: Kapitalismuskritik in Form des Protestes gegen die Produktionsbedingungen in der (Textil-)Industrie, gegen Immobilienspekulation, Mietwucher und Beschneidung von Lebensraum, gegen das tödliche Abschiebe- und Abschottungssystem. Am Samstag sollte wieder eine große Demonstration eines breiten Bündnisses stattfinden. Doch der Demonstrationszug wurde wenige hundert Meter nach dem Loslaufen gegen 12:30 gestoppt und diejenigen, die – freiwillig oder unfreiwillig – ausharrten, bis 22 Uhr durch einen Polizeikessel festgehalten. Hundertschaften stürmten die Demonstration und trennten brutal den „antikapitalistischen Block" (in Wahrheit nur einen Teil davon) ab. Stundenlang wurden sowohl im Kessel eingesperrte Demonstrant_innen als auch solche außerhalb mit Schlagstöcken und Pfefferspray angegriffen. Erlebnisberichte und rechtliche Beurteilungen dazu sind im Internet nachzulesen. Ein paar Stichpunkte sollen genügen: Ca. 275 Verletzte wurden durch die Demo-Sanitäter_innen behandelt, zu vielen wurden sie nicht durchgelassen. Journalist_innen wurden angegriffen und in ihrer Arbeit behindert. Einige von uns erfuhren die Polizeigewalt am eigenen Leib. Marie Veit bringt diese Erfahrungen theologisch auf den Punkt:

> „Das Kreuz bekommt die Füße auf die Erde. Es bekommt den gleichen brutalen, sachlichen Sinn, den es am Anfang hatte. Leiden als solches hätte keinen Sinn; der Kampf und das Ziel, um dessentwillen er geführt wird, bringt den Sinn mit sich. Anfängliche Erfahrungen dieser Art werden ja auch bei uns, in einer sonst extrem leidensvermeidenden, auf ‚Sicherheit' bedachten Gesellschaft wieder gemacht, wenn Initiativen den Zusammenstoß mit der Staatsmacht riskieren. Noch wirken sie wenig in die Beschwichtigungsreligion hinein."[1]

---

1 Marie Veit: Theologie muss von unten kommen. Ratschlag für Linke, Wuppertal 1991, 68f.

1. Internationalismus

Solidarität heißt Widerstand

Was auch festgehalten werden muss: Es war auch eine Erfahrung der Solidarität, denn tausende von Demonstrierenden ließen sich nicht spalten und weigerten sich, die Demonstration ohne diejenigen im Kessel fortzusetzen. Den Eingekesselten gelang es, die Stimmung hochzuhalten, es gelang trotz der Provokationen, dass von den Demonstrierenden keine Eskalation ausging. Gegen 22 Uhr, nachdem um die 1000 Demonstrant_innen, oft unter Schlägen und Anwendungen von Schmerzgriffen, abgeführt und erkennungsdienstlich behandelt worden waren und der Kessel damit ‚aufgelöst' war, wurde der Tag mit einem lautstarken Protestzug zum Hauptbahnhof beendet. In mehreren europäischen Städten fanden Solidaritätsdemonstrationen mit den Eingekesselten in Frankfurt statt. Aus dem Schauspielhaus wurden Wasser und Lebensmittel an Seilen in den Kessel heruntergelassen. Für die Proteste im nächsten Jahr, in dem die neue EZB eröffnet werden soll, ist dies ein gutes Zeichen. Wichtig festzuhalten ist allerdings auch: Ernsthafter Widerstand gegen kapitalistische Krisenpolitik soll verhindert werden. Alles, was über eine Demonstration, die niemanden stört, hinausgeht, wird brutal verhindert und kriminalisiert. Damit werden die Bündnisse einen Umgang finden müssen.

Im Institut für Theologie und Politik und in den Netzwerken, in denen wir mitarbeiten, werden wir weiterhin über die Ausbreitung der deutschen „Agenda 2010" als neoliberales Lohndumping- und Sozialabbau-Vorbild aufklären, Protest und Widerstand organisieren. In der Zuversicht, dass es zunehmend mehr Menschen werden, die sich nichts mehr vormachen lassen und sich mit uns zusammen für eine andere Gesellschaft einsetzen.

Liebe, Wahrheit, Gerechtigkeit für alle – in echt jetzt

Dies bedeutet, existenzielle Bedürfnisse wahrzunehmen und für sie zu kämpfen – sowohl derjenigen, die in den ärmeren Ländern offensichtlich ihrer Lebensmöglichkeiten beraubt werden, als auch hier, wo eine Leistungs- und Anpassungskultur und Hungerlöhne Vielen den Atem und die Mittel zum Leben rauben. Marie Veit beschreibt, dass dies die lange vernachlässigte Aufgabe der Kirchen ist:

> „Die Kirchen, aus denen wir kommen, reden zwar von Gnade, lehren aber weitgehend mehr Selbstentlarvung und Selbstaggression. ‚Wir selbst' sind etwas, das zu bekämpfen, zu unterdrücken und zu beherrschen ist. Wir sollen uns nicht so wichtig nehmen; unseren Hunger nach Liebe, nach Wahrheit, nach nicht-entfremdeter Arbeit, den Hunger danach, Gerechtigkeit zu erleben und nicht nur Macht, den Hunger nach einer brüderlich-schwesterlichen Gesellschaft, in der wir gebraucht werden, aber auch selbst wichtig sind. Frühzeitig genug wird dieser Hunger den Kindern schon ausgetrieben, vielmehr: tief in sie hineingetrieben, verdrängt und eingesperrt, so dass sie lernen, ihn zu überspielen und zu vergessen. So kommt die tiefste Lüge in unser Leben."[2]

Lüge und Sünde: So zu tun, als sei diese Gesellschaft die beste aller möglichen. Statt dessen gilt es, unseren Glauben ernstzunehmen und zu erwarten, dass alles anders werden kann, dass weltliche Maßstäbe und Machtausübung nicht das letzte Wort haben. Dazu noch einmal Marie Veit:

> „‚Sünde' des einzelnen liegt zuerst und zutiefst gerade nicht in dem, was wir tun, auch nicht in den Motiven unseres Tuns; sondern sie liegt in unserer Bereitschaft, uns das Wichtigste ausreden zu lassen, sie liegt darin, dass wir zu wenig erwarten. Dem Gott, der unser Vertrauen ‚erwartet', entspricht der Mensch, der die Erfüllung seines Lebens ‚erwartet'. Sünde besteht dann darin, dass wir nicht insistieren auf dem Hunger nach Nicht-Entfremdung; dass wir resignieren und dann religiöse Surrogate annehmen, etwa die nicht-inkarnierte Idee der Gnade. Gott insistiert. Man kann

---

[2] A.a.O., 82f.

1. Internationalismus

sich nicht vorstellen, was sonst aus der Menschheit würde. Wir selbst sind schneller bereit, unsererseits das Vertrauen zum Menschen aufzugeben, nur noch zu denen zu reden, die ohnehin schon unserer Meinung sind, die Mächtigen für zu böse oder zu betriebsblind zu halten, die desinformierten Massen für hoffnungslos gleichgültig. Wir wollen raschere Erfolge sehen, wir wollen nicht ‚ohnmächtig' sein. Immer aufs neue müssen wir uns hiervon bekehren, um zu werden, was wir sind: Mitglieder der Widerstandsbewegung des ohnmächtigen Gottes."[3]

Ohne Heroismus, aber mit Entschlossenheit und den Erfahrungen der Solidarität der Widerstandstage im Rücken können wir zusammen mit den Genoss_innen sagen: Jetzt erst recht! So, wie es ein Slogan in der Demonstration mit einem Zitat Rosa Luxemburgs, aber implizit theologisch auf den Punkt brachte: „Ich war, ich bin, ich werde sein: Die Revolution wird alle befrei'n!"

---

[3] A.a.O., 83f.

Julia Lis

Hoffnung entsteht aus Rebellion! (2017)

Rückblick auf die G20-Proteste in Hamburg

Auch wenn mediale Bilder in den Tagen während und unmittelbar nach dem G20-Gipfel in Hamburg etwas anderes suggerierten, Protestierende als Chaoten und Terroristen diffamierten und den Eindruck bürgerkriegsähnlicher Zustände zu erwecken versuchten, blieben in den Köpfen von vielen AktivistInnen, die diese Tage in Hamburg erlebt und mitgestaltet hatten, andere Erinnerungen zurück.

Es waren tatsächlich Bilder rebellischer Hoffnung, die sich in das Gedächtnis vieler eingeprägt haben: Menschen, die auf den Protokollstrecken der Staatschefs Sitzblockaden bilden und die Konvois bei der Anfahrt massiv behindern, Menschen, die massenhaft in die blaue Zone eindringen, in der man doch jegliche Versammlungen untersagt hatte, Menschen, die mit erhobenen Händen auf Wasserwerfer zugehen. So blieb bei vielen von jenen, die in Hamburg dabei waren, das Gefühl zurück: Wir haben unsere Angst verloren. Dass das möglich wird, wo Menschen trotz Ankündigungen von Repression, trotz allem, was sie einschüchtern und entmutigen soll, ihr grundsätzliches NEIN zu diesen Verhältnissen auf die Straße tragen, das erzeugt Hoffnung, dass Widerstand auch heute möglich und wirklich ist.

1. Internationalismus

Widerstand in Zeiten des Resilienzkapitalismus

Eines der großen neuen Themen, die sich die G20 im Jahr der deutschen Präsidentschaft auf die Agenda gesetzt haben, ist das Thema der Resilienz. Dahinter steckt ein neues Narrativ, eine neue Erzählung: Die Risiken in dieser Welt sind nicht mehr abzuwenden, die Probleme nicht endgültig und im Sinne einer umfassenden Verbesserung für alle Menschen zu lösen. Was also bleibt, ist die Probleme zu managen und die Menschen fit, also resilient, zu machen, um mit diesen Problemen und Risiken umgehen zu können. Das genau ist der grundsätzliche Anspruch der Herrschenden, die sich bei den G20-Treffen versammeln: diejenigen zu sein, die die kapitalistische Dauerkrise, die sich im ökologischen Bereich ebenso äußert wie im sozialen, unter Kontrolle halten können und die die Menschen weltweit darauf vorbereiten, dieser Krise und den damit verbundenen Anforderungen standzuhalten. Dazu diente die Inszenierung der Mächtigen in Hamburg und damit korrespondierte ihr Auftreten. Bewusst hatten sie sich als Kulisse eine Metropole wie Hamburg ausgewählt und deutlich gemacht, dass sie auch diesen Gipfel störungsfrei managen können, dass sie den Protest unter Kontrolle haben. Diese Kontrolle ist ihnen im Laufe der Tage immer wieder entglitten: Verkehrschaos, Demonstrierende, die überall auftauchten und die Verbotszonen faktisch inexistent machten und ein Polizeieinsatz, der über weite Strecken einen chaotischen Eindruck erzeugte.

Das passte durchaus zum Bild, das im Ergebnis auch die G20-Verhandlungen boten: kaum Einigungen oder Ergebnisse, die unterschiedlichen Interessen kamen immer wieder zum Vorschein und verunmöglichten, dass bei Themen wie Klimaschutz, Flucht oder Handelspolitik zumindest die Fassade von Geschlossenheit und gemeinsamen Lösungen für die Probleme der Welt aufrecht erhalten werden konnte.

„Rebellion ist unsere Erinnerung! Rebellion ist unsere Hoffnung!"

Mit diesen Worten hatte die brasilianische Theologin Nancy Cardoso Pereira auf unserer Strategiekonferenz im ITP im Frühjahr 2015 umschrieben,[1] was für sie die Geschichte der Befreiungstheologie ausmacht: Eine Folge von Unterbrechungen zu sein, von Rebellionen gegen die Faktizität des Bestehenden. Für die ChristInnen, die sich am ITP zum Arbeitskreis gegen G20 zusammengefunden hatten, war der Gipfel in Hamburg ein wichtiger Ort, um ihre rebellische Hoffnung auf eine Welt der Gerechtigkeit und des Lebens in Fülle für alle zum Ausdruck zu bringen, wie es im Aufruf zu den Protesten hieß. Bewusst haben sie an der Demonstration am Samstag (8.7.2017) teilgenommen, um ein Zeichen der Solidarität zu setzen mit allen anderen Protestierenden, aber auch um zu zeigen, dass es nicht ausreicht, den Worten von Papst Franziskus, „diese Wirtschaft tötet", nur abstrakt zuzustimmen, sondern dass sie in konkrete Handlungen übersetzt werden müssen.

Solch eine konkrete Positionierung ist auch unter ChristInnen kaum konsensfähig. Wer sich dazu bekannte in Hamburg an den Protesten beteiligt gewesen zu sein, dem schlug insbesondere in den Tagen unmittelbar danach, inmitten medialer und politischer Hetze, vielerorts Unverständnis oder gar die Kriminalisierung des eigenen Protestes entgegen. Diese sehr konkrete, unangenehme Erfahrung verweist dabei auf eine andere zentrale befreiungstheologische Einsicht: dass eine Positionierung in einer Welt widerstreitender Interessen immer zu Konflikten führt. Die gesellschaftlichen Kräfteverhältnisse nach den Bundestagswahlen, nicht nur der Aufstieg der Rechten, die sich in der AfD sammeln, sondern auch der erstarkende Diskurs von Sicherheit und Ordnung in

---

1 Vgl. Cardoso Pereira, Nancy: Wir werden gehindert, unterbrochen, aber wir werden siegen! Die Christ_innen (Kirchen) und der Widerstand, in: Geitzhaus, Philipp/Lis, Julia/Rammiger, Michael (Hg.): Auf den Spuren einer Kirche der Armen, Münster 2017, 157.

1. Internationalismus

den Parteien, die gleichzeitig versuchen, sich als lupenreine DemokratInnen zu profilieren, verweisen darauf, dass wir als ChristInnen angesichts solcher Konflikte weder schweigen noch passiv bleiben können. Vielmehr sind wir alle weiterhin dazu aufgerufen, nach solidarischen Formen der Rebellion zu suchen, die die Hoffnung auf eine andere, gerechte Welt bei uns und anderen immer wieder neu entfachen können.

2. Chile

Olaf Kaltmeier

Chile als weltweites Lehrbeispiel in Sachen Neoliberalismus (1998)

In den 80er Jahren setzte eine tiefgreifende Umstrukturierung des kapitalistischen Weltsystems ein, in dessen Verlauf Abschied von der fordistischen Phase des Kapitalismus genommen wurde. Galten zuvor noch die Perspektive eines „Eurokommunismus" oder die sozialdemokratische Variante des „Dritten Weges" in Europa, die nationalen Strategien der importsubstituierenden Industrialisierung in Lateinamerika und der Staatssozialismus der östlichen Länder als Bollwerke gegen die Logik des totalen Marktes, so ist diese in den 90er Jahren absolut geworden. Der Neoliberalismus kristallisierte sich als neues weltweites Paradigma heraus. Bemerkenswert ist, dass er zwar theoretisch in den USA entwickelt wurde – seinen zerstörerischen Siegeszug jedoch in einem Land der Peripherie antrat.

Der Putsch

Am 11. September 1973 putschten die chilenischen Militärs gegen die sozialistische Regierung Salvador Allendes und errichteten eine 17 Jahre andauernde Militärdiktatur. Im Gegensatz zu anderen Militärdiktaturen setzte die chilenische Junta jedoch nicht auf die Wiederherstellung der alten Verhältnisse, sondern sie führte eine kapitalistische Revolution durch. Mittels brutalster Unterdrückung, dem Verbot von Gewerkschaften und der Ausschaltung jeglicher demokratischer Prozesse schufen die Militärs den Öko-

2. Chile

nomInnen um Milton Friedman die idealen Rahmenbedingungen zur Durchführung des ersten neoliberalen Großexperimentes. Ab 1975 verordneten diese neoliberalen ÖkonomInnen Chile ein Schockprogramm, das tiefgreifende Strukturveränderungen in der chilenischen Gesellschaft einleitete, die bis heute ihre Gültigkeit besitzen. Unter den autoritären Bedingungen der Diktatur wurde das System der Preise liberalisiert, die Rolle des Staates in der Wirtschaft beschränkt und der inländische Markt für ausländisches Kapital geöffnet. Gemäß des Theorems der „komparativen Kostenvorteile" wurde eine, auf der Ausbeutung von billiger Arbeitskraft und Naturressourcen beruhende Exportwirtschaft aufgebaut.

Der Aufstieg des Neoliberalismus

Der Aufstieg des Neoliberalismus ist mit gewaltsamen Umstrukturierungsprozessen und tiefgreifenden gesellschaftlichen Fragmentierungen verbunden. So ist eine Verschiebung der Einkommensverteilung als Umverteilung von unten nach oben festzustellen. Dementsprechend haben sich die prozentualen Armutszahlen in Chile zwischen 1970 und 1990 verdoppelt. Lagen 1970 20% unter der Armutsgrenze, so waren es in der Hochphase der Militärdiktatur (1983) 48% und 1990, mit dem formalen Ende der Diktatur, hat sich diese hohe Armutszahl mit 40% konsolidiert. 1996 sank die Zahl der Armen zwar auf 23,2%, doch dessen ungeachtet driftet die Schere zwischen Arm und Reich immer weiter auseinander. Das Gesamteinkommen der oberen 5% der Haushalte, 540.000 Personen, ist genau so groß wie das der 10,3 Millionen Menschen, die die 75 untersten Prozent der Einkommenspyramide bilden. Damit ist Chile das Land in Lateinamerika, in dem nach Brasilien die soziale Polarisierung am weitesten vorangeschritten ist. Doch ist diese gesellschaftliche Spaltung kein chilenischer Sonderweg, vielmehr ist die verschärfte Polarisierung unter der Regie des „natürlichen Regulativs Markt" ein Prinzip neoliberaler Politik, das sich weltweit finden lässt – auch vor der eigenen Haustüre. Rekordarbeitslosigkeit auf der einen und die immer größer werdende Zahl der Millionäre in der BRD auf der anderen Seite sprechen für sich.

Wirtschaftswunder: fauler Zauber

Doch auch sozio-ökonomisch betrachtet erweist sich das „Wirtschaftswunder" des „Tigerlandes Chile", genau besehen, als fauler Zauber. Die Geldwertstabilität – das oberste Ziel neoliberaler Geldpolitik – konnte jahrelang nicht erreicht werden. So lag die Inflationsrate in der Zeit von 1974 bis 1989 im Jahresdurchschnitt bei 57,3%. Noch schlimmer sah es in Puncto Arbeitslosigkeit aus: Mit dem Einsetzen der Schockpolitik stieg die Arbeitslosenrate zweistellig an – in der Allende-Zeit lag die Arbeitslosenquote bei nur 3,9% – und erreichte zwischen 1975 und 1979 im Jahresdurchschnitt 15%. In den „Krisenjahren" 1983-1984 schnellte die Arbeitslosenrate sogar auf eine traurige Rekordhöhe von über 20%. Und auch in Bezug auf das Wirtschaftswachstum waren die Erfolge der Schocktherapie keineswegs glorreich: Direkt nach Beginn der „Therapie" im Jahre 1975 stürzte das Land zunächst einmal in eine tiefe Rezession, in deren Verlauf das Bruttoinlandsprodukt um 12,9% sank. Den massiven Unmut in der Bevölkerung durch schärfste Repression und systematischen Terror unterdrückend, sicherte die Diktatur die Rahmenbedingungen zur Fortführung des Experiments. Erst zwischen 1976 und 1981 zeigten sich dann erste wirtschaftliche Erfolge. Die Wachstumsraten lagen bei durchschnittlich 7% und es wurde begonnen vom chilenischen Wunder zu sprechen. Doch diese Periode währte nicht lange – 1982-84 kam es zur großen Wirtschaftskrise und das BIP sank um 14,8%. In den Folgejahren konnte sich das Wirtschaftswachstum dann langsam konsolidieren und lag von 1989 bis 1993 im Jahresdurchschnitt bei ca. 6%.

2. Chile

Chile: Vorbild für die Welt...

Ungeachtet dieser zweifelhaften wirtschaftlichen Erfolge Chiles und der ohne Zweifel verheerenden sozialen, ökologischen, kulturellen und demokratischen Verwüstungen, wurde Chile zu einem Modellprojekt mit weltweitem Vorbildcharakter erklärt. So sind heute in praktisch allen Ländern Lateinamerikas und der Karibik, mit Ausnahme Kubas, die grundlegendsten neoliberalen Forderungen umgesetzt worden. Und die „freiwillig" vollzogene ökonomische Schocktherapie im Modell-Land Chile liest sich wie eine Vorwegnahme der Strukturanpassungsprogramme, die der Internationale Währungsfond und die Weltbank seit Mitte der 80er Jahre vor allem den Ländern des Südens aufzwingt. Nach dem Zusammenbruch der staatssozialistischen Länder des Ostblocks stand der Vorherrschaft des Neoliberalismus nichts mehr im Wege. Dementsprechend wurden ihre Volkswirtschaften unter dem Diktat von IWF und Weltbank straffen Strukturanpassungsprogrammen unterzogen, in deren Zentrum die Privatisierung der Staatsbetriebe, die „Freiheit" des Marktes und eine Straffung der Staatshaushalte standen. Als explizites Beispiel für die Notwendigkeit dieser Maßnahmen wird wieder einmal das „Modell" Chile genannt. So ist in einer Broschüre des Bundesministeriums für wirtschaftliche Zusammenarbeit zu lesen: „Andererseits bietet Chile gerade durch sein Lehrbeispiel für in diesem Zusammenhang typische Probleme, Ansatzpunkte, Instrumente und Erfolgsbedingungen: Darauf wird nicht nur immer wieder Bezug genommen, wenn vom Handlungsbedarf in anderen lateinamerikanischen Ländern die Rede ist, sondern das chilenische Vorbild wird auch den östlichen Reformländern ebenso als Orientierungshilfe empfohlen." Jedoch hat das neoliberale Experiment in Chile ebenso Rückwirkungen auf die Länder des Zentrums. An erster Stelle sind die besonderes marktradikalen Umstrukturierung in Großbritannien und in den USA, im Kontext des Thatcherismus und der Reaganomics, zu nennen. Aber auch unter christdemokratischen, wie in Belgien, bzw. sogar sozialdemokratischen Regierungen, wie in Spanien, trat der Neoliberalismus seinen weltweiten Siegeszug an.

... und die BRD

In der Bundesrepublik setzte ein neoliberal orientiertes Projekt im Jahre 1982 mit der, eine ökonomische und moralische „Wende" proklamierenden, christdemokratisch-liberalen Koalition unter der Führung von Kanzler Kohl ein. Insbesondere nach der Wiedervereinigung und der nachfolgenden dritten Amtszeit von Helmut Kohl gewannen die marktradikalen Strukturen immer stärker die Oberhand. So ist ein deutlicher Abbau des Sozialstaates festzustellen, der von der faktischen Abschaffung des Asylrechts und Leistungskürzungen bei AsylbewerberInnen über Einschnitte beim Kranken-, Arbeitslosen-, und Kurzarbeitergeld bis hin zu Verschlechterungen in den Bereichen der gesetzlichen Krankenversicherung und der Altersvorsorge reicht, während gleichzeitig Arbeitslosigkeit (und Armut) ebenso wie die Unternehmensgewinne steigen.

Ideologisch hat der Neoliberalismus weltweit eine nahezu absolute Vorherrschaft erreicht. Die neoliberale Rede bestimmt, was als wahr, normal, richtig und wissenschaftlich zu gelten hat. Alles was außerhalb ihres Ordnungsschemas liegt, wird stigmatisiert und aus politischen sowie sozio-ökonomischen Debatten ausgeschlossen. Der Markt wird zum idealen, naturgegebenen Ordnungsprinzip für die gesamte Gesellschaft erklärt, während mögliche Alternativen als widernatürliche Manipulationen diffamiert werden. Diese „Diktatur des Marktes" führte zu der Rede vom „Ende der Geschichte". Die Entpolitisierung der Politik und das Fehlen gesellschaftspolitischer Visionen sind die Folge. Politik wird einzig als eine der Ökonomie untergeordnete Teildisziplin verstanden, die technokratisch zu funktionieren hat. Deshalb ist besonders auch in Chile und der BRD ein Zusammenbruch des Parteiensystems festzustellen – es besteht ein breiter, parteiübergreifender inhaltlicher Konsens über die grundsätzliche Verwaltung von Politik, nur die Verpackung wechselt von Partei zu Partei. Angesichts dieser Dominanz des Neoliberalismus und der Technokratisierung der Parteipolitik besteht die Gefahr, sich den verheerenden sozialen, ökologischen und demokratischen Verwüstungen der neoliberalen Projekte zu fügen, die Rede vom „Ende der Geschichte" zu akzeptieren und nach individuellen Überlebensmöglichkeiten zu suchen. Doch andererseits widersetzen sich Menschen weltweit und an den verschiedensten Konfliktlinien den neoliberalen Gewalten. Jetzt gilt es, mit diesen Menschen in einen internationalen Dialog zu treten, gemeinsame Erfahrung, aber auch Unterschiede zu diskutieren und Handlungsperspektiven für alternative Gesellschaftsvorstellungen zu eröffnen. Der Kongress „Neoliberalismus weltweit – 25 Jahre Modell Chile" will hierzu einen Beitrag leisten und zudem, auch über den Kongress hinaus, den Dialog zwischen chilenischen und deutschen Basisgruppen sowie sonstigen Interessierten und Engagierten anregen.

Olaf Kaltmeier

„Gefährliche Erinnerung" (2001)

Vergangenheitspolitik in Deutschland und Chile

Auf dem letztjährigen vom ITP in Santiago veranstalteten Workshop „Bausteine für eine Globalisierung von unten. Chile und Deutschland in Bewegung bringen!" war die Beziehung zwischen der Vergangenheits„-bewältigung" und der Frage der Lähmung sozialer Bewegungen ein bestimmendes Thema. In der deutschen Delegation wurde dieses Thema aufgegriffen und es bildete sich eine Gruppe, die über ein halbes Jahr hinweg den Themenbereich diskutierte und das Seminar „Gefährliche Erinnerung. Vergangenheitspolitik in Deutschland und Chile" vorbereitete. Schnell wurde in den Diskussionen deutlich, dass eine Annäherung von Erfahrungshorizonten in dem Bereich der Vergangenheitspolitik nicht über abstrakte Kategorien und Theorien erfolgen kann, sondern nur von unten, von konkreten Geschichten und Erfahrungen aus. Erst so können gemeinsame Anknüpfungspunkte konstruiert werden.

Erinnerung und Protest in Chile

Mit Isabel Oyaneder und Alvaro Muñoz beteiligten sich zwei VertreterInnen der chilenischen Menschenrechtsorganisation FUNA, mit der wir bereits im letzten Jahr in Santiago diskutierten, an dieser Suche nach gemeinsamen Anknüpfungspunkten. In Chile gibt es spätestens seit Ende der Diktatur Pinochets 1990 eine heftige Debatte über Vergangenheitspolitik und historische Erinnerung. Die post-diktatorischen Regierungen setzen dabei auf Versöhnung statt auf Bestrafung der Täter. Für das Selbstverständnis der Gesellschaft aber hat diese impunidad (Straflosigkeit) weitgehende Folgen. Zum einen werden die Stimmen der Opfer zum Schweigen gebracht. Zum anderen lähmt die Straflosigkeit Soziale Bewegungen und selbstbewusste, demokratische Interventionen der ArbeiterInnen gegenüber den UnternehmerInnen, der Jugendlichen gegenüber Polizei, der BürgerInnen gegenüber den Staatsorganen. Erinnerung an Leben und Leiden der Gefolterten und Ermordeten und die Benennung der TäterInnen erweist sich als fundamental für die Begründung von Gerechtigkeit. Gegen die staatlich verordnete impunidad setzt die FUNA die politisch-moralische Entrüstung und geht vor die Wohnhäuser und zu den Arbeitsplätzen von Menschenrechtsverbrechern, um diese dort öffentlich anzuklagen: Wenn es keine Gerechtigkeit gibt, dann gibt es die FUNA, lautet ihr Slogan.

Vergangenheitspolitik in Deutschland

Für die „Berliner Republik" nach dem Fall der Mauer haben wir es dagegen zunehmend mit einem doppelten Reinigungsprozess zu tun. Zum einen soll eine Normalisierung im Umgang mit der NS-Vergangenheit einsetzen, wie sie beispielsweise von Martin Walser propagiert wurde und in Forderungen nach einer „deutschen Leitkultur" ihren Ausdruck fand. Zum anderen erfolgt eine pauschale Klassifizierung der DDR als das „realexistierende größte Isolierungslager mit 17 Millionen Insassen" (Ehrhart Neubart, in: Courtois: Schwarzbuch des Kommunismus). Die Klammer, die diese beiden Prozesse miteinander verknüpft, liefert die Totalitarismustheorie, für die das wiedervereinigte Deutschland nach der Überwindung der „braunen" und der „roten" Diktatur das leuchtende Paradebeispiel ist. Unter Ausklammerung der (welt-)gesellschaftlichen Zusammenhänge presst sie mit schemenhaften Kategorien wie autoritärer Staat, Einheitspartei, zentralisierte Presse, Ausschaltung der Opposition, Gewaltherrschaft, etc. „rote" (d.h. kommunistische) und „braune" (d.h. faschistische) Diktaturen in das selbe Schema. Dabei spielt sie bewusst mit dem Alltagsverständnis von totalitär, denn wer will schon totalitär sein?! Dass dabei historische Unterschiede verschwinden, die für ein wirkliches Verständnis und für ein Lernen aus der Vergangenheit wichtig wären, ist das eine.

Das andere ist der Blickwinkel der Totalitarismustheorie. Dieser Blickwinkel, von dem aus sie auf die Welt schaut, bleibt gleichzeitig ihr blinder Fleck. Wenn jedoch dieser blinde Fleck beleuchtet wird, so wird deutlich, dass das nicht genannte Gegenmodell zu den Totalitarismen von links und rechts die gegenwärtige bürgerlich-kapitalistische Gesellschaft mit ihren Grundpfeilern von repräsentativer Demokratie und Marktwirtschaft ist. Im einfachen schwarz-weiß Schema der Totalitarismustheorie gerät alles und jedeR der/die diese Gesellschaft verändern will, automatisch an den Rand des antitotalitären Konsenses und damit in Totalitarismus-Verdacht. In diesem Sinne dient die Totalitarismustheorie in eins mit der Entsorgung aller progressiv-gesellschaftsverändernder Ansätze sowie der Zementierung des Ist-Zustandes. Dieser anti-totalitäre Konsens gegen Rechts- und Linksextremismus wird in der Berliner Republik zur „politischen Religion" erhoben. War die Bonner Republik nach den 68ern weitgehend von der kollektiven Erinnerung an den Holocaust bestimmt, nach der nie wieder Krieg von deutschem Boden ausgehen sollte, so geht es der weltmachtambitionierten Berliner Republik nach der erfolgreichen Läuterung durch zwei totalitäre Diktaturen und der Entsorgung der Erblasten von 68 auch um den militärischen Kampf gegen die Tendenzen, die die Ordnung der neoliberalen Globalisierung bedrohen. Ob in Somalia, im Kosovo, in Mazedonien oder jüngst in Afghanistan werden die Militäreinsätze unter dem Deckmantel anti-totalitärer Menschenrechtspolitik geführt. Und besonders nach den Anschlägen vom 11. September 2001 wird das geschichtswissenschaftlich wenig aussagekräftige, aber ideologisch höchst wirksame Totalitarismus-Konzept auf den „totalitären" Islamismus erweitert. Zivilisierte Welten? Die Leitwerte der zivilisierten Welt werden am deutlichsten von den USA, der „Führungsmacht in Demokratie und Menschenrechten" (so Bundesinnenminister Otto Schily), repräsentiert. Das hat sie allerdings nicht daran gehindert, eine federführende Rolle bei dem Putsch gegen die gerade nach dem Idealbild der repräsentativen Demokratie gewählten chilenischen Regierung, der Unidad Popular unter der Führung von Salvador Allende, zu übernehmen. Erst die jüngst zum Teil freigegebenen Unterlagen der US-Archive belegen dies eindeutig. Die nachfolgende, von den USA protegierte Diktatur Pinochets aber, die eigentlich unter die Kriterien der Totalitarismus-Theorie fallen müsste, wird nur als autoritäres, aber anti-totalitäres Regime bezeichnet, das ja eine wichtige Funktion im Kampf gegen den „wirklich" totalitären Kommunismus erfüllte. Deshalb kann auch die von Pinochet erlassene Verfassung von 1980, „[...] jede Tat einer Person oder Gruppe, die [...] eine Staats-, Gesellschafts- oder Rechtsform befördert, die einen totalitären Charakter hat oder auf dem Klassenkampf basiert" als terroristisch und verfassungsfeindlich verfolgen, ohne sich selbst zu meinen. Man sieht also, wozu die Totalitarismustheorie überall in der Welt eigentlich dient.

Erinnerung

Die Art und Weise, wie heute an die Vergangenheit erinnert wird, sagt mehr über die Befindlichkeit gegenwärtiger Gesellschaften aus, als über ihre Vergangenheiten. Die TeilnehmerInnen des Seminars waren sich deshalb einig, dass die „Gefährlichen Erinnerungen" gerade in Zeiten geschichtsloser und pragmatischer Politikprojekte von höchster politischer Bedeutung sind, da sie politisch-moralische Bewertungsmaßstäbe für das Vergangene festsetzen. Für eine befreiende Perspektive bieten da abstrakte Kategorien wie die der Totalitarismustheorie keinerlei Anknüpfungspunkte. Ihr Richtmaß wird vielmehr sein, die Täter klar zu benennen und auf die Stimmen der Gefallenen, der Verlierer, der Ausgeschlossenen zu hören und sie aufzunehmen. Die MenschenrechtlerInnen der FUNA sehen, dass die heutigen Ungerechtigkeiten auf den Ungerechtigkeiten von gestern beruhen, und dass ihre heutigen Kämpfe Fortsetzungen früherer Kämpfe sind. Konkret bedeutet das für diese junge Generation der MenschenrechtlerInnen, die die Unidad Popular gar nicht mehr, und die Diktatur kaum bewusst erlebt hat, die Erinnerung und das Wissen um die an dem Projekt eines „demokratischen Weges zum Sozialismus" beteiligten Akteure wieder neu zu denken. Doch muss sich eine solche Perspektive auch immer selbstkritisch prüfen, damit nicht nur derer gedacht wird und nur die Stimmen derer aufgenommen werden, die für ein soziales Projekt kämpften, sondern auch all derjenigen, deren Leben durch Hunger und Herrschaft vorzeitig beendet wurde. Diese Form von Erinnerung – ob in Lateinamerika oder in Deutschland – ist die Voraussetzung dafür, dass nicht alles so weiter geht.

Barbara Imholz

Das Gelobte Land (2014)

Über Verheißung, Hoffnung und den Umgang mit Niederlagen in Chile im 41. Jahr nach dem Putsch

Der 40. Jahrestag des Putsches war für die Menschenrechtsbewegung politisch ein Durchbruch. Ein dreiviertel Jahr später waren Mitarbeiter_innen des ITP in Chile zu Gast und führten dort zahlreiche Gespräche über die Erinnerung der Menschen an die Zeiten der Diktatur und deren heutige Auswirkungen.

Niemand, so einhellig unsere Gesprächspartner_innen, kann die Gräueltaten der Militärs zwischen 1973 und 1990 mehr leugnen. Sie sind offiziell eine Tatsache. In dieser Hinsicht hat es eine Öffnung der Gesellschaft gegeben, der Albdruck weicht. Niemals zuvor gab es so häufig Gespräche, in denen langjährige Freund_innen von sich aus begannen, „ihre" Geschichte mit der Militärdiktatur zu erzählen, sei es als politische Gefangene, sei es als Exilierte, Kinder oder Enkel von Exilierten oder Verschwundenen. In dieser Hinsicht spürten wir deutlich eine gewisse Genugtuung seitens der Opfer.

Tabu

Doch in anderer Hinsicht stellt sich für all diejenigen, die ihr Leben dem Widerstand gewidmet haben – mit allen Opfern, die dies mit sich brachte, verfolgt und gequält zu werden, Gefangenschaft, ins Ausland zu verschwinden, gescheiterte Ehen, zerrüttete Familienverhältnisse, psychische Erkrankungen, vielleicht ohne Berufsausbildung ins existentielle Nichts zu fallen – die Frage, ob diese Genugtuung ausreicht, um sie mit ihrem Schicksal zu versöhnen. Hat sich das gelohnt? War es das wert?

Ein kurzer Rückblick auf die Geschichte der Post-Diktatur: 1989 stellte sich der Diktator Pinochet einer in der Verfassung von 1980 verankerten Volksabstimmung, ob er weiterregieren soll oder nicht. Die Opposition in der Concertación, einem mitte-links-liberalen Bündnis unter Ausschluss der Kommunistischen Partei, warb für sich mit der Kampagne des „NO". Zwar stark benachteiligt – so liefen z.B. deren Werbespots nur nachts im TV – gewann das „NO" aber relativ knapp mit 55% und stellte daraufhin den neuen Präsidenten Patricio Aylwin aus der stärksten Fraktion der Christdemokraten. Im Museo de la memoria in Santiago, dem offiziellen staatlichen Erinnerungsort für die Menschenrechtsverletzungen unter Pinochet, findet dies folgerichtig seine Entsprechung: die Concertación hat die Diktatur besiegt. Welch eine Geschichtsklitterung! Berücksichtigt man dann die folgenden Regierungen, die von Kritikern als „Demokratur" bezeichnet wurden, kann man die Enttäuschung derjenigen nachvollziehen, deren Widerstand gegen die Diktatur sich aus der Zustimmung zum Projekt der Unidad Popular speiste. Die Unidad Popular war das linke Regierungsbündnis unter Salvador Allende und – das war das Besondere und daher von weltweiter Aufmerksamkeit verfolgt – in demokratischen Wahlen zu Stande gekommen. Der brutale Abbruch dieses Projekts des chilenischen Volkes bedeutet auch global betrachtet eine tiefe Niederlage und begründet den entscheidenden Punkt der Entpolitisierung der chilenischen Gesellschaft heute. Vergegenwärtigen wir uns dann zusätzlich, dass der Widerstand gegen die Sieger nicht ausreichte, das Projekt der Unidad Popular zu reanimieren, verdoppelt sich die Niederlage. Denn nur die Hälfte der Gesellschaft wählte überhaupt das „NO".

Die Angst vor wiederkehrender Gewalt sitzt tief und führt zu Agonie: Politik ist etwas, mit dem man nichts zu tun haben möchte. Menschenrechtsverletzungen hat es also gegeben, aber warum

2. Chile

und wieso möchte man eigentlich gar nicht so genau wissen. Ich stelle mir vor, dass es so oder ähnlich den Israelit_innen beim Exodus zu Mute gewesen sein muss. Sind nicht die Fleischtöpfe Ägyptens letztlich die sicherere Bank? Das gelobte Land war verheißen, aber scheint gleichzeitig unerreichbar.

War es das wert?

„Fragt dich jemand: Oh, Sie sprechen aber gut deutsch. Wie kommt das? Und ich antworte: Ich bin im Exil in Deutschland aufgewachsen, erstirbt auf der Stelle jedes Gespräch", so berichtet uns eine junge Frau. Ein weiteres Beispiel: „Wir beginnen hier im Dorf Gesprächskreise, in denen die Menschen über ihre Erfahrungen mit der Militärdiktatur sprechen. Aber es sind nur die Frauen, die erzählen; die Männer beteiligen sich nicht. Es herrscht immer noch Furcht und Schmerz über die vielen Arbeiter, die ermordet wurden, weil sie die Verstaatlichung des Betriebs in der Zeit der Unidad Popular organisierten. Und vielleicht fühlen sich viele auch schuldig, weil sie hilflos zugesehen haben."

Was offensichtlich an einer vollständigen Rehabilitierung fehlt, ist die gesellschaftliche Anerkennung und Legitimation der Unidad Popular. Bei aller berechtigten Kritik geht es dabei um mehr, als ihr Scheitern an inneren Widersprüchen aufzuweisen. Es geht um einen gesellschaftlichen Aufbruch insbesondere des Volkes, der Nichtbegüterten des Landes, um ein Projekt, für das eine ganze Generation junger und alter Menschen mit Überzeugung und Begeisterung ihr Leben gaben. „Dafür hat uns niemand jemals gedankt, dass wir den Widerstand organisiert und dafür ins Gefängnis geworfen und gefoltert wurden", so ein ehemaliger politischer Gefangener. Im Gegenteil, die Bürgerrechte von uns sind bis heute nicht wiederhergestellt, es gibt keine Entschädigung für die Haftzeit oder dergleichen, mit der eine Gesellschaft zeigt, dass sie die Leistung anerkennt. Stattdessen verschwinden wir in einer trüben Masse."

„Die größte Niederlage ist für uns nicht das Scheitern der UP. Wir wurden militärisch geschlagen. Die größte Niederlage ist für uns der Sieg des „NO" mit der Concertación."[1] Sollte dies das letzte Wort gewesen sein? In diesem Sinne sind die Aufstände der Schülerbewegung 2006 und die massiven Studierendenproteste seit 2011 nicht zu unterschätzen.

„Wir sind nicht nichts", so ein Banner auf der 1. Mai-Demonstration, zu der der CUT, der Dachverband der Gewerkschaften, aufgerufen hatte. 70.000 Menschen waren diesem Aufruf gefolgt. Eine Fahne trägt die Aufschrift „Unsere Träume bleiben". Vielleicht eine Station in der Wüste auf dem Weg ins Gelobte Land?

---

[1] So auch nachzulesen bei Tamara Vidaurrázaga in der Mai-Ausgabe (2014) der Zeitschrift „ila" zu „Umkämpfte Erinnerung" in Lateinamerika.

Barbara Imholz

Erinnern und Kämpfen – 50 Jahre Unidad Popular (2020)

Ein Blick auf die Straßen Santiagos in Chile

Der Journalist Leo Yañez und die Psychologin Patricia Ramirez, langjährige KooperationspartnerInnen des ITP, gaben eine Einschätzung der massiven gesellschaftlichen Proteste in Chile, die nun schon fünf Monate andauern und über vierzig Tote und hunderte Verletzte geforderte haben, die aber auch eine enorme Mobilisierung und Politisierung der ChilenInnen mit sich gebracht haben: Ein gesellschaftlicher Umbruch, dessen Verlauf und Ergebnis nach wie vor offen ist. Denn ob es möglich sein wird, das Hauptziel dieser Proteste, eine verfassunggebende Versammlung „von unten" einzuberufen und den Prozess einer Neuordnung der Gesellschaft wirkmächtig in Gang zu setzen, weiß zur Zeit niemand.

Die unsägliche Traurigkeit des Kapitalismus oder...

Im September 2019, anlässlich unserer Delegationsreise nach Santiago, wo wir das neue Buch über die Christen für den Sozialismus in Chile zwischen 1971 und 73 präsentierten, ahnte kein Mensch, was sich zwei Wochen später ereignen würde. Heute muss man sagen, es war wie die Ruhe vor dem Sturm. Man spürte einerseits eine ungeheure Ermüdung, Erschöpfung und Apathie, weil sich offenbar nichts bewegen ließ und auf der anderen Seite ein erwachendes Interesse an Geschichte, an der Unidad Popular (UP) als einem revolutionären Projekt von Würde, Gleichheit und Solidarität.

...die Kraft der Erinnerung an die Unidad Popular

Leonel Yañez analysiert die Bedeutung der UP und den Putsch von 1973 als Gegenschlag so: Mithilfe der Militärs und der USA haben die herrschenden Eliten ihre Privilegien und Pfründe, die sie in den voran gegangenen Jahrzehnten und insbesondere während der UP verloren hatten, wieder hergestellt. Chile als Modell neoliberaler Politik hat es vorgemacht, wie man Menschen ihrer Ressourcen enteignet und sie dazu verdammt, Sklaven ihrer Schulden zu sein. Alle sozialen Errungenschaften, die erkämpft worden waren, wurden privatisiert und den Kräften des Marktes überlassen: das Bildungs- und Gesundheitssystem, die Wasser- und Stromversorgung, Bus und U-Bahn, Medien etc..

Revolte oder Revolution – eine neue Verfassung

Was jetzt passiert, ist das endgültige Aus für diese neoliberale Gesellschaft. Egal, wie die Geschichte ausgeht, sagt sie, wird es nie wieder möglich sein, dafür eine breite oder schweigende Mehrheit zu bekommen.

Es ist noch nicht ausgemacht, ob es sich um eine Revolte oder um eine Revolution handelt. Viele Intellektuelle vergleichen die Vorgänge mit der Pariser Commune von 1871. Heute wissen wir, dass mit dem Ereignis der Pariser Commune zum ersten Mal eine komplett neue Idee menschliches Zusammenlebens in die Geschichte eintritt, die bis heute ihre Gültigkeit nicht verloren hat. Die Protestierenden wollen sich tatsächlich eine neue Ordnung geben. Die Verfassung, die heute nach wie vor die Knechtschaft legitimiert und jegliches parlamentarisches Vorgehen unmöglich macht, muss auf den Müllhaufen der Geschichte geworfen werden, so die Forderung. Es gibt zwei Parallelwelten, die Parteien und ihre Abgeordneten, inklusive der Kommunistischen Partei und die Leute auf der Straße. Dazwischen ist ein tiefer Graben, weil die Menschen auf der Straße keine Notiz mehr vom Parlament nehmen und dessen Repräsentation de facto ignorieren. Wie der verfassunggebende Prozess aussehen wird, steht absolut in den Sternen. Mit dem internationalen Frauenkampftag am 8. März werden die Menschen nach der „Sommerpause" wieder loslegen, soviel steht jetzt schon fest. Denn noch ist auch Präsident Piñera, dessen Rücktritt immer noch gefordert wird, im Amt. Laut Umfragen hat er nur noch 6% Zustimmung in der Bevölkerung, auch wenn seine Amtszeit noch bis März 2022 offiziell andauert.

La primera línea – Die erste Reihe

So nennt man den ersten Block bei Demonstrationen. Es sind meist junge Menschen aus allen sozialen Schichten. Sie sind gut organisiert, ausgestattet mit Helmen, Gasmasken, Steinen und gehen in die direkte Konfrontation mit der Polizei. Die „encapuchados" – die „Vermummten" gelten mittlerweile als „HeldInnen" in der gesamten protestierenden Bevölkerung, weil sie durch ihren Mut den anderen, den Hunderttausenden Schutz geben vor der unvorstellbar brutal vorgehenden Polizei[1] und so überhaupt erst ermöglichen, friedlich zu protestieren. Auch hier ist etwas Neues passiert, sagt Patricia Ramirez. Die Spaltung zwischen sogenannten friedlichen DemonstrantInnen und den sogenannten „Gewaltbereiten" ist komplett aufgehoben. Man versteht sich als zwei Sei-

---

1 Mindestens 350 Menschen wurden durch gezielte Schüsse in die Augen mit sog. Gummigeschossen, die vor allem Mineralien und Schwermetalle wie Blei enthalten, am Auge verletzt. Mehr als 20 von ihnen haben ein Auge oder beide Augen verloren. Die Interamerikanische Menschenrechtskommission spricht von 26 Toten, davon mindestens fünf durch Schüsse der Sicherheitskräfte, mehr als 20.000 Festnahmen und mindestens 11.000 Verletzten. Die Staatsanwaltschaft ermittelt wegen Menschenrechtsverletzungen in 2670 Fällen (siehe ausführliche Berichterstattung in den Latein Amerika Nachrichten (LN) 546/7/8, Dezember 2019 bis Februar 2020).

ten einer Medaille und weiß darum, dass man aufeinander angewiesen ist. Das ist auch in der chilenischen Protestkultur ein absolutes Novum. Auch wenn wir mit diesen Aufständen scheitern, so Patricia und Leo, wird das Chile danach ein anderes sein. 30 Jahre Neoliberalismus bedeutete absolute Individualisierung und Zerstörung aller Gemeinwesen und sozialer Zusammenhänge. Was passiert heute? Wir schauen uns wieder an, wir nehmen uns gegenseitig wahr und sind uns bewusst, dass wir Subjekte unserer Geschichte sind. Wir teilen die Dinge miteinander und verlieren unsere Raffgier, unseren Wunsch, das Gegenüber niederzuringen. Wir setzen auf unsere Hoffnung und die Erinnerung an eine Utopie. Chile despertó – Chile ist erwacht!

3. Migration

Christine Berberich

Vom Umgang mit Fremden (2005)

Als vor einigen Monaten in Marokko sechs afrikanische Flüchtlinge am Grenzzaun zum spanischen Territorium erschossen wurden und Polizeikräfte zahlreiche Flüchtlinge in der Wüste aussetzten, fanden die Zustände an den europäischen Außengrenzen für kurze Zeit sogar in den Mainstream-Nachrichten Erwähnung. Weniger bekannt sind die wiederholten Massenabschiebungen, die in NRW seit Juni dieses Jahres stattfinden. Von einigen der betroffenen Flüchtlinge ist bekannt, dass sie wegen der Folgen erlittener Folter in psychiatrischer Behandlung waren. PolizistInnen rissen diese bereits schwer traumatisierten Menschen im Morgengrauen aus dem Schlaf und transportierten sie – teilweise in Handschellen, teilweise mit Medikamenten ruhiggestellt – zum Flughafen. In mindestens drei Fällen wurden Familien durch die Abschiebung auseinandergerissen.[1] Nicht nur Deutschland stellt AsylbewerberInnen unter einen generellen Betrugsverdacht und behandelt sie schlechter als „einheimische" VerbrecherInnen, die EU geht gegen Flüchtlinge vor wie gegen Feinde. Das deutsche Konstrukt der „sicheren Drittstaaten" hat wesentlich dazu beigetragen, dass jedes EU-Land seine mit der Genfer Konvention übernommene Verantwortung für den Schutz der Flüchtlinge auf das Nachbarland abschiebt, bis die Menschen schließlich in Länder „weitergereicht" werden, die diese Konvention noch weniger beachten. Die militärische Abschottung der europäischen Außengrenzen nach US-amerikanischem Vorbild folgt ebenso aus dieser Logik wie der

---

1 vgl. www.fluechtlingsrat-nrw.de.

3. Migration

Vorschlag von Innenminister Schily, auf dem afrikanischen Kontinent Auffanglager für afrikanische Flüchtlinge einzurichten. Gemeinsames Merkmal der Politik der reichen Staaten ist der Versuch, mit allen Mitteln die Opfer jenes ökonomischen und politischen Systems von ihren Territorien fernzuhalten, das sie der ganzen Welt aufgezwungen haben.

Oft wird diese Asylverweigerungspolitik von Regierungen getragen, die entweder die Bezeichnung „christlich" im Parteinamen führen oder sich auf christliche Tradition berufen. Grund genug, einen Blick auf das Thema Flüchtlinge und Fremde in der jüdisch-christlichen Tradition zu werfen.

„... das habt ihr mir getan"

In der Gerichtsankündigung Mt 25,31-46 benennt Jesus die für das Reich Gottes geltenden Entscheidungskriterien und identifiziert sich selbst mit dem/der bedürftigen Anderen: „Ich war fremd, und ihr habt mich aufgenommen" (Mt 25,35b) ist eine dieser Identifikationen. Damit bestätigt und konkretisiert er im Hinblick auf das erwartete Ende der bestehenden Welt und den Anbruch des Gottesreiches, dass es gerade in dieser Zwischenzeit darauf ankommt, die Tora zu leben, die er in einer Diskussion mit den Schriftgelehrten im Gebot der Gottes- und Nächstenliebe zusammengefasst hat (Mt 22,36-40). Im bedürftigen Anderen den Anruf Gottes zu erkennen, wäre demnach in der Auslegung Jesu das Kernanliegen der Tora. Diese richtet sich zwar auch, aber nicht zuerst, an Individuen, aber vor allem an das Bundesvolk Israel als jene Gemeinschaft, die als Gottes Volk der Welt die Gerechtigkeit nach Gottes Willen vorleben soll. Diese Gerechtigkeit entscheidet sich immer wieder daran, wie eine Gesellschaft mit ihren schwächsten Mitgliedern umgeht. Dementsprechend wird der Schutz der Fremden im Zusammenhang mit dem Schutz der Witwen, Waisen und Armen genannt (Ex 22,20-26; Dtn 24,17f.), aber auch wiederholt einzeln angesprochen (Ex 23,9; Lev 19,33f.). In Dtn 23,16f. heißt es:

> „Du sollst einen fremden Untertan, der vor seinem Herrn bei dir Schutz sucht, seinem Herrn nicht ausliefern. Bei dir soll er wohnen dürfen, in deiner Mitte, in einem Ort, den er sich in einem deiner Stadtbereiche auswählt, wo es ihm gefällt. Du sollst ihn nicht ausbeuten."

Die Schutzverpflichtung Israels gegenüber den Fremden begründet die Tora mit der Erinnerung Israels an seine eigene Situation als Fremde in Ägypten. Lev 19,33f. weist darüber hinaus ausdrücklich auf den Anspruch Gottes an die Gerechtigkeit Seines Volkes hin: „Wenn bei dir ein Fremder in eurem Land lebt, sollt ihr ihn nicht unterdrücken. Der Fremde, der sich bei euch aufhält, soll euch wie ein Einheimischer gelten, und du sollst ihn lieben, er ist wie du; denn ihr seid selbst Fremde in Ägypten gewesen. Ich bin der Herr, euer Gott." Vor dem Hintergrund der Unterdrückungserfahrung Israels verdeutlicht dies ein Grundprinzip der Tora: die Gleichheit der Menschen in ihrer Bedürftigkeit und ihrem von Gott gewollten Lebensrecht.

Verdrehte Perspektiven

Von diesem Grundprinzip ist die Realität auch der Gesellschaften, die sich auf die jüdisch-christliche Tradition berufen, weit entfernt. Je vollständiger diese Gesellschaften sich den Funktionsgesetzen des Kapitalismus unterwerfen, desto ausgeprägter setzt sich die umgekehrte Perspektive durch: Nicht das Lebensrecht und die Bedürftigkeit der Menschen sind Maßstab für die Organisation von Gesellschaft und Wirtschaft, sondern die Erfordernisse der Profitmaximierung entscheiden, ob und wie Menschen in der Gesellschaft leben können. Zuerst bekommen dies die Schwächsten zu spüren. An den Fremden, denen grundlegende Schutzrechte verweigert werden, zeigt sich dieses Prinzip ungeschminkt: Sie werden nach ihrer Brauchbarkeit für die Wirtschaft sortiert. Wer seine Arbeitskraft in einem Bereich anbieten kann, in dem sie gerade gebraucht wird, darf einwandern. Wer als rechtlose/r Illegalisierte/r für Arbeiten ausgenutzt werden kann, die wegen untragbarer Arbeitsbedingungen niemand sonst annehmen würde, wird stillschweigend geduldet, muss aber jederzeit mit Abschiebung rechnen. Wer vor allem auf Schutz und Unterstützung durch die Gesellschaft angewiesen ist, wird zur Belastung erklärt und ins Durchreise- oder Herkunftsland entsorgt, wenn es die Gesetze zulassen – oder auch, wenn die Gesetze es nicht zulassen. Dass ein Großteil der Mehrheitsgesellschaft dem entweder zustimmt oder es zumindest gleichgültig hinnimmt, liegt v.a. an der Ausgrenzung der Fremden als „der Anderen", die „uns" bedrohen. Aus der Perspektive des gleichen Lebensrechtes aller Menschen zeigt sich dagegen, dass Kontrolle, Einschränkung der bürgerlichen Grundrechte und Reduzierung des Existenzminimums nicht nur die Fremden betreffen, sondern zunehmend alle, die aus dem sogenannten Ersten Arbeitsmarkt herausfallen.

Wer ist für uns Gott?

Wenn sich auch die Auswirkungen von Land zu Land oder in Bezug auf verschiedene Personengruppen unterscheiden, so ist doch das Prinzip dieser Art von Menschenverachtung allen Gesellschaftssystemen gemeinsam, deren Gott Mammon heißt. Für eine Gemeinschaft von Menschen, deren Gott der Gott Jesu, das heißt der Gott Israels ist, muss als Grundlage aller gesellschaftlichen Organisation gelten: Der/die Andere ist wie du. Er/sie hat die gleichen Grundbedürfnisse und das gleiche Lebensrecht wie du. Das heißt vor allem nicht der Illusion aufzusitzen, die Situation der bedürftigen Anderen habe nichts mit „uns" zu tun, und sich nicht einreden zu lassen, sie seien „selbst schuld" und wollten „uns" nur ausnutzen. Niemand ist davor sicher, eines Tages zu den „Unbrauchbaren" zu gehören. Nur in einer solidarischen Gesellschaft können wirklich alle leben. „...ihr habt mich aufgenommen" – das ist mehr als Versorgung oder Betreuung: Es bedeutet anzuerkennen, dass der/die Fremde ist wie wir, dass er/sie zu uns gehört. Wenn es einer Gemeinde gelingt, Flüchtlinge so aufzunehmen, ist dies die beste Voraussetzung dafür, ihnen die Begleitung, Unterstützung und notfalls auch den Schutz gewähren zu können, den die derzeitige Asyl„rechts"praxis ihnen verweigert. Dabei darf die Kirche nicht zulassen, dass der Staat sich seiner Verantwortung für den Schutz der Flüchtlinge und die Bekämpfung der Fluchtursachen entzieht. „Der/die Fremde ist wie wir", das heißt auch: Jenseits aller herkunftsbedingten Unterschiede ist unsere gemeinsame Hoffnung eine Welt, in der niemand mehr gezwungen ist zu fliehen, sondern in der alle leben können. Dafür müssen wir alle gemeinsam kämpfen.

Katja Strobel

Migration und Asylpolitik (2010)

Theologische Herausforderungen

Meine Ausgangsfrage zu diesem Thema ist: Was ist die Relevanz von christlichem Glauben für die Marginalisierten unserer Erde? Anknüpfend beispielsweise an die Exodusgeschichte, an die prophetische Kritik, an das Magnificat oder das Handeln Jesu und seine Botschaft: „Was ihr den Geringsten getan habt, das habt ihr mir getan" (Mt 25,40) wird Glaube nur an Taten wirklich sichtbar, die hier und jetzt etwas verändern an Ungerechtigkeit, Ausbeutung und Unterdrückung. Daher ist es meines Erachtens eines der wichtigsten Dinge für Glaubende, zu sehen, wo Marginalisierung aktuell stattfindet. Auf dem II. Vatikanischen Konzil wurde dafür der Begriff „Die Zeichen der Zeit erkennen" (GS 4+11) geprägt, der mir deshalb sehr gut gefällt, weil er die Zeit und damit die Dringlichkeit von Veränderung mit ins Spiel bringt.

Eine Herausforderung, die für uns im ITP in den letzten Jahren als Thema wichtiger wurde, sind Migration und Rassismus. Gerade Europa betreibt seit Jahren eine mörderische Flüchtlingspolitik, die aber kaum ins Bewusstsein der Menschen zu dringen scheint.

Der Zynismus von Frontex

So gründete die EU 2005 die Grenzschutzagentur FRONTEX. Es geht darum, dass jedem Mitgliedsstaat, der „einer besonderen Belastung durch erhöhte Versuche illegaler Migration ausgesetzt ist", grenzpolizeiliche Expertenteams zur Verfügung gestellt werden können. Das „humanitäre Ziel" wird vom Innenministerium so formuliert: „Dies wird zukünftig helfen zu verhindern, dass Menschen ihr Leben auf den gefährlichen Überfahrten von Afrika nach Europa aufs Spiel setzen."[1] Dieser Satz kann nur als zynisch bezeichnet werden: An den EU-Außengrenzen sind zwischen 1988 und August 2009 nach Auswertung von Presseberichten durch die Organisation „Fortress Europe" mindestens 14.687 Menschen gestorben. Die Dunkelziffer dürfte allerdings weitaus höher liegen.

Ein Beispiel für das Agieren von FRONTEX aus dem Jahr 2009: Ende Juli verlässt ein Boot mit 82 Flüchtlingen aus Eritrea, Äthiopien und Nigeria die libysche Küste. Der Motor fällt aus. Mehr als drei Wochen lang fahren Dutzende von Schiffen an ihnen vorbei, FRONTEX-Einheiten sichten sie, ohne einzugreifen. Dann werden fünf Überlebende von italienischen Einheiten nach Lampedusa gebracht, 77 sind verhungert und verdurstet. Mit Hilfe und Menschenrechten hat dies nichts zu tun, viel eher mit einer zynischen Abschottungspolitik.[2]

Elendskähne

Jean Ziegler, Mitglied des beratenden Ausschusses des UNO-Menschenrechtsrates beschreibt den Zusammenhang von neokolonialer Ausbeutung und Migration so:

> „Die Europäische Union versucht mit allen militärischen Mitteln, diese Elendskähne an der Landung in Europa zu hindern ... Agrardumping ruiniert die afrikanischen Bauern. Darum versuchen ihre Söhne und Töchter über das Meer zu fliehen. Ihr Traum: Arbeit zu finden und Geld nach Hause zu schicken. Doch dieser Traum ist meist ein Albtraum. Statt Geld kommt der Tod."[3]

---

1 Quelle: http://www.bmi.bund.de/SharedDocs/Standardartikel/DE/Themen/Sicherheit/Bundespolizei/Frontex.html?nn=109632 (18.11.2010).
2 Vgl. http://www.borderline-europe.de/news/newsphp?news_id=82 (18.11.2010).
3 http://www.borderline-europe.de/news/news.php?news_id=76 (18.11.2010).

3. Migration

Die mörderische Politik an den EU-Außengrenzen ist dann aber auch nur der Anfang. In der BRD leben viele Flüchtlinge unter der ständigen Angst vor Abschiebung. Die Asylverfahren dauern teilweise jahrelang und auch als Geduldete müssen sie oft in Unterkünften unter unmenschlichen Bedingungen und ohne Arbeitserlaubnis leben. Millionen Illegalisierter arbeiten zu Hungerlöhnen, werden um Lohn geprellt und leben in ständiger Angst vor Kontrollen und Abschiebung.

Auch wenn es kleine Fortschritte gibt wie z. B. die teilweise Lockerung der Residenzpflicht in einigen Bundesländern, bleibt die Zuwanderungspolitik ein Skandal, um den sich nicht viele kümmern. Innerhalb der Kirchen ist das Engagement in dieser Richtung weiter zurückgegangen. Soziale Bewegungen, die in den letzten Jahren gegen Abschiebungen protestierten und sich für globale soziale Rechte wie die auf Bewegungsfreiheit und auf freie Wahl des Wohnortes einsetzten, die auch an den EU-Außengrenzen Aktionen gegen FRONTEX und Unterstützung für ankommende Flüchtlinge organisieren, konstituieren sich außerhalb der Kirchen. Es gibt hier Ausnahmen, es gibt auch christliche Wohngemeinschaften, die zusammen mit Flüchtlingen leben und sich für sie einsetzen. Es gibt Verlautbarungen, wie zum Beispiel die der Deutschen Bischofskonferenz über „Leben in der Illegalität in Deutschland" von 2001 oder die Orientierungshilfe des Kirchenamtes der EKD „Zum Umgang mit Menschen ohne Aufenthaltspapiere" von 2006. In beiden wird unmissverständlich das Recht eines jeden Menschen, unabhängig vom Aufenthaltsstatus, auf ein würdiges Leben, das heißt, auf Gesundheitsversorgung, Bildung, Arbeit und gerechten Lohn, anerkannt. In der Öffentlichkeit ist jedoch sehr wenig von diesen Positionen zu sehen und zu hören.

Arbeitsteilung und Illegalisierte

Dabei ist das Thema Migration nicht nur ein Asyl- oder Flüchtlingsthema, sondern eben auch eines des Rassismus und der globalen Arbeitsteilung, die sich inzwischen überall in den Privathaushalten findet. Gerade in der BRD wissen alle, dass die Bauwirtschaft tausende Illegalisierte beschäftigt, wir kennen alle in unseren Familien- und Bekanntenkreisen die unentbehrlichen Kräfte, häufig aus Osteuropa, die als Haushaltshilfen oder Pflegerinnen arbeiten. Grundsätzliche Probleme der Arbeitsteilung zwischen den Geschlechtern und der Existenzsicherung werden so verdrängt und auf dem Rücken von MigrantInnen ausgetragen. Auf diese Weise wird Prekarisierung von Arbeit vorangetrieben und die Illusion einer Emanzipation bzw. der sogenannten Vereinbarkeit von Erwerbsarbeit und Familie aufrecht erhalten.

Wo und wie Theologie treiben?

Aus einer befreiungstheologischen Sicht geht es darum, sich zusammenzutun mit Gleichgesinnten, egal ob christlich oder nicht, und sich für die Veränderung von ungerechten, marginalisierenden und ausbeutenden Strukturen einzusetzen. Dabei ist es aber nicht irrelevant, ob wir uns unserer Glaubenstraditionen vergewissern oder nicht. Es geht nicht darum, in sozialen Bewegungen aufzugehen, sondern auch öffentlich zu bekennen, dass diese Art des Theologietreibens in unserer Sichtweise Nachfolge bedeutet. Anzuerkennen, dass Flüchtlinge, Illegalisierte, Erwerbslose, Ausgebeutete in tausenden von Kilometern Entfernung unsere Nächsten sind, hat Auswirkungen auf das Verständnis von Gemeinde und Solidarität, auf Formen von Spiritualität, wenn sie zu Konfrontation und Konflikt mit den hier herrschenden Plausibilitäten ermächtigen sollen.

Boniface Mabanza

Migration als Recht auf Bewegungsfreiheit (2011)

Migration stellt eine der größten Herausforderungen der Gegenwart in Afrika dar. In vielen Ländern, wie etwa in Ostkongo, Darfur oder Somalia ist die Flüchtlingsexistenz für Millionen Menschen zum Teil seit mehreren Jahrzehnten zur Normalität geworden. Daran ist zu erkennen, welche Dimensionen diese Problematik angenommen hat. Mit diesen unvorstellbaren Dimensionen verbunden ist die Komplexität der Ursachen und der Folgen von Migration.

Zunächst ist anzumerken: Die Grenzen zwischen erzwungener und freiwilliger Migration sind fließend. Migration wird als Oberbegriff benutzt und als solcher bezeichnet er alle Wanderbewegungen, unabhängig von den Beweggründen, die politischer, wirtschaftlicher oder ökologischer Natur sein können.

Aus europäischer Perspektive ist es vielleicht überraschend, dass die binnenafrikanische grenzüberschreitende Migration erheblich größer ist als die von Afrika nach Übersee. Der Anteil der AfrikanerInnen an den ZuwandererInnen in die europäischen OECD-Länder beträgt kaum mehr als zehn Prozent. Dennoch erweckt die Berichterstattung über die Bootsflüchtlinge aus West- und Nordafrika den Eindruck, dass Menschen afrikanischer Herkunft die Hauptgruppe von MigrantInnen darstellen.

Die Beziehungen zwischen Europa und Afrika sind seit jeher von einer großen Asymmetrie der Machtverhältnisse geprägt. Die formellen Unabhängigkeiten der 60 Jahre, deren 50jähriges Bestehen gerade sehr kontrovers diskutiert wird, haben zu ein paar geringfügigen Verschiebungen beigetragen, eine grundlegende Veränderung im Verhältnis zwischen Afrika und Europa haben sie nicht eingeleitet. Diese Asymmetrie der Machtverhältnisse spiegelt sich auch in den europäischen Migrationskonzepten wider, die sich letztlich immer um zwei grundlegende Strategien drehen: Gefahrenabwehr, wobei es fast immer unklar bleibt, worin denn die Gefahr eigentlich besteht, und Eigeninteressen, auch wenn diese selten offen kommuniziert werden und stattdessen mit altruistischen Floskeln verschleiert werden. Beide Strategien münden in die gleiche Abschottungspolitik.

Das Recht auf Bewegungsfreiheit

Migration als ein Recht auf Bewegungsfreiheit, das jedem Menschen unabhängig von seinem Einkommen, seiner Hautfarbe, seinem Geschlecht und seiner Religion zustehen muss, ist eine innovative, fast revolutionäre Perspektive. Wie fast alle revolutionären Ideen wird diese Perspektive von einer kleinen Minderheit getragen. Sie ist nicht bestimmend im dominanten Diskurs über Migration.

Der dominante Diskurs ist von der selektiven Idee von Bewegungsfreiheit geprägt, die mit einer demonstrativen Selbstverständlichkeit einigen gewährt und anderen verwehrt wird. Die Selektion artikuliert sich entlang der Linien der politischen und wirtschaftlichen Dominanz. Je reicher und mächtiger das Ursprungsland, desto bewegungsfreier seine BürgerInnen. Dieses Selektivitätsprinzip hat sich so etabliert und ist so selbstverständlich geworden, dass es in umgekehrter Form jetzt auch von den Kritikerinnen genutzt wird, indem das Recht zu migrieren auf eine Reparationsleistung reduziert wird. Die Argumente stehen dafür parat, weil die herrschende Wirtschaftsordnung zerstörerisch wirkt: Weil die europäische Fischereiwirtschaft in Westafrika die Fischgründe abfischt und zerstört, wird verständlich, dass bisherige Fischer nun auswanderungswillige Menschen auf die kanarischen Inseln und damit nach Europa transportieren. Die Erschließung und Ausbeutung der Bodenschätze verschmutzt und zerstört die Lebensräume, sodass der Boden für Landwirtschaft unbenutzbar und das Wasser der Flüsse ungenießbar wird. AREVA ist mit dem Uranabbau in Namibia und Südafrika nur ein Beispiel von vielen. Und westliche Firmen nutzen die Tatsache, dass die staatliche Ordnung in Somalia zusammengebrochen ist, dazu, Giftmüll an den Küsten Somalias zu deponieren. Diese Liste kann man fast unendlich verlängern.

Die Idee, aus dieser Zerstörung Großzügigkeit im Hinblick auf die Bewegungsfreiheit der Opfer der Zerstörung abzuleiten, reduziert die Bewegungsfreiheit auf eine Folge ungünstiger Umstände. Es würde ja im Umkehrschluss bedeuten, Menschen würden sich nicht mehr bewegen, sie wären ein Leben lang an den Ort ihrer Geburt gefesselt, wenn es ihnen gut ginge. Migration ist in sich etwas Positives. Es gab sie früher und es wird sie immer geben.

Migration und Machtverhältnisse

In der dominanten Migrationspolitik spiegeln sich die bestehenden Machtverhältnisse wider. Diese sind aufgrund der krassen Asymmetrie der Machtverhältnisse von der Arroganz der Mächtigen geprägt. Sie ist die Erklärung dafür, dass Bewegungsfreiheit selektiv angewendet wird, dass Armut strukturell erzeugt wird und die Opfer der strukturellen Gewalt ausgegrenzt werden. Dort, wo ihre eigene Bewegungsfreiheit und ihre Interessen nur im Geringsten gefährdet werden, mobilisieren sie alle Kräfte zur Verteidigung. An den somalischen Küsten sind alle Armeen der Industrienationen versammelt. Die Botschaft ist klar: Mit uns ist nicht zu spaßen. Es ist bezeichnend, dass das einzige europäische Opfer an den Küsten Somalias durch eine französische Kugel getroffen wurde, nur weil sich die französische Regierung nicht auf Verhandlungen einlassen wollte.

Um Europas Umgang mit der Migrationsproblematik zu beurteilen, muss man sich vor Augen führen, dass sich der alte Kontinent auf christliche und humanistische Traditionen beruft. Wenn Christentum ernst genommen wird und mehr ist als Prätext für die von Angst geleiteten Auseinandersetzungen mit dem Islam, dann muss man sich fragen, welchen Inhalt diese Grundlagen noch haben. Wie konnten die Präsidenten von Libyen, Khadafi, und Tunesien, Ben Ali, zu zentralen Figuren der europäischen Migrationspolitik werden?

Was ist zu tun?

In Europa geht es um Aufklärung. In der europäischen Öffentlichkeit herrscht viel Unwissenheit über die Selbstverständlichkeit der eigenen Bewegungsfreiheit und über die an Menschen aus anderen Erdteilen angelegten Maßstäbe. Nur die wenigsten wissen, dass zum Schutz Europas vor „Invasionen" ganze Völker unter Generalverdacht stehen. Außerdem glauben viele europäische Bürger an die von einigen Medien und Politikern vermittelten Eindrücke, dass Europa vor einem großen Ansturm aus Afrika stünde. Es ist eine wichtige Aufgabe der europäischen Zivilgesellschaft, deutlich zu machen, dass solche Ängste unbegründet sind. Und es ist wichtig, an die Freiheit zu erinnern, die der Migration zugrunde liegt.

Es geht auch um politisches Engagement. Migrationspolitik kann nicht isoliert betrachtet werden, sondern muss als Teil einer kapitalistischen Rationalität gesehen werden, die alle Lebensbereiche durchdringt. Nur ein entschlossenes politisches Engagement kann dazu führen, diese Rationalität zu überdenken. In dieser Aufgabe kommt zivilgesellschaftlichen Organisationen eine besondere Bedeutung zu.

In den afrikanischen Ländern sind zwei Faktoren wichtig, um radikale Veränderungen zu bewirken: Es braucht Regierungen, die im Einklang mit den Interessen ihrer Bevölkerung handeln, und wachsame und engagierte Bürger, die ihre Regierungen dazu bewegen, selbstbewusstes politisches und wirtschaftliches Handeln zu entwickeln, das mit der Weigerung verbunden ist, sich die Arroganz europäischer Politik gefallen zu lassen.

Michael Ramminger

Durch einen Pass zum Menschen werden? (2012)

Schleichend und oft genug hinter unseren Rücken vollzieht sich eines der größten Menschenrechtsdramen der Welt: Mehr als 43 Millionen Menschen weltweit sind auf der Flucht, an den europäischen Außengrenzen sind in den letzten ca. fünfzehn Jahren ungefähr 15.000 Menschen gestorben.

Das II. Vatikanum, eines der größten Reformvorhaben der katholischen Kirche im Übergang zur Moderne, hat sich mit diesem Thema allerdings kaum auseinandergesetzt. Lediglich in der Pastoralkonstitution Gaudium et spes Nr. 65/66 und 87 taucht dieses Thema am Rande auf: als Rechte der Gastarbeiterinnen und als Problematisierung der Landflucht.

Gleichwohl gibt es eine Konzilstheologie, aus der sich eine Position zu Flucht- und Migrationsfragen ableiten lässt und die in Gaudium et spes und Lumen gentium (der Kirchenkonstitution), der „Achse des Konzils", wie es Elmar Klinger einmal nannte, ausgeführt ist: die Kirche ist dazu bestimmt, zu „retten, nicht zu richten; zu dienen, nicht sich bedienen zu lassen" (GS 2). Und in LG heißt es:

> „Zum neuen Gottesvolk werden alle Menschen gerufen. Darum muss dieses Volk eines und ein einziges bleiben und sich über die ganze Welt und durch alle Zeiten hin ausbreiten. So soll sich das Ziel des Willens Gottes erfüllen, der das Menschengeschlecht am Anfang als eines gegründet und beschlossen hat, seine Kinder aus der Zerstreuung wieder zur Einheit zu versammeln (vgl. Joh 11,52)." (LG 13)

Eine theologische Revolution

In diesem Sinne wird wohl klar, dass hier von einer Universalität und Katholizität die Rede ist, in der im Schicksal eines jeden Menschen das Werk Christi und die Existenzberechtigung der Kirche selbst auf dem Spiel steht. Das ist eine theologische Revolution, hinter die die Kirche nur um den Preis der Abschottung und Ignoranz gegenüber den Zeichen der Zeit, den Hoffnungen und Ängsten der Menschen, egal welchen Glaubens, welcher Konfession und welcher Nation, zurück kann. Das II. Vatikanum behauptet nicht weniger, als dass die römisch-katholische Kirche ihre Existenz darin findet, „zu retten, nicht zu richten; zu dienen, nicht sich bedienen zu lassen" (GS 2) und sie verrät sich wohl dann überall dort, wo sie sich dieser Aufgabe verweigert, sich also dem „göttlichen Samen", der Offenbarung Gottes in den Menschen, verweigert. So sieht es auch das Gemeinsame Wort der Kirchen „... und der Fremdling, der in deinen Toren ist" von 1997, das die Präferenz Gottes für die Armen, Unterdrückten und Flüchtlinge bibeltheologisch in den Vordergrund rückt und damit umgekehrt unser Verhalten zu ihnen zu einem zentralen Kriterium unserer christlichen Existenz macht.

Die Leerstelle im Recht von Flüchtlingen: das Recht auf Einwanderung

Leider aber hat auch diese Erklärung eine Leerstelle, die heutzutage gerade das Zentrum der Problematik von Flucht- und Migration ausmacht, eine Leerstelle, die im übrigen auch menschenrechtliche Erklärungen in sich tragen: Überall wird ein Recht auf Migration zugestanden, von einem Recht auf Einwanderung aber wird nicht gesprochen: Was aber nützt ein Recht auf Auswanderung, solange es kein Recht auf Einwanderung gibt, d.h. wenn den Nationalstaaten zugestanden wird, ihre Einwanderungspolitik souverän selbst zu regeln? Im Dokument „Erga migrantes caritas est" von 2004 wird dieser Widerspruch dann auch gar nicht erst thematisiert, sondern im

3. Migration

Gegenteil unzulässig aufgelöst: „Der staatlichen Autorität erkennt das Konzil allerdings in einem besonderen Kontext das Recht zu, den Strom der Migration zu regulieren. (vgl. GS 87)", heißt es dort. Nur: GS 87 redet hiervon überhaupt nicht, sondern bezieht sich auf Landflucht und im Kontext der Dekolonialisierung auf die Rechte der „aufstrebenden Völker", jenseits von ausländischer Bevormundung ihre Dinge selbst regeln zu dürfen. Auch das Gemeinsame Wort der Kirchen windet sich um dieses Problem herum:

> „Daher gibt es zwar ein Recht auf Auswanderung, aber nicht ein Recht auf Einwanderung. Dies darf jedoch nicht zu einer Politik führen, die weithin auf Abwehr und Abschottung eingestellt ist. Jede Gemeinschaft braucht eine positive Grundhaltung gegenüber der Grundgegebenheit von Migration und damit verbundener Zuwanderung." (139)

Die moralische Empfehlung kann wohl kaum als Antwort auf ein so grundlegendes menschenrechtliches und theologisches Problem gelten. Johannes XXIII. schrieb 1963 in „Pacem in terris":

> „Jedem Menschen muss das Recht zugestanden werden, innerhalb der Grenzen seines Staates seinen Wohnsitz zu behalten oder zu ändern; ja, es muss ihm auch erlaubt sein, sofern gerechte Gründe dazu raten, in andere Staaten auszuwandern und dort seinen Wohnsitz aufzuschlagen..." (25)

Hier hat Johannes XXIII. ein fundamentales Problem aufgegriffen, das unsere letzten zwei Jahrhunderte durchzieht: Wodurch haben Menschen eigentlich Rechte? Faktisch dadurch, dass sie einen Pass besitzen, menschenrechtlich aber wohl durch ihr „Mensch-Sein", theologisch durch ihre Gotteskindschaft, auf jeden Fall also unabhängig von Staatszugehörigkeit.

Aber wer garantiert diese Rechte und wie? Was ist z.B., wenn das Recht auf Auswanderung großspurig behauptet wird, das notwendig dazugehörige Recht auf Einwanderung aber negiert oder restriktiv gehandelt, immer noch den Nationalstaaten zur Regelung zugebilligt wird? Eine Situation, die menschenrechtlich und theologisch schlicht inakzeptabel ist und jährlich zigtausende Menschen das Leben kostet!

Michael Ramminger

Der kurze Sommer der Menschlichkeit (2016)

Erinnern wir uns: Seit dem Frühjahr 2015 hatten sich immer mehr MigrantInnen, bis zu 3.000 täglich, von Griechenland aus auf den Weg in den europäischen Norden gemacht. Dann wurde diese Route kurzfristig geschlossen, bis sich am 31. August 2015 unter den Geflüchteten das Gerücht verbreitete, dass die Grenzen für 48 Stunden geöffnet seien und man ungehindert weiterreisen könne und sich der #marchofhope in Gang setzte. Das Grenzregime von Dublin war offensichtlich zusammengebrochen.

Angela Merkel hatte die Grenzöffnungen mit den Worten: „Wenn wir jetzt anfangen müssen, uns zu entschuldigen dafür, dass wir in Notsituationen ein freundliches Gesicht zeigen, dann ist das nicht mein Land" verkündet. Aber dieser Satz kann doch nicht darüber hinwegtäuschen, dass staatlicher- und überstaatlicherseits die „Festung Europa" trotz permanenten Notstandes bis dato hervorragend funktioniert hat. Die daraufhin einsetzende große Welle der Solidarität, der FluchthelferInnen, derjenigen, die Flüchtende an den Bahnhöfen versorgt und weitergeleitet haben, ist Gott sei dank auch ein Reflex auf die regierungsamtliche Ignoranz gegenüber den Herausforderungen und Nöten der Menschen gewesen.

Aber schon während des „kurzen Sommers der Migration", während noch überall Menschen die Flucht ermöglicht wurde und während sie begleitet wurden, setzte dann auch wieder eine der massivsten Verschärfungen des Asylrechts der letzten Jahre ein. Es wurden sogenannte Transitzonen, nichts anderes als Haftanstalten,

3. Migration

entlang der deutschen Grenzen und hotspots an den EU-Außengrenzen gefordert, es begannen Verhandlungen mit EU-Staaten zur besseren Außengrenzsicherung, die Grenzsicherungsbehörde Frontex soll gestärkt werden, und gerade wurde das Asylpaket II vorbereitet, mit dem der Familiennachzug eingeschränkt werden soll und Asylschnellverfahren und beschleunigte Abschiebungen ermöglicht werden. Ganz zu schweigen von den Milliardengeschenken an die Türkei zur Sicherung der Grenze nach Syrien.[1]

Nur eine kurze Unterbrechung?

War es also nur eine kurze Unterbrechung der Kaltherzigkeit für die Elenden dieser Welt? Schon wird wieder zwischen Kriegs- und Wirtschaftsflüchtlingen, zwischen richtigen und falschen, zwischen guten und bösen Flüchtlingen unterschieden. Die einen, die gebildeten SyrerInnen, sind mit unserer so „offenen" Gesellschaft und Kultur kompatibel, vielleicht sogar nützlich für die Wirtschaft, wo sie qualifizierte Arbeitskräfte sucht. Die anderen – sind es nicht.

Und auch die Stimmung in der Gesellschaft ändert sich. Zwar nutzt kaum jemand die angesichts der vielen Toten im Mittelmeer eh zynische Rede davon, dass das „Boot voll sei". Aber bis in die gesellschaftliche Mitte hinein macht man sich darüber Gedanken, wie viele Flüchtlinge unsere Gesellschaft verträgt, in anderen Worten, wann denn die Obergrenze erreicht sei. Könnte es sein, dass diese dort erreicht ist, wo die Anderen keine „Bereicherung" durchaus auch im wörtlichen Sinne mehr sind, sondern eine Störung? „Wir brauchen Zuwanderer, die wir uns selbst aussuchen, die qualifiziert sind und den Staat mitfinanzieren. Die meisten Flüchtlinge, die derzeit kommen, genügen diesen Kriterien nicht"[2], sagte der

---

1 Philipp Ratfisch, Helge Schwiertz: Antimigrantische Politik und der „Sommer der Migration": https://www.rosalux.de/fileadmin/rls_uploads/pdfs/Analysen/Analysen25_Antimigrantische_Politik.pdf (zuletzt abgerufen am 23.03.2020).
2 Hans-Werner Sinn zur Flüchtlingskrise: „Merkel hätte sich bedeckter halten müssen", in: Spiegel Online, http://www.spiegel.de/wirtschaft/soziales/hans-

Chef des Instituts für Wirtschaftsforschung (ifo) Hans-Werner Sinn unlängst in einem Interview.

Es bleibt wohl an den Geflüchteten

Es bleibt wohl an den Geflüchteten, unseren Gesellschaften Menschlichkeit abzuzwingen und ihr Recht auf ein gutes Leben nicht einzuklagen, sondern es sich zu nehmen. Das ist für unsere Gesellschaften, deren Grenze der Menschlichkeit in der Regel dort aufhört, wo wir es nicht mehr nur mit „Opfern" zu tun haben, sondern mit selbstbewussten Menschen, die sich ihren Weg zu uns auch erzwingen, eine unangenehme Sache. Asyl ist eben keine großherzige Geste, sondern ein Menschenrecht, im Übrigen auch Gottesrecht: „Die Fremdlinge sollst du nicht bedrängen und bedrücken; denn ihr seid auch Fremdlinge in Ägyptenland gewesen." (Ex 22,20).

Realistisch oder idealistisch?

Am 3. September 2015 sagte Franziskus anlässlich des Welttags der MigrantInnen noch einmal: „In der Tat breitet die Kirche ihre Arme aus, um unterschiedslos und unbegrenzt alle Völker aufzunehmen und um allen zu verkünden: ‚Gott ist die Liebe' (1 Joh 4,8.16)." Die einen mögen es idealistisch finden, ich meine, es ist die einzig realistische Perspektive, den Weltproblemen Herr zu werden. Zwei bis drei Milliarden Euro an die Türkei ist kein profitabler Einsatz für die Bekämpfung der Fluchtursachen, es ist eher die Resignation vor der strukturellen Unmenschlichkeit unserer Welt. Unsere Aufgabe als ChristInnen wird es sein, das Recht auf Bewegungsfreiheit zu verteidigen und zugleich weltweit die Möglichkeit für Menschen durchzusetzen, dort zu bleiben, wo sie am liebsten sind.

werner-sinn-zur-fluechtlingskrise-kritik-an-merkel-a-1061993.html (zuletzt abgerufen am 23.03.2020).

Julia Lis

Konfliktfeld Kirchenasyl (2018)

Radikal solidarische Praxis oder staatlicher Gnadenerweis?

Das Kirchenasyl ist politisch neu unter Druck geraten. Die Reaktionen der Kirchen darauf verweisen auf grundlegende Probleme einer eindeutigen christlichen Positionierung in Konfrontation mit staatlicher Politik.

Die migrationspolitische Diskussion hat sich in den letzten Wochen und Monaten ein weiteres Mal zugespitzt. So zeigt die in diesem Sommer aufgekommene Seebrückenbewegung zum einen, dass sich Protest gegen die Brutalisierung europäischer Abschottungspolitik auch im bürgerlichen Lager regt, zum anderen aber auch, wie wenig selbstverständlich das Recht auf Leben von Geflüchteten mittlerweile ist. Denn bis in liberale Zeitungen hinein wird nun darüber diskutiert, ob und in welchem Maße man Seenotrettung auf dem Mittelmeer überhaupt betreiben sollte. Selten also war öffentlicher Protest gegen diesen staatlichen Angriff auf grundlegende Menschenrechte von Geflüchteten so gefragt wie heute. Vor einer solchen Konfrontation mit dem Staat in dieser Frage schrecken aber die Kirchen zurück.

Kirchenasyl zwischen Einzelfallhilfe und Politik

Die allgemeine Haltung der Kirchen in Deutschland zum Thema Migrationspolitik lässt sich wohl an keinem Beispiel so deutlich studieren wie an der Frage des Kirchenasyls. Diese Praxis musste oftmals gegen die erklärten Widerstände aus den Kirchenleitungen verteidigt und durchgesetzt werden. Besondere Bedeutung hat das Kirchenasyl seit der Dublin-Verordnung erlangt, durch die Asylanträge nur im Ersteinreiseland in die EU gestellt werden können. Hier kann der Aufenthalt im Kirchenasyl helfen, die sechsmonatige Frist für eine Dublin-Abschiebung zu überbrücken.

Gründe für solche Dublin-Kirchenasyle gibt es viele. In Italien ist es vor allem die soziale Situation, die für dorthin Abgeschobene unzumutbar ist: Es gibt kaum Arbeitsmöglichkeiten und kein staatliches Sozialfürsorgesystem. Aus skandinavischen Ländern wiederum drohen häufig Kettenabschiebungen in den Irak, Iran oder nach Afghanistan. Dass so viele Menschen durch die Dublin-Verordnung in Härtefall-Situationen geraten, stellt die menschenrechtliche Legitimation dieser Verordnung prinzipiell in Frage.

Staatliche Angriffe

Im Februar 2015 hatte der damalige Bundesinnenminister Thomas de Maizière das Kirchenasyl fundamental kritisiert. Aus dem Konflikt folgten Gespräche zwischen VertreterInnen der Kirchenleitungen, des Bundesinnenministeriums und des zuständigen Bundesamtes für Migration und Flüchtlinge (BAMF). Das Kirchenasyl sollte bestehen bleiben, die Gemeinden wurden gebeten, zukünftig nur über kirchliche AnsprechpartnerInnen Härtefallbegründungen in Form von Dossiers für jeden Einzelfall zu erarbeiten, die dem BAMF vorgetragen werden konnten. Zwei grundlegende Kritikpunkte springen hier ins Auge: zum einen wird versucht, das Kirchenasyl in einer Form zu institutionalisieren, die es von den Gemeinden wegrückt und eine mittlere Ebene von AnsprechpartnerInnen einbaut. Zum anderen wird durch die Prüfung der Dossiers durch das BAMF der Anschein erweckt, das Kirchenasyl diene dazu, dem BAMF eine Entscheidung zur nochmaligen Prüfung vorzulegen und so dort zu erbitten, dass dieselbe Behörde ihr Verfahren nochmal überdenkt. Es wird so suggeriert, das BAMF entscheide in letzter Instanz über die Berechtigung eines Kirchenasyls. Die Probleme des Verfahrens wurden durch die Verschärfungen der Kirchenasylpraxis seit dem 1.8.2018 virulent: Nun haben Innenministerkonferenz und BAMF entschieden, dass, wenn kein Dossier vorgelegt wird, keine kirchliche Ansprechperson benannt wird oder die Härtefallgründe im Dossier durch das BAMF nicht akzeptiert werden, die Überstellungsfrist bei Kirchenasylen sich von sechs auf 18 Monate verlängert.

Und die Kirchen?

Diese Verschärfung passt zu einer Politik der zunehmenden Entrechtung Geflüchteter, wie sie von Innenminister Seehofer führend repräsentiert wird. Der Aufschrei aus den Kirchen bleibt aus. Hier und da gab es zwar Kritik an der Neuregelung, schnell aber wurde davon gesprochen, wie sie sich praktikabel umsetzen lässt, anstatt sie zu skandalisieren und öffentlich zu delegitimieren. Besonders erschreckend waren in diesem Zusammenhang die Aussagen von Prälat Karl Jüsten, der für die katholische Seite die Verhandlungen mit dem BAMF führte und in die Kritik an den Gemeinden einstimmte, da diese sich aus seiner Sicht zu wenig bemühten, die staatlichen Vorgaben in die Praxis umzusetzen. So wird deutlich, dass nicht nur für den Staat, sondern auch für weite Teile der Kirchen ein bürokratisch geregeltes Verfahren, das von den staatlichen Stellen akzeptiert wird und somit den Eindruck klarer Regeln erweckt, wichtiger und bequemer ist, als ein kompromissloser Einsatz für Menschenrechte, der es manchmal erfordert, sich über das kodifizierte Recht hinwegzusetzen. Solange aber ChristInnen im Ernstfall dazu nicht bereit sind, bleibt ihr Engagement merkwürdig zahnlos: Es scheut die Konfrontation mit den Behörden um der Rechte derer willen, die von Abschiebungen und Menschenrechtsverletzungen ganz unmittelbar bedroht sind. So aber lässt es die Grenzen der Solidarität von einem staatlichen

Apparat ziehen, der jeden Tag aufs Neue beweist, wie wenig er bereit ist, die Rechte Geflüchteter zu respektieren.

Eine ausführliche Version des Beitrags ist auf www.feinschwarz.de erschienen.

4. Militarisierung

Michael Ramminger

Suche Frieden – trotz' der Gewalt (2018)

Gewalt, kriegerische Auseinandersetzungen, Bürgerkriege, warlords, Terroranschläge. Fast scheint es so, als sei nach dem Ende des Kalten Krieges erst wirklich Gewalt losgetreten worden: unbestimmbar, unerklärbar und unbesiegbar. Kann man vielleicht gegen Krieg und Gewalt gar nichts tun?

Aber diese Rat- und Hilflosigkeit vor den vermeintlich unendlich vielen und gewaltsamen Auseinandersetzungen ist nicht vom Himmel gefallen, sie ist auch nicht einfach nur eine Reaktion auf die „Wirklichkeit an sich". Unsere Ratlosigkeit ist nämlich auch das Ergebnis eines veränderten Diskurses sowohl in der Entwicklungspolitik als auch in der Militärpolitik, der immer unsichtbarer zu machen versucht, was immer noch gilt: dass kriegerische Auseinandersetzungen Interessen dienen, dass es um Rohstoffe, Zugang zu ihnen und um globale Einflusssphären geht. Mit anderen Worten: dass man diese Interessen benennen und kritisieren kann. Ich möchte einige Aspekte solcher Unsichtbarmachung aufzeigen.

Entwicklung und Sicherheit

Schon seit den achtziger Jahren wurde über Hunger, Armut, Umweltzerstörung usw. als Sicherheitsgefährdung gesprochen. Die Hoffnung war, dass dann der Entwicklungspolitik mehr Aufmerksamkeit geschenkt würde. Geschehen ist leider das Gegenteil: Der Begriff der „Versicherheitlichung" hat dazu geführt, dass oben ge-

4. Militarisierung

nannte Probleme vorrangig als „Sicherheitsprobleme" verstanden werden, denen man nicht nur, aber auf jeden Fall auch, militärisch begegnen muss. Es hat eine „Landnahme der Entwicklungspolitik durch militärische Akteure" gegeben, schreibt 2011 Reinhart Kößler in einem Forschungsbericht, der von der AG Weltkirche der deutschen Bischofskonferenz in Auftrag gegeben wurde.[1] Wer heute Entwicklungspolitik sagt, denkt eher an Konfliktbekämpfung als an Gerechtigkeit, eher an polizeiliche und militärische Eindämmungen als an Demokratie.

Zivil-Militärische Zusammenarbeit

Dieser Begriff geht auf Somalia 1993 zurück, als die Bundeswehr medizinische Versorgung, Brunnenbau oder Schaffung von Kindergärten besorgte, wenn sie nicht kämpfen musste. Solche Bilder, die wir auch aus dem NATO-Einsatz in Bosnien 2008 kennen, suggerieren, dass die Militärs hier humanitäre Hilfe leisten würden, ja sogar Entwicklungspolitik:

> „Sie wird gerne als eine Art militärischer Entwicklungshilfe angesehen: die Zivil-Militärische Zusammenarbeit im Auslandseinsatz. Doch [...] primär dient sie der eigenen Operationsführung – beispielsweise durch die Verbesserung von Verkehrswegen oder durch die Kenntnis der Meinungen in der Bevölkerung."

So hieß es offen ehrlich auf der Homepage der Bundeswehr dazu. Diese Civic Militaric Cooperation (CIMIC) wird von einigen FriedensforscherInnen und EntwicklungssoziologInnen als Weiterentwicklung der berühmten counterinsurgency-Strategie, der Aufstandsbekämpfung der USA seit den siebziger Jahren, gesehen: „Daher", so Kößler, „kann ihre [CIMIC, M.R.] Entstehung auch nicht auf angeblich neue Bedrohungslagen seit dem Ende des Kalten Krieges zu-

---

1 Marcel M. Baumann und Reinhart Kößler, Von Kundus nach Camelot und zurück: militärische Indienstnahme der „Entwicklung", in: Peripherie, Zeitschrift für Politik und Ökonomie in der Dritten Welt, Nr. 122/123, August 2011, S. 149ff.

rückgeführt werden." Im Herbst letzten Jahres fand in Hamburg dann der erste „Trinationale Workshop Zivil-Militärische Zusammenarbeit – ZMZ" statt, bei dem es um länderübergreifende Kooperation zwischen Militär, Polizei und Hilfswerken in Europa selbst ging. Die Informationsstelle Militarisierung e.V. schreibt dazu:

> „Die Verzahnung von militärischen und zivilen, staatlichen und nicht-staatlichen Institutionen soll ausgebaut und vertieft werden. Dass damit der Einfluss des Militärs auf die zivilen Strukturen weiter wächst, d.h. die Militarisierung im Staat und in der Zivilgesellschaft zunimmt, ist offensichtlich."[2]

Die Welt geht nicht ohne Krieg?

Die Welt geht nicht ohne Krieg und Gewalt, die Welt ist so unsicher, dass wir nicht nur Militär, sondern auch Polizei, NGOs und Wissenschaft[3] brauchen, um ihr Herr zu werden. So weit ist die Normalisierung bereits gediehen, dass im letzten Jahr über 8.000 Vorträge vor fast 140.000 SchülerInnen von sogenannten KarriereplanerInnen der Bundeswehr gehalten werden konnten und von JugendoffizierInnen über 35.000 LehrerInnen und ReferendarInnen geschult wurden: Das Militär als Retter von Sicherheit und Frieden! Die Bundeswehr produziert jugendgerechte Videoserien, die in den Socialmedia, über Youtube, Instagram und Facebook verteilt werden: „Mali" hieß die letzte Serie, die in der Ästhetik eines Ego-Shooters Jugendlichen den Auslandseinsatz als Abenteuer und Herausforderung schmackhaft machen soll.

---

2 http://www.imi-online.de/2017/10/06/erster-trinationaler-workshop-zivil-militaerische-zusammenarbeit/ (zuletzt abgerufen am 23.03.2020).
3 2010 suchte die Bundeswehr in ganzseitigen Anzeigen in der kirchlichen Zeitschrift Welt-Sichten interkulturelle (EthnologInnen, KulturwissenschaftlerInnen) BeraterInnen in Afghanistan unter dem Motto „Bundeswehr – Karriere mit Zukunft!, vgl. dazu: Ludger Weckel, Bundeswehr und Entwicklungshilfe, ein Briefwechsel, www.itpol.de.

4. Militarisierung

trotz der Gewalt ...

Das heißt für uns als ChristInnen deshalb, diese Sprachverwirrung, die keine babylonische, sondern eine diabolische ist (diabolos griechisch = Verwirrer), heutzutage zu skandalisieren und sich ihr entgegenzustellen. Darauf zu bestehen, dass die Gerechtigkeits- und Demokratiefrage nicht hinter dem Sicherheitsdiskurs verschwindet – weder im Ausland, noch im Inland! Darauf bestehen, dass das Militärische vom Zivilen unterscheidbar bleibt oder dass Werbung für das Kriegshandwerk aus den Schulen ferngehalten wird. Aber dazu müssen wir erst einmal daran glauben, dass Krieg und Gewalt ein Ende haben können.

Michael Ramminger

#Trotz der Gewalt – Folge Deiner Berufung! (2019)

#Kämpfen – Folge Deiner Berufung: so war ein Werbeplakat der Bundeswehr mit einer jungen Frau in Tarnkleidung und Gewehr im Anschlag untertitelt. In Bayern geht im April diesen Jahres ein zweijähriger Modellversuch an den Start, ein „Landesregiment" oder eine „regionale Sicherungs- und Unterstützungseinheit" aufzustellen. 500 ReservistInnen sollen von BerufssoldatInnen im Ernstfall mobilisiert und bei Katastrophen und „Terrorlagen von katastrophalem Ausmaß" unterstützend eingesetzt werden.[1]

Ungoverned spaces ...

Um zu verstehen, was hier gesellschaftlich geschieht und warum diese schleichende Militarisierung nicht zu einem Aufschrei in der Republik führt, ist es, wie schon früher, hilfreich, sich mit dem Begriff von „Sicherheit" zu beschäftigen.[2] Der wandelt sich nämlich zunehmend und fast unbemerkt von der Abwehr einer Bedrohung von Außen (wie im Kalten Krieg) zur Vermeidung von „Risiken". Droh-

---

1 Florian Rötzer: In Bayern wird das erste Landesregiment für den „Heimatschutz" aufgestellt, in: https://www.heise.de/tp/features/In-Bayern-wird-das-erste-Landesregiment-fuer-den-Heimatschutz-aufgestellt-4303036.html (zuletzt abgerufen am 23.03.2020).

2 Christopher Schwitansk: Sozialwissenschaften im Dienste des Militärs, Die Praxis „gezielter" Tötungen mittels Drohnen im Verhältnis zu einem entgrenzten Sicherheitsbegriff, in: https://www.imi-online.de/2019/02/08/sozialwissenschaften-im-dienste-des-militaers/ (zuletzt abgerufen am 23.03.2020).

4. Militarisierung

nen z.B., die inzwischen auch von der Bundeswehr angekauft werden, sollen in der Regel präventiv „Risiken" bekämpfen. Die Ausweitung solcher Kriegsführung ist darüber hinaus mit dem Konzept unregierter/unregierbarer Räume (ungoverned spaces) verknüpft, das sich zunächst einmal auf sogenannte Kriegsregionen bezieht, aber ganz allgemein auch auf Orte, Zusammenhänge und Situationen, an denen die „Legitimität staatlicher Strukturen" infrage gestellt ist. Die Ausweitung des Begriffs Sicherheit auf Bedrohungssituationen, die ja ganz diffus und politisch instrumentalisiert formuliert werden können (Denken wir nur an die gegenwärtige Diskussion in der CDU über Migrationspolitik, die überhaupt kein reales Objekt hat!) führt zu einem gesellschaftlichen Klima, in dem immer stärker jede „Sicherheitsprävention" legitim und notwendig erscheint.

Das Ganze führt so zu einer zunehmenden Militarisierung der Gesellschaft, die hauptsächlich nicht an Bilder massenhafter Militäraufmärsche mit „Kaiser-Wilhelm-Trara" gebunden ist, sondern an die Ästhetik moderner (Drohnen-)Technologie und individualisierter SEK Abenteuer- und Selbstverwirklichungsromantik. Dabei verwischt die Grenze zwischen Innen und Außen bei der präventiven Bekämpfung „ungoverned spaces" immer mehr: Ob in Syrien oder in Paris, auch im Hambacher Forst – überall gibt es „unregierbare Orte"! Neue Polizeigesetze, die präventive Festnahmen erlauben, Fingerabdrücke in Personalausweisen oder Gummigeschosse und Blendgranateneinsätze bei den Gelbwestenprotesten werden alle mit der Bedrohung durch unregierbare Räume, drohendes Chaos und der Notwendigkeit der Aufrechterhaltung der Ordnung legitimiert.

... und schamlose Interessen

Eine solche Entwicklung ist natürlich auch von schamlosen Interessen angetrieben, wie man zum Beispiel am Umgang mit den KurdInnen und der türkischen Politik der dort regierenden AKP und Erdogan nachzeichnen kann. Waren die KurdInnen bis vor kurzem noch gut genug, die JesidInnen gegen den sog. Islamischen Staat zu verteidigen, wird bis heute die Rolle des türkischen Staates bei der Unterstützung des IS zur Bekämpfung der KurdInnen verheimlicht. Der völkerrechtswidrige Angriff der Türkei auf Afrin in Rojava (Nordsyrien) im Januar 2018 wurde von der Bundesregierung stillschweigend hingenommen, auch die ethnische Säuberung und die Vertreibung von über 130.000 Menschen war kein Thema, noch weniger die Verschleppung und Zwangskonversionen von JesidInnen durch von der Türkei unterstützte Dschihadisten. Erinnern wir uns an den Flüchtlingsdeal der EU mit der Türkei und an die feinen Rüstungsgeschäfte von z.B. Krauss-Maffei-Wegmann oder von Rheinmetall, die in der Türkei eine Panzerfabrik bauen wollen. Wen also wundert es, wenn die „ungoverned spaces" nicht nur in Syrien vermutet werden, sondern auch in der Bundesrepublik, wo vor kurzem der Mesopotamia-Verlag als „terroristische" PKK-Organisation verboten wurde, ja die PKK trotz gegenteiligen Urteils des Europäischen Gerichtshofes und trotz der brutalen Verfolgung durch die AKP weiter als terroristische Organisation bezeichnet wird.

Eine neue Bewegung?

Gründe genug also, um über eine neue Friedensbewegung nachzudenken. Das müsste aber eine Bewegung sein, die jenseits der Kategorien des vergangenen Kalten Krieges denkt und agiert, eine Bewegung, die sich stärker auf die schon fast zur Alltäglichkeit gewordene Militarisierung, auf die Polizierung der Gesellschaft und auf ihre autoritäre Formierung bezieht, die erst hinter dem „anything goes" sichtbar ist. Eine solche Bewegung ist bereits im Entstehen. Im September 2019 wird es in Unterlüß ein Camp „Rheinmetall entwaffnen" geben, in dem es um die Zusammenhänge von Militarisierung der Gesellschaft, Rüstungsexport und Krieg gehen wird. Wir freuen uns jetzt schon über alle ChristInnen, die dort ihre Berufung finden. Dann hätte das Bundeswehrmotto wirklich Sinn: #Kämpfen – Folge Deiner Berufung: Gegen Gewalt und für eine Welt, in der alle Platz haben.

5. Neoliberalismus

Michael Ramminger

Arbeit für alle? (1994)

Im November 1993 hat das Institut für Theologie und Politik ein Seminar zum Thema „Armut in Nord und Süd" veranstaltet. Wir haben dort versucht, nach Handlungsperspektiven solidarischer Politik zu suchen, die sich nicht zwischen den Herausforderungen der Armut im Norden und im Süden zerreiben lässt. Wir haben damals festgestellt, dass sich nach genauem Urteil über die Gründe von Armutsentstehungen wesentliche Gemeinsamkeiten für die reichen und die armen Länder feststellen lassen. „Wir brauchen neue Bündnisse zwischen den Armen in Nord und Süd", schrieb Fernando Castillo in unserem ersten Rundbrief vom Juni 1994. Der folgende Text schließt sich in gewisser Weise an diese These an. Er stellt Überlegungen zu Ursachen von Massenarbeitslosigkeit an, die sich in den entwickelten Ländern immer stärker verfestigt und in den armen Ländern Entwicklung verhindert. Zu diesem Thema wird vom ITP im Mai 1995 auch eine Studienwoche mit internationaler Beteiligung stattfinden.

Wahrscheinlich gab es in der Solidaritätsbewegung der Bundesrepublik noch nie ein so deutliches Missverhältnis zwischen der Vielzahl qualifizierter und detaillierter Informationen über die Unrechtsverhältnisse und dem Bewusstsein für die Notwendigkeit tiefgreifender politischer Veränderung in dieser Welt einerseits und der Hoffnungslosigkeit über die Durchsetzbarkeit notwendiger Alternativen andererseits: Darauf mit dem Ruf nach dem Ende der großen Theorien oder der Bescheidung mit den kleinen Schritten zu reagieren, hilft aber ebenso wenig, wie das Festhalten an abstrakten und nicht durchbuchstabierten Veränderungsvorschlägen. Es kommt vielmehr darauf an, die eigenen Voraussetzungen, die Engagement und Utopie bestimmen, zu überprüfen. Denn nur so können realistische und radikale Forderungen entwickelt werden, die der Unübersichtlichkeit – oder besser der Komplexität der Verhältnisse standhalten. Eine dieser Voraussetzungen in der Solidaritätsbewegung bestand in der Bewertung und Rolle von „Arbeit". Für uns in den sogenannten entwickelten Ländern war plausibel, dass Vollbeschäftigung in formellen Arbeitsbeziehungen die Grundvoraussetzung für Selbstverwirklichung, gesellschaftliche Partizipation und Demokratisierung ist. In den „Zwei-Drittel-Ländern" entsprachen dem die vorgestellten Entwicklungswege – und zwar unabhängig, ob modernisierungstheoretisch oder dependenztheoretisch begründet. Auch hier galt: Arbeit für alle sollte Demokratisierungs- und Partizipationsprozesse ermöglichen und zuallererst natürlich das Überleben gewährleisten.

Arbeit als knappes Gut

Aber diese Annahme muss aus verschiedenen Gründen heute kritisch befragt werden. Wir stehen heute vor einer gravierenden Änderung der Produktionsverhältnisse. Seit Beginn dieses Jahrhunderts beruhte der relative Wohlstand in den Ländern der Zentren auf dem Zusammenspiel von Konsumgüterproduktion, Produktivitätssteigerung durch Weiterentwicklung der „Fließbandproduktion" und verrechtlichten Formen von Tarif, Sozial- und Beschäftigungspolitik. Heute wird dieses Modell durch den sogenannten „Postfordismus" abgelöst. In der Fertigungsindustrie wird nicht mehr an den alten Fließbändern gearbeitet, sondern computergestützte Automatisierung und flexible Produktion bestimmen das Bild der Fabrikationshallen. Gefragt sind nicht mehr massenhaft unqualifizierte ArbeiterInnen, sondern möglichst flexible und hochqualifizierte Kernbelegschaften. Viele Bereiche der Produktion werden in Zuliefererbetriebe oder in die Grauzonen tariflich nicht abgesicherter Arbeitsbereiche ausgelagert. Aus diesen Gründen gilt Vollbeschäftigung in den sogenannten „entwickelten"

Ländern immer mehr als unerreichbares Ziel und Arbeit als „knappes Gut": unsichere Arbeitsverhältnisse, zweiter Arbeitsmarkt und Massenarbeitslosigkeit bestimmen zunehmend die Wirklichkeit bei uns. In den Ländern des Südens gibt es ganze Staaten, die mittelfristig von Entwicklungsprozessen ausgeschlossen sind, in anderen Ländern konzentriert sich Entwicklung und damit die Schaffung von formellen Arbeitsplätzen auf einzelne lokale Regionen und auf die Städte. Man sprach dort früher von den „Marginalisierten" und meinte damit jene, die es nicht oder nur vorübergehend geschafft hatten, sich in die Modernisierungsprozesse von Staat und Industrie hineinzubegeben. Und man hoffte, dass jene Armen diejenigen seien würden, mit deren Hilfe sich die Gesellschaften grundlegend verändern lassen würden. Heute ist aus der Marginalität Exklusion geworden. Die Modernisierungsprozesse, in die man so viel Hoffnung gesetzt hatte, sind scheinbar an ihre Grenzen gestoßen: Sie vermindern Armut nicht, sondern produzieren sie:

> „Gegenwärtig hat die Welt der Armen einen großen Teil ihrer Macht, Organisation und Kampfbereitschaft verloren. Als soziales Phänomen drückt sich Armut in Schwäche und Entbehrungen aus. Arme verfügen weder über gesellschaftliche noch über politische Macht; deshalb bleiben sie allein. Wer sich heute auf die Seite der Armen stellt, gewinnt noch nicht einmal soziales Ansehen. Vor zwanzig Jahren brüsteten sich viele mit der ‚Option für die Armen' – wer dagegen heutzutage davon spricht, wird bestenfalls als unverbesserlich hingestellt, als jemand, der nichts aus der Geschichte gelernt hat." (Luis Razeto, in: Solidaridad, September/Oktober 1994)

Der Staat als Bezugspunkt

Soweit wir bei uns in den entwickelten Ländern nach „Arbeit für alle" verlangt haben, richteten sich diese Forderungen vornehmlich an den Staat, der gegenüber dem Kapital ordnungspolitische Funktion hatte. Egal, ob Vollbeschäftigung durch „mehr Markt"

5. Neoliberalismus

oder durch mehr staatliche Interventions- und Subventionspolitik gefordert wurde, der „Wohlfahrts"-Staat sollte die Durchsetzung dieser Anliegen garantieren. Und soweit für die Länder des Südens „Entwicklung" oder „Modernisierung" gefordert wurde, sollte auch dies nationalstaatlich gewährleistet werden. Bezugspunkt von Politik war – und ist auch häufig noch – der Staat. Aber gerade dessen Interventionsfähigkeit muss heute zunehmend bezweifelt werden.

Regionalisierung und Blockbildung

Zum einen gibt es immer stärkere Regionalisierungen und Blockbildungen, die sich nicht entlang nationalstaatlicher Grenzen beschreiben lassen: Zwar gibt es immer noch die USA, Japan und die Bundesrepublik, aber es gibt auch die Nafta (USA, Mexiko und Kanada), den südostasiatischen „Raum" und die Europäische Gemeinschaft. Die Hoffnung ist wohl kaum begründet, dass diese Blockbildungen sozusagen neue „Supernationalstaaten" bilden. Zu groß sind die Entwicklungs- und Wohlstandsunterschiede selbst in geographisch doch so kleinen Räumen wie Europa. Und auch der Vertrag von Maastricht wird nicht zu einer Vereinheitlichung der Entwicklung, sondern wohl eher zu einem Europa der „verschiedenen Geschwindigkeiten" oder „konzentrischen Kreisen" beitragen. Solche Fraktionierungen und Zersplitterungen lassen sich weltweit feststellen.

Globalisierung

Zum andern aber gibt es starke Vereinheitlichungen und Globalisierungen. Damit sind nicht die Vereinten Nationen gemeint, deren permanent missglückende Politik ja gerade vom Dilemma der Fraktionierungen und Einzelinteressen Zeugnis ablegt. Gemeint ist vielmehr die Transnationalisierung des Kapitals und die Internationalisierung des Finanzkapitals. Postfordismus und Internationalisierung des Kapitals sind vermutlich der einzig wirklich existierende und funktionierende weltgesellschaftliche Zusammenhang, die aber gleichzeitig verantwortlich für die Regionalisierung und Zerklüftung der Gesellschaften in den Ländern des Nordens und des Südens sind: Elemente des „peripheren Kapitalismus" wie Massenarbeitslosigkeit, krasse Einkommensunterschiede, Zunahme der absoluten Armut und Verfall der Infrastrukturen entstehen in den Metropolen, so wie umgekehrt in den Ländern des Südens „Entwicklungsinseln" wachsen: Zentrum und Peripherie sind zunehmend keine geographischen Begriffe mehr, wie auch Fernando Castillo in unserem ersten Rundbrief 1994 schrieb.

Und auch deshalb kann die Rede vom notwendigen „Abbau" des Sozialstaates als notwendiger und gezielter Intervention zur Sicherung der sozialen Gerechtigkeit nicht darüber hinwegtäuschen, dass der Staat zunehmend an Macht und Regulationsfähigkeit verliert. Er wird immer mehr „Gefangener transnationaler struktureller Macht". Damit gehen aber auch wichtige bisherige Bezugspunkte zur Durchsetzung gesellschaftlicher Partizipation, Demokratisierung und Selbstverwirklichung verloren, die bisher wohl zu Recht zum Konsensbestand von entwicklungspolitisch engagierten Menschen im „Norden" und den auf Veränderung und Befreiung ausgerichteten Personen in der Zwei-Drittel-Welt gehörte. Wenn „Arbeit für alle" nicht einmal mehr in den Industrienationen verwirklicht werden kann, wie ist dies dann in den sogenannten „Entwicklungsländern" vorstellbar? Und wenn der Nationalstaat immer weniger diejenige Instanz ist, an die solche Forderungen gerichtet werden könnten, wer sind dann die Adressaten entwicklungspolitischer Forderungen und mit wem können Perspektiven für eine Politik entwickelt werden, die sich mit den Verhältnissen nicht abfindet? Solidaritätsarbeit war in ihren politisch starken Phasen immer auch mit politischen Utopien und Veränderungswillen für die eigene Gesellschaft verknüpft. Dies führte oft genug zu Projektionen und zu sehr selektivem Bezug auf „passende" Befreiungsinitiativen und -bewegungen. Dort aber, wo die eigene Perspektive

5. Neoliberalismus

nicht mehr stimmt, wo die Wirklichkeit nicht mehr auf den Begriff gebracht werden kann und wo die Hoffnung auf Veränderung sich nicht mehr an den Verhältnissen abarbeitet, wird mit Sicherheit auch internationalistisches Engagement selektiv, beliebig und orientierungslos. Der Besitz eines Arbeitsplatzes unter sozial- und tarifvertraglich gesicherten Bedingungen gehört noch immer zum Bestand politischer Grundannahmen. Und tatsächlich bedeutet Arbeitslosigkeit ja auch gesellschaftliche Ausgrenzung. Arbeitslosigkeit ist verbunden mit fehlenden materiellen Möglichkeiten, an dieser Gesellschaft zu partizipieren. Sie bedeutet den Ausschluss von kulturellen und sozialen Zusammenhängen und produziert Apathie und fehlendes Selbstwertgefühl. Wenn die oben angesprochenen Entwicklungen stimmen, dann bleibt die Kritik von Massenarbeitslosigkeit und deren Folgen auf der Grundlage von politischen Theorien oder auch nur Plausibilitäten aus den Zeiten des Fordismus ausgesprochen wirkungslos. Aber es gibt eben angesichts der skizzierten Veränderungen zumindest mittelfristig neue Möglichkeiten, politische Orientierungen zu gewinnen: Regionalisierung und Globalisierung in einem sollten uns dazu anhalten, mit jenen ins Gespräch zu kommen, die angesichts von Exklusion, d.h. strukturellem und lang anhaltendem Ausschluss aus gesellschaftlichen Zusammenhängen auf der Suche nach Alternativen sind. Angesichts der Tatsache, dass der „periphere Kapitalismus" auch in die Länder des Nordens einzieht, sind solche Gesprächspartner unter den Arbeitslosen-Initiativen, in den Gewerkschaften und den Wohlfahrtsverbänden oder der Nationalen Armutskonferenz genauso zu suchen, wie in den Ländern der Dritten Welt bei denen, die die Armen noch nicht aufgegeben haben, und sich mit denjenigen befassen, die jenseits der „Entwicklungsinseln" existieren. Vermutlich werden wir mehr strukturelle Ähnlichkeiten entdecken, als der überholte einfache Nord-Süd-Gegensatz vermuten lässt. Die Solidaritätsbewegung kann so wirklich international werden und ihre Chance nutzen, wenigstens mittelfristig politisch wieder handlungsfähig zu werden.

Michael Ramminger

Globalisierung, Neoliberalismus und christliche Identität (1998)

Die Vorstellung unendlicher Weiten und die alle gleichermaßen berührenden Probleme wie das Ozonloch verbinden sich mit dem Begriff der Globalisierung ebenso wie die Vorstellung unabänderlicher weltwirtschaftlicher Konkurrenzzwänge, unter die alle unabhängig von Entfernung und Entwicklungsgrad gleichgestellt sind. Aber im Zeitalter der Globalisierung setzt sich paradoxerweise ein Produktionsmodell durch, das gerade durch die Abkehr von grenzenlosem Wachstum gekennzeichnet ist. Während das Wachstum der Weltwirtschaft zwischen 1950-70 noch 5% betrug, liegt es heute gerade noch bei 0,9%, die Produktivität allerdings stieg jährlich um 4%. Dagegen spielt sich der Konkurrenzkampf hauptsächlich zwischen den großen Industrieblöcken Europa, USA, Japan und einigen asiatischen Ländern ab: Bei genauerer Betrachtung taugt weder die Erhöhung der Standortattraktivität noch die Senkung der Lohnnebenkosten im Kampf mit den „Billiglohnländern" als Empfehlung, um im Globalisierungskampf bestehen zu können. Die sich hinter dem Begriff „Globalisierung" verbergenden Probleme liegen an anderer Stelle. Zwar sind angesichts begrenzter und immer schneller gesättigter Märkte und immer höherer Produktivität Unternehmen gezwungen, entweder auf Produktbereiche mit höheren Profitchancen auszuweichen, billigere Arbeitskräfte in der Peripherie zu suchen oder eben die Lohnquote zu drücken. Aber dieser Druck ergibt sich nicht nur aus dem enormen Produktivitätszugewinn, der immer weniger Arbeitskraft benötigt

5. Neoliberalismus

und damit natürlich auch die Binnennachfrage schwächt und Arbeitsplätze vernichtet. Er ergibt sich vor allem aus der Globalisierung des Finanzkapitals. Die 1971 aufgegebene Fixierung der Wechselkurse an den Dollar bzw. an dessen Goldeinlösungspflicht, hat über die Expansion der Börsenfinanzgeschäfte (begünstigt durch die Aufhebung nationaler Kapitalverkehrskontrollen, uneingeschränktes Niederlassungsrecht für Banken etc.) zu einer Situation geführt, in der die Finanzmärkte einen Umfang erreicht haben, der größer ist als der internationale Handel und die Weltproduktion: Spekulative Gewinne an der Börse und Zinsgeschäfte versprechen größeren Profit als produktive Investitionen in Arbeitsplätze. Pro Tag zirkuliert heute an den internationalen Börsen mehr Geld als die Währungsreserven der G7-Länder betragen; 90% davon werden für Spekulationsgeschäfte eingesetzt.

Globalisierung: Markt total

Wer von Globalisierung spricht, darf vom Neoliberalismus nicht schweigen. Heute ist die Lehre vom „reinen Markt" und vom Menschen als homo oeconomicus in die Herzen und Köpfe der Menschen und der Politik gepflanzt. Gepredigt wird die Verschlankung der Staatshaushalte, die Privatisierung der Sozialversicherungen und der Bildungssysteme und das Elend der Diktatur des Sozialstaates, aber auch der Demokratie als (markt-)freiheitsverhindernder Institution. De facto bedeutet dies immer: Probleme „globaler" Konkurrenz werden so in Angriff genommen, dass die Reichen immer reicher und die Armen immer ärmer werden: Die Reichtumsverteilung in der BRD unterscheidet sich relativ kaum noch von der in den sogenannten Entwicklungsländern. Statt also die Probleme der sogenannten Globalisierung durch eine Umverteilung des vorhandenen Reichtums oder das Problem der zunehmenden Produktivität durch Umverteilung und Neubestimmung von notwendiger und sinnvoller Arbeit anzugehen, wird Globalisierung zum Vorwand genommen, die Schwachen und die Regionen gegeneinander auszuspielen. Sie werden unter Konkurrenzdruck gestellt, und es wird ein gesellschaftliches Klima gefördert, in dem man sich mit dem Ausschluss von Menschen, Regionen und ganzen Ländern als Unvermeidlichkeit zufrieden gibt, damit der Wohlstand und Reichtum von den Wenigen umso ungestörter genossen werden kann.

Die andere Globalisierung

Gegen diese Form von Globalisierung wird nun vielerorts die Verkleinerung der politischen, moralischen und ethischen Maßstäbe gesetzt: Es sollen keine globalen Lösungen und keine umfassende Gerechtigkeit mehr geben. Man versteckt sich hinter dem Machbaren, hinter der Entwicklung der Regionen und den Lösungen begrenzter Reichweite. Unter der Hand ist das Ende der Geschichte als Gemeinschaft der Durchkommenden und als Ausschluss der VerliererInnen am Rande der eigenen Gesellschaft und am Ende der Welt zur gesellschaftlichen und politischen Grundstimmung geworden. Vor der Einsicht in die Begrenztheit und Endlichkeit dieser Welt verkümmern paradoxerweise die Ansprüche an eine entgrenzte und grenzenlose Menschlichkeit und Gerechtigkeit. Die Anderen: die Armen, die Arbeitslosen und die Fremden stellen keine Herausforderung für unsere Menschlichkeit und Humanität, für unsere Mitleidsfähigkeit mehr dar, sondern werden allein zur Bedrohung des *status quo* und unserer eigenen Existenz. Die SozialhilfeempfängerInnen sind nicht zuerst Bedürftige, sondern missbrauchen ihre Privilegien, die Arbeitslosen leben in ihrer Faulheit auf unsere Kosten und die Fremden sind Kriminelle und eine Bedrohung für unsere Identität.

Globalisierung und Entgrenzung

Größer könnte der Gegensatz zu unseren jüdisch-christlichen Traditionen wohl kaum mehr sein: JHWH knüpfte seinen Bund mit Is-

5. Neoliberalismus

rael, seine Versprechen von Land und Gerechtigkeit an die Aufforderung, seine Verheißungen zur Handlungsanweisung und zum Prinzip gesellschaftlicher Organisation zugunsten der „Witwen, Waisen und Fremdlinge" zu machen. Die Erwählung Israels ist an die Erinnerung der Leidensgeschichte seines Volkes gebunden: Gottes Verheißung gilt Israel als unterdrücktem Volk. Aber seine Erwählung ist gerade nicht exklusiv an diese ethnische Gemeinschaft (zu denen, die Heimatrecht haben) oder an selbsternannte Zugehörigkeit (zu den Fleißigen, den Gerechten...) geknüpft. JHWH kritisierte solche Exklusivität seines Volkes immer wieder dadurch, dass er sie an ihre eigene Bedürftigkeit und an die Bedürftigkeit der Fremden und Anderen erinnerte. Der Bund mit Israel gilt nur, wenn auch den Schwächsten und Fremdesten Recht verschafft wird: Bei Ezechiel 47,21-23 sollen selbst die Fremden an der Neuverteilung des Landes beteiligt werden. Die Zugehörigkeit zu JHWH wird also in den Horizont eines Universalismus gestellt, der den Raum seiner Gültigkeit durch seine Kriterien der Gottesfürchtigkeit und Gerechtigkeit immer weiter entgrenzt, bis er alle Menschen, d.h. die ganze Welt umfasst. Auch das frühe Christentum wusste um diesen Zusammenhang und hat diesen Weg weiterverfolgt: Gerechtigkeit und Barmherzigkeit als Heilskriterien – nicht Zugehörigkeit, Religionsausübung oder Bekenntnisse – waren der Weg in die Welt, der es ihm erlaubte, die Unterschiede, beispielsweise zwischen dem Thora-orientierten Christentum und dem Heiden-Christentum, zu leben. Das Christentum folgte der Logik entgrenzender Praxis der Gerechtigkeit, die an den Grenzen des Eigenen nicht haltmacht. Nur diese Praxis besitzt wirklich globalisierende und universalisierende Dynamik und ist gerade deshalb in der Lage, verschiedensten Menschen eine glaubwürdige Heilsverheißung zu machen. Die ersten ChristInnen sind von ihrer Umwelt nicht als religiöse Gemeinschaft wahrgenommen worden, sondern als solidarische „Mahl" -und „Teil"-Gemeinschaft. Und wenn heute eines der schwerwiegendsten Probleme die Globalisierung des Kapitalmarktes ist, sollte man daran erinnern, dass im Lukas-Evangelium 4,19 die Messias-Verkündigung an die Ausrufung des Jobel-Jahres verknüpft ist. Jesus ruft das Erlassjahr aus, nach dem alle Schulden getilgt sind, und indem „jedermann zu seinem Besitz" zurückkehren soll. (Lev 25,13): Diese „Mahl"-Gemeinschaft ist keine caritative Idee; sie ist mit handfesten Vorstellungen von einer „politischen Ökonomie des Reiches Gottes" (K. Füssel) verbunden gewesen.

Globalisierung und Solidarität

Aber die Globalisierung, vor der wir heute stehen, ist eben eine Universalisierung, in der menschliche Selbsterhaltung immer mehr zur Selbstbehauptung wird und in der der/die Andere immer nur Bedrohung ist. Diese Globalisierung hat zwar die Endlichkeit der Welt erkannt, schafft aber im Norden wie im Süden neue, kleine – abgeschlossene – Welten des Wohlstands, des Reichtums und des Eigennutzes. Sie versteht es, den Widerstand gegen sich zu vereinzeln, die Probleme in die Regionen, in die Standorte und die Sachzwänge einzuschließen. Die Herausforderung für uns wird deshalb darin bestehen, wie unser Widerstand die Grenzen des Eigenen überwinden kann. Seine Logik wäre eine Solidarität, die die eigenen Lebensentwürfe angesichts der Anderen so zur Disposition stellt, dass gemeinsame Perspektiven der Überwindung von Ungerechtigkeit und Ausgrenzung entwickelt werden können: Die Arbeitslosigkeit in Deutschland nicht gegen die in Frankreich oder die Billiglöhne in Mexiko oder El Salvador, oder die Flüchtlinge nicht gegen die SozialhilfeempfängerInnen und Wohnungssuchenden auszuspielen. Dies wäre eine Globalisierung, die ihren Namen wirklich verdiente und die es zu stützen gälte. Denn die uns angediente neoliberale Globalisierung ist nichts anderes als der Ausschluss der Vielen. Sie verdient ihren Namen nur insofern, als dass sich wenige ihre eigene Welt schaffen, in der sie von den globalisierten Profiten leben. Mit den jüdisch-christlichen Traditionen einer Globalisierung von unten hat sie und haben ihre VertreterInnen nichts zu tun.

Katja Strobel

„Freilich sollte unter dir ja kein(e) Bedürftige(r) sein..." (Dtn 15,4) (2004)

Biblische Einwände gegen Hartz & Co

Auch wenn die Proteste gegen die Hartz-Gesetze allmählich abflauen – die Umsetzung wird noch genug Stoff zum Protestieren und Boykottieren geben. Offensichtlich sind nun andere Formen als der Straßenprotest gefragt. Gewerkschaften und Kirchen würde es gut zu Gesicht stehen, ihre Energie in kreative Überlegungen dazu statt in die Schaffung von 1-Euro-Jobs zu stecken.

Grundsätzliche Überlegungen zu Ökonomie und Freiheit

„Ökonomie": Ihrem Namen nach teilt sie den zu einem Produktionsverband (oikos: häusliche gemeinschaftliche Produktionseinheit) Gehörenden das Vorhandene nach dem Maßstab der Gerechtigkeit (nomos: [mosaisches] Gesetz) zu. Dem widerspricht der seit dem 17. Jahrhundert betriebene Aufbau einer Marktökonomie, die oft als nicht gestaltbare natürlich-biologische Evolution dargestellt wird und die den sich selbst regulierenden Markt vergöttert. Den Menschen wird so die Gestaltung von ökonomischen Prozessen ab- und die UmsetzerInnen einer vergötzten Ökonomie von humaner Gestaltungsverantwortung freigesprochen. Für eine humane Gestaltung aber lassen sich biblische Kriterien benennen. Die Geschichte des Volkes Israel und seine Sozialgesetzgebung verfolgen deutliche ethische Grundsätze, die ernstgenommen einiges in Bewegung setzen könnten. Ökonomie wird hier und heute im Gegensatz zum eben formulierten Ideal meist mit der größtmöglichen „Freiheit" des Marktes und seinen dominierenden TeilnehmerInnen, den transnationalen Konzernen und den AktionärInnen, gesehen – Freiheit zur Anhäufung von Reichtum. Biblisch verstanden ist Freiheit immer flankiert von Gerechtigkeit und Geschwisterlichkeit. Diese verantwortete Freiheit erscheint als reine Selbstverständlichkeit, wenn sie sich auf kleine Gemeinschaften bezieht. Erst durch das abstrakte Lösen aus allen Zusammenhängen – bis auf die heterosexuelle Kleinfamilie, die für das Glück und das Fortbestehen herhalten soll – wird Freiheit zu einem Monstrum, das individualistische „Selbstverwirklichung" zum blinden Dogma erhebt und solche abstrusen Einstellungen hervorbringt wie die, dass eine Wirtschaft, in der das Recht des Stärkeren gilt, schon allen, die es verdienen, Wohlstand bescheren wird. Wie steht es mit der „Freiheit" in den Hartz-Gesetzen? Mit den Zumutbarkeitsregelungen (jede Arbeit, zu der mensch „geistig und körperlich in der Lage ist"), der Beweislastumkehrung für die Unzumutbarkeit und dem Zwang für Unverheiratete (als lebten sie in Unabhängigkeit von sozialen Bindungen, anderen Lebensformen, zu pflegenden FreundInnen oder Angehörigen) nach drei Monaten Jobs im ganzen Bundesgebiet anzunehmen, treten sie die Grundsätze einer persönlichen, der Gemeinschaft verantworteten Freiheit mit Füßen. Eine der Konsequenzen, die eine verantwortete Freiheit nach sich zieht, ist die Einsicht, dass Bedürfnisse verhandelbar sein müssen. Abgesehen von den elementarsten materiellen und immateriellen, sind sie von Sozialisation und Medien produziert und müssen zur Disposition stehen, wenn zu den existentiellen Bedürfnissen gehört, dass alle Menschen würdig existieren können.

5. Neoliberalismus

„Vollendet hatte Gott am siebten Tag seine Arbeit, die er machte, und feierte am siebten Tag von all seiner Arbeit, die er machte."

Und da die Menschen in Gottes Bild geschaffen sind, sollen sie es ebenso halten. Erst mit dem heiligen Ruhetag ist die Woche vollständig. Dies ist eine Wertentscheidung, die die arbeitenden Menschen schützt. Arbeit und Ruhe sollen gleich verteilt werden, und zwar unter allen Geschöpfen:

> „Ein Tagsechst diene und mache all deine Arbeit, aber der siebte Tag ist Feier IHM deinem Gott: nicht mache allerart Arbeit, du, dein Sohn, deine Tochter, dein Dienstknecht, deine Magd, dein Ochs, dein Esel, all dein Vieh, und dein Gast saße in deinen Toren, – damit ausruhe dein Knecht und deine Magd, dir gleich." (Dtn 5, 13f.)

Damit wird die Würde der Arbeit begründet: Es gibt einen kollektiven Rhythmus von Arbeit und Ruhe, der alle einbezieht und das Leben nicht auf Arbeit reduziert. Mit der Enthaltung von produktiver menschlicher Aktivität am Sabbat wird anerkannt, dass die Natur, der Mensch und die Zeit nicht alles sind: Es gibt eine andere Wirklichkeit, auf die wir ausgerichtet sind. Das allein würde schon eine andere Arbeitswelt konstruieren, als die uns bekannte – in der oft genug Maschinenlaufzeiten den Rhythmus von Arbeit und Ruhe der Menschen bestimmen. Die neuen Regelungen zu den 1-Euro-Jobs forcieren die Entwicklung hin zu einer Klasse der „working poor", wie es sie in den USA schon längst gibt – wo eine Mutter oftmals mit zwei oder drei Jobs noch nicht ihre Kinder und sich ernähren kann.

Wo Gesetzgebung humanisieren soll

Die Tora (die ersten 5 Bücher Mose) versteht sich als Anweisung zur Gerechtigkeit und Solidarität mit den sozial Schwachen. Im 8. Jh. v. Chr. veränderte sich die Gesellschaft von einer relativ egalitären hin zu einer in Klassen gespaltenen. Die Ursache dafür waren das Kredit- und Abgabenwesen. Der Besitz konzentrierte sich in immer weniger Händen, die Masse der Bevölkerung verelendete durch Überschuldung oder verlor vollends ihre Existenzgrundlage. In diese Situation hinein spricht das Wirtschaftsrecht der Tora. Dessen grundlegende Elemente sind: Vorbeugung gegen Verelendung und Bereicherung, der Schutz der Schwachen und die Regulation des Verschuldungssystems. Eine entscheidende Neuerung, die ans Sabbatgebot anschließt, ist die soziale Brache im 7. Jahr:

> „Sechs Jahre besäe dein Land und heimse seinen Ertrag, aber aufs siebte ablockre es von dir und lass ihn hingebreitet, dass essen die Dürftigen deines Volks und ihren Überbleib esse das Wild des Feldes." (Ex 23,10)

Dabei gibt es an vielen Stellen Hinweise, dass die Fremdlinge im Land besonders zu schützen sind und zu den „Dürftigen des Volkes" zählen. Neben den Witwen und Kindern sind es vor allem sie, für die der Ernterest und die Ernte der Brachfläche bestimmt sind. Dazu kommt das Verbot der Zinsnahme, die Sklavengesetze, das Recht auf pünktliche Zahlung des Lohnes für TagelöhnerInnen, der legitime Mundraub und das „Almosen", das, anders als der deutsche Sprachgebrauch es nahelegt, einfach „Gerechtigkeit tun" heißt, also nicht willkürlich und demütigend gewährt wird, sondern ein Grundrecht auf materielle Sicherung darstellt.

Selbstverständlich muss heute, zum Beispiel im Bezug auf MigrantInnen, ganz Anderes gefordert werden: Beispielsweise muss es endlich zur akzeptierten Normalität werden, dass Menschen mit verschiedenster Geschichte und Herkunft aus den verschiedensten Gründen hier leben und alle die gleichen sozialen Rechte haben. Am 1. Januar tritt neben Hartz-IV ziemlich unbeachtet ein neues Gesetz in Kraft, das das genaue Gegenteil zum Ziel hat. Der Kampf dagegen verdient mehr Aufmerksamkeit in den Protesten gegen Sozialraub.

5. Neoliberalismus

Die Perspektive der Bedürftigen

Sich die Perspektive der Bedürftigen zu eigen machen, Anerkennen, dass ein Arbeitsverständnis, das nur Erwerbsarbeit und Profit umschließt, den Großteil gesellschaftlich notwendiger Arbeit ausschließt. Wie wäre es mit der Sicherstellung der existentiellen Bedürfnisbefriedigung für alle Menschen, unabhängig von Herkunft, Geschlecht, körperlichen und geistigen Fähigkeiten, psychischer Verfassung, Leistungsbereitschaft, Alter – einfach nur, weil sie als Menschen Existenzberechtigung haben und sich jede/r auf unterschiedliche Weise in die Gemeinschaft einbringt – statt einen natürlichen Hang zum SchmarotzerInnentum zu unterstellen!? Eine der einfachen Grundeinsichten der Tora: Die Notwendigkeit der Beschränkung von Reichtum anzuerkennen – warum erntet diese Forderung in dieser absurden Gesellschaft nur ein müdes Lächeln, bestenfalls den Vorwurf der Realitätsferne, schlimmstenfalls der kommunistischen Hetze? Auf dem langen Weg zur Entkopplung von Leistung, Lohn und Arbeit – wie wär's als kleinem Schritt damit anzufangen, dass in jedem 7. Jahr diejenigen, die es können, von ihrem Ersparten leben und ihren Verdienst denen zur Verfügung stellen, die gerade nicht erwerbstätig sein können – weil sie Kinder erziehen oder FreundInnen pflegen, eine persönliche Krise durchleben, krank oder gebrechlich geworden sind.

Zum Bezug auf eine historische Tradition gehört eine Grundeinstellung: Gesellschaften sind veränderlich und Menschen sind die Subjekte dieser Veränderung. Zur Zeit sind jedoch Zynismus und Fatalismus fest in den Köpfen verankert: Keine Alternative zum ausbeuterischen Wirtschaftssystem und – weltfremd, wer Anderes glaubt. Was wäre möglich, wenn aber viele Menschen an etwas Anderes glaubten und dafür kämpften? Auch die Sozialgesetzgebung der Tora hat keine egalitäre Gesellschaft hervorgebracht. Aber das Ringen darum wird deutlich – das wäre heute schon ein riesiger Schritt.

Katja Strobel

Die K-Frage stellen (2009)

Krise, Kapitalismus, Kairos?

Noch ein Kommentar zur Wirtschaftskrise? Eigentlich würde es ausreichen, Zitate von Regierenden zur „Krisenlösung" aneinander zu reihen, um ein Kabarettprogramm zu füllen – die Verdummung scheint grenzenlos, vor allem aber grenzenlos wirksam. Trotzdem drängt sich immer wieder die Frage auf: Wie lange noch hält sich das Märchen von den „Auswüchsen" des Kapitalismus, die nur zurückgeschnitten werden müssten, um eine alternativlose „soziale Marktwirtschaft" zum Blühen zu bringen?

Handlungswille ist nicht erkennbar

Der „Krisengipfel" von Bundesregierung, Wirtschaft und Gewerkschaften am 22. April 2009 brachte die düsteren Aussichten zum Ausdruck, signalisierte jedoch keinerlei Handlungswillen: Die Prognosen von einem „Negativwachstum" des BIP von -5,6%, von kontinuierlich ansteigender Massenerwerbslosigkeit brachten nebulöse und lediglich bald diffamierte „Warnungen vor sozialen Unruhen" von Seiten des DGB-Vorsitzenden hervor. Neoliberale Politik setzt sich unirritiert fort: Die Bankenrettungspakete signalisieren staatlich abgesichertes Unrecht; ein autoritärer Staat steht für Gewinngarantien von Banken und Konzernen. Die Fortsetzung dieser Doktrin wurde auch auf dem G20-Gipfel in London zum Ausdruck gebracht. 250 Mrd. US-Dollar sollen in den nächsten zwei

Jahren in den Welthandel gepumpt werden, und die eigentlich ausgediente Finanzinquisition IWF kommt zu neuen Ehren: Eine Billion US-Dollar werden ihm zur Verfügung gestellt.

Neokolonialismus

Auf EU-Ebene ist Ähnliches festzustellen: Die „Hilfen" der EU für die Länder mit Zahlungsschwierigkeiten werden an Verpflichtungen geknüpft, die die Souveränitätsrechte aushebeln und der EU-Kommission erhebliche Mitspracherechte in der Haushaltspolitik garantieren, ähnlich wie dies der IWF mit den Ländern des „globalen Südens" praktiziert: Kredite werden an Verpflichtungen zur direkten Rückzahlung an die reichen Länder geknüpft. Ungeachtet der Tatsache, dass die reichen Länder die Krisen teilweise erst verursachten bzw. in ihrem Ausmaß verschärften, indem die in die neu eingetretenen Länder transferierten Gelder im Zuge der Krise einfach wieder abgezogen wurden, erhalten sie ein effektives Instrument zur Kontrolle. Über diese neokolonialen Strukturen wird größtmögliche Intransparenz verhängt: Weder ist bisher eine vom EU-Parlament längst geforderte Analyse der Geldtransfers erstellt worden, noch erhält es Informationen über die Absichtserklärungen zwischen der Kommission und den betroffenen Mitgliedsstaaten.

Kapitalismus und Neoliberalismus sind nicht am Ende

Hintergrund der Krise ist lediglich die konsequente Entwicklung des Kapitalismus: Neoliberale Politik sichert seit Jahrzehnten weltweit ein Wirtschaftssystem ab, das Spaltungen verschärft. Seit den 1980er Jahren wurden horizontale Fusionen forciert, die die seit dieser Zeit charakteristischen transnationalen Konzerne und ihre „Weltmarktführerschaften" hervorbringen. Durch die weltweit gegliederte Produktion werden die Unterschiede zwischen verschiedenen ArbeiterInnen massiv verschärft:

> „Gut (oft übertariflich) bezahlte und ausgebildete Beschäftigte in den industriellen Großkonzernen, daneben ArbeiterInnen in traditionellen Berufen, die jedoch oft schon mit Zeitverträgen auskommen müssen, dann LeiharbeiterInnen – bis hin zur Armutsarbeit und Arbeit von ‚Illegalen', die teilweise unter schlimmsten Bedingungen schuften."[1]

Neben diesen seit Jahren festzustellenden Entwicklungen sind jene riesigen Fusionen aber nur durch Kredite zu realisieren – und dass nach einem mehr als zwanzigjährigen Höhenflug das Kreditsystem an seine Grenzen kommt, kann niemanden verwundern. Die Auswirkungen bekommen wir nun zu spüren; Schäffler, Commerzbank und Porsche sind prominente Beispiele für Konzerne in der BRD, die nun für ihre Übernahmen staatliche Finanzspritzen in Anspruch nehmen müssen.

Die Frage ist nur: Schafft es der Kapitalismus mit Hilfe seiner Selbstheilungs- und Integrationskräfte und seiner Verblendungszusammenhänge einmal mehr, über die Krise hinwegzukommen? Bisher hat es den Anschein, als gebe es Anlass zur Annahme – manche mögen es „Hoffnung" nennen –, dass dies der Fall ist.

Wider die schale Hoffnung

Auf der letzten Tagung der Arbeitsgemeinschaft Feminismus und Kirchen gab es eine heftige Diskussion darüber, wie legitim es ist, von „Hoffnung" zu sprechen. Einige meinten, eine „Kritik der Hoffnung" sei notwendig, um vorschnelle Vertröstungen und das Abspeisen mit dem „kleinen Glück" zu verhindern, die vor allem die Kirchen lange als Form des Missbrauchs von Hoffnung betrieben und damit Visionen verhindert hätten. Andere beschrieben

---

[1] Herbert Steeg: Was sind die Bedingungen dieser Krise? Ein Versuch, den Kladderadatsch im Kreditsystem anders zu sehen, in: analyse & kritik 538, 17. April 2009, 32f., 33.

5. Neoliberalismus

Hoffnung als die lebensnotwendige Triebkraft, trotz allem weiter zu kämpfen.

Auch wenn es in unserer Diskussion dort um individuelle Hoffnung im Angesicht von Krankheit und Tod ging, erinnert es doch an die gegenwärtig herrschende Krisenbewältigungstaktik, die auch nach einer „Kritik der Hoffnung" schreit: Das Versprechen – die schale Hoffnung –, mit kurzfristigen Konjunkturprogrammen sei lebenswertes Leben zu garantieren, gilt es als das zu entlarven, was es ist: Verschleppung der realen Ausmaße der Krise und Ablenkung von der Notwendigkeit einer grundsätzlichen Umkehr – bis zur Bundestagswahl oder bis die Zusammenhänge, die Infragestellungen von Staat und Wirtschaft, die widersprüchlichen Versprechungen und die zynische Abkehr vom „Sozialstaat" nicht mehr so offensichtlich sind und die vorhergesagten „Unruhen" unwahrscheinlicher?

Im März demonstrierten wir mit Zehntausenden in Berlin und Frankfurt, in den Gewerkschaften regt sich Protest und auch neue Phantasie, z.B. in Form von Flashmobs im Einzelhandel: Teils zusammen mit Beschäftigten sabotieren AktivistInnen den Betriebsablauf, um Streikbrechen, z.B. durch das Anheuern von LeiharbeiterInnen, zu erschweren. Bis zu Generalstreiks, wie sie in Griechenland oder Frankreich stattfinden, scheint es allerdings ein weiter Weg – weiterhin haben Witze wie dieser ihre Berechtigung: „Manager im Betrieb einschließen? Das geht in Deutschland leider nicht: Das Gebäude ist als Gewerberaum gemeldet!" Trotzdem ist zu hoffen, dass wider die schalen Hoffnungen auf kurzfristige „Erholung des Systems" sich auch immer mehr Wut und Hoffnung im Sinn von Visionen einer anderen Gesellschaft Bahn brechen werden – im Sinn der zwei Schriftzeichen, die im Chinesischen das Wort „Krise" bilden: „Gefahr" und „günstiger Moment".

Andreas Hellgermann

Auf dass wir Bereitschaftsmaschinen werden! (2017)

Resilienz als Selbsttechnologie

Resilienz heißt heute: Die Welt an sich abprallen lassen. Sich nicht umwerfen lassen und unberührbar werden.
  Bei Markus, Matthäus und Lukas ist die Begegnung Jesu mit den Kindern von nicht unerheblicher Bedeutung. Und sie kontrastiert mit zwei entscheidenden Momenten – in allen drei Evangelien. Die Kinder sind zum einen subversives Gegenelement gegen die hierarchisierenden Festlegungen der sozialen Ordnung und zum anderen stehen sie im Gegensatz zu der Unmöglichkeit, dass der Reiche – als Reicher – einen Platz im Reich Gottes hat. Zudem ist wichtig, dass es im NT verschiedene Wörter für das Kind gibt: z.B. als Nachkomme und als zu erziehendes. Die zweite Variante – *paidia* – mit der die Kinder hier bezeichnet werden, steht in der Nähe zum Knecht bzw. Sklaven – *pais* – und reflektiert auch die Tatsache, dass die Kinder der Armen im ökonomischen Prozess in einer Weise ausgebeutet wurden, die der von Sklaven vergleichbar ist. Auch können die hier gemeinten Kinder „Straßenkinder" sein – ausgeliefert und entrechtet. Dazu gäbe es mit einer materialistischen Lektüre Genaueres zu sagen.
  Nur zwei Punkte: 1. Jesus stellt die Fähigkeiten der Kinder einer ausbeuterischen und unterdrückerischen Sozialordnung entgegen, die immer auf Hierarchien setzt. Die Einordnung der Kinder dort hinein ist für eine messianische Gegen-Ordnung das Skanda-

5. Neoliberalismus

lon. Dass diese Einordnung – auch begrifflich – durch den Erzieher geschieht, ist offenkundig. 2. Jesus setzt stattdessen die Berührbarkeit, das Anrühren, das den Segen ermöglicht und die Welt des Ausschlusses aufbricht. Dem steht der Reichtum des Reichen gegenüber, der nicht nur ausbeutet, unterdrückt, tötet, sondern auch unberührbar macht. Diese Unberührbarkeit braucht der Reiche als ideologische Absicherung seiner eigenen Klasse, gewissermaßen als Schutzmaßnahme seiner selbst, um den Klassenkampf von oben in aller Brutalität führen zu können.

Was für eine Welt fordert von uns Resilienz?

Dem Armen wird die Unberührbarkeit anerzogen, um das Elend auszuhalten oder zumindest nicht dagegen aufzustehen.

Resilienz gehört zu den Eigenschaften, von denen fast jeder, wenn er davon hört, zunächst sagt: Ja, das ist doch erstmal nichts Schlechtes, wenn mich nicht alles sofort aus der Bahn wirft, wenn ich nicht so stressanfällig bin und auch schneller wieder aufstehen lerne. Das mag sein (und in diesem Sinne könnte man sagen, dass es ja auch eine brauchbare oder gar notwendige revolutionäre Tugend ist), aber was ist das für eine Welt, die das von uns fordert?

Das resiliente, das haben die Forscher herausgefunden, ist das Kind, das sich seinem Schicksal nicht hilflos ausgeliefert fühlt. Kinder können Resilienz lernen. Doch mit dem Blick darauf, die Resilienz zu fördern und zu stärken, wird das „Schicksal" oder besser eine Welt, die das notwendig macht, aus dem Blick verloren, verdrängt, vergessen.

Das ist doch der Trick, dem wir uns unterwerfen sollen. Resilienz ist der Brocken, der uns hingeworfen wird, um diese Welt erträglicher zu machen! Aber anstatt ihn zu schlucken, muss unsere Aufgabe eine andere sein: nicht die Welt besser ertragen, sondern sie anders machen!

Und damit trifft die messianische Aufforderung auch auf uns: Wenn ihr nicht werdet wie die Kinder! *Resilere*, lateinisch, bedeutet übersetzt: zurückspringen, abprallen. Sie bringen die Kinder zu Jesus, damit er sie anrührt und nicht abprallt. Der Segen aber geht vom Anrühren aus. Davon weiß das hermetische Subjekt des Krisenkapitalismus nichts.

Das Reich Gottes will eine Welt, in der das Abprallen-lassen-Können gerade nicht mehr notwendig ist, um zu überleben. Resilienz fordert das Evangelium nicht. Im Gegenteil. Jesus warnt alle, die den Versuch unternehmen sollten, die Kleinen zur Sünde zu verführen. Und wenn Anrühren für das Leben steht, warnt er nicht auch vor einer Erziehung, an deren Ende kleine und große hermetische Subjekte stehen, die aber in ihrer Hermetik die Krisen der Welt als Möglichkeiten für Innovation und Investitionen betrachten. Bereitschaftsmaschinen hat Mark Neocleus sie genannt:

„Wir sind dabei, Bereitschaftsmaschinen zu werden [...] Jederzeit in Bereitschaft versetzt, verlieren wir die Fähigkeit, uns eine andere Zukunft als die des plötzlichen Angriffs vorzustellen, auf den wir uns vorzubereiten haben. Die Resilienz ist der Mechanismus, der unsere politische Einbildungskraft überwacht und zu kolonisieren versucht [...] Unsere Verunsicherung als Subjekte, als Arbeiter, als Bürger wird damit einer Struktur der permanenten Selbstüberwachung unterstellt. Wir dürfen die Bereitschaftsmaschinerie nicht in Frage stellen. So recycelt unsere Resilienz das vom Kapital verursachte Leiden zugunsten des Kapitals: Wir sollen uns die Zukunft als Katastrophe vorstellen, um für das gerüstet zu sein, was das Kapital uns abverlangt."

Der Resilienzkapitalismus

Wie ist eine Gesellschaftsordnung, die diese Menschen will? Nennen wir sie Resilienzkapitalismus!

Denn Resilienz ist nicht nur eine psychische Fähigkeit. Resilienz gilt auch hinsichtlich der ökologischen Problematik, mit der wir leben müssen. Wir brauchen nicht nur resiliente Menschen, sondern auch Städte, resiliente Gesellschaften, die gewappnet sind und die nicht mehr aufzuhaltenden Katastrophen im Idealfall an

5. Neoliberalismus

sich abprallen lassen. In einem aktuellen EU-Afrika-Papier wird den afrikanischen Gesellschaften Resilienz als Mittel der Wahl empfohlen, um der Überfischung vor ihren Küsten und den Klimakatastrophen nicht vollständig ausgeliefert zu sein. Und: Resilienz ist das Konzept, um mit den fortlaufenden Folgen der Finanzkrise seit 2006 und allen weiteren Krisen umzugehen, seit 10 Jahren ein zentraler Begriff der G20-Kommuniques und keyword des G20-Treffens in Hamburg. Resilienz – darauf sollten wir uns einstellen! Oder besser: nicht!

Weitere Infos unter: https://www.medico.de/resilienz/

6. FEMINISTISCHE GESELLSCHAFTSKRITIK – FEMINISTISCHE THEOLOGIE

Barbara Imholz und Katja Strobel

Feministische Kritik der Arbeit (2002)

Auswirkungen der Globalisierung
auf das Geschlechterverhältnis

Die scheinbare Alternativlosigkeit unserer kapitalistischen Gesellschaft unter globalisierten Bedingungen lässt auch den feministischen Anspruch, die patriarchalen Herrschaftsverhältnisse zugunsten von Frauen verändern zu wollen, nicht unberührt. Er wirkt hoffnungslos veraltet. Erschwerend kommt hinzu, dass aktuelle Kritik an neoliberaler Globalisierung männliche Domäne ist und geschlechtsneutrale Wirklichkeiten vorstellt. Frauen und Globalisierung: ein blinder Fleck der politischen Ökonomie? Der folgende Beitrag will ein Schlaglicht darauf werfen, dass Globalisierung nicht nur das Leben von Frauen in den Ländern des Südens verändert, sondern genauso Lebens- und Arbeitsbedingungen von Frauen in unserer Gesellschaft. Fast noch wichtiger ist dabei die Einsicht, dass Frauen hier, nach sozialer Herkunft unterschieden, in ein unmittelbares Verhältnis zu bestimmten Frauen aus dem Süden bzw. Osten treten.

1. These

Die Globalisierung verschärft die traditionelle Arbeitsteilung zwischen Männern und Frauen, indem sie den gesellschaftlichen Anteil von Frauenarbeit – in den Haushalten, in der Kindererziehung, im Pflegebereich und anderen klassischen Frauendomänen,

6. Feministische Gesellschaftskritik

hier kurz „soziale Arbeit" genannt – unsichtbar macht. Dem Fordismus als spezifischem Produktionsverhältnis Anfang dieses Jahrhunderts entsprach als Geschlechterordnung grob gesagt das „Ernährermodell". Der männliche Ernährer er-wirtschaftete den Grundlohn für die Familie, während die Frau überwiegend zu Hause sich selbst, die Kinder sowie den Ernährer versorgte. Diese Arbeitsteilung hatte eine volkswirtschaftliche Basis, d.h. der Lohn des Mannes war so berechnet, dass er für die gesamte Familie reichen musste. Der Ort der Frau in der Gesellschaft im Verhältnis zum Mann war wie auf ewig zementiert. Diese Arbeitsteilung wurde von der Frauenbewegung als zentrales Unterdrückungsmoment erkannt. Außerdem kritisierte frau das Verständnis von Arbeit, das sich auf Lohnarbeit reduzierte, als eine verengte männliche Sichtweise, die weibliches Leben und Arbeiten komplett ausblendete. Frauen forderten die Einbeziehung der Hausarbeit und der sorgenden Arbeiten als Wirtschaftsfaktor ein.

Doch diese Arbeitsteilung zwischen Männern und Frauen, und das beginnt sich herauszukristallisieren, zwischen der mittlerweile hochbezahlten, männlichen Fachkraft als dem Ernährer der Familie und der, wenn überhaupt, weiblichen Zuverdienerin ist passé. Aufgrund des Drucks auf den Arbeitsmarkt, um die Kosten zu senken, erleben wir eine steigende Informalisierung der Arbeitsplätze, d.h. eine Ausdehnung ungeschützter und risikoreicher Arbeitsplätze, die über Subunternehmen organisiert werden und damit außerhalb staatlicher Kontrolle liegen. Dies gilt sowohl für Männer als auch für Frauen. Der Unterschied zu früher liegt darin, dass es früher die gesellschaftliche Aufgabe und Pflicht des Mannes war, die Familie zu ernähren, auch wenn die Frau „zuverdiente"; heute wird dies von ihr erwartet. Sie kann sich nicht mehr ohne weiteres darauf zurückziehen, „Hausfrau und Mutter" zu sein und damit ihr Dasein schon legitimiert zu haben. Die Erwartung steht klammheimlich im Raum, arbeiten gehen zu müssen. Das hat zur Folge, dass in dieser Form globalisierter Ökonomie die Frau nicht mehr eindeutig der Haus- und Sorgearbeit zugeordnet, sondern ihre Lohn-Arbeitskraft dem männlichen Individuum gleichgesetzt wird. Die gesellschaftlich notwendige Arbeit im Haushalt, in der Kindererziehung und Pflege, die Frauen zusätzlich zur Lohnarbeit leisten, und die organisatorisch und zeitlich in Einklang gebracht sein will, verschwindet komplett in der Privatsphäre. Die neoliberale, männliche Rede befasst sich nicht mit diesen nicht-marktförmigen Aktivitäten und macht sie vom ökonomischen Standpunkt aus unsichtbar. Man muss klar sehen, dass die Forderung der Frauenbewegung nach Integration in den Arbeitsmarkt inzwischen den Kapitalverwertungsinteressen voll entspricht, aber zu anderen Bedingungen. Nicht eingelöst wurde die Forderung nach gleichberechtigter Integration in Bezug auf Bezahlung, Qualität der Arbeit, Zeitumfang und Aufstiegsorientierung. Komplett unter den Tisch gefallen ist die Forderung nach Umverteilung der sozialen Arbeit, die sogar zunehmend abgewertet wird. Sie ist Frauensache geblieben. Frauen sollten daher konsequent vertreten und einfordern, dass ihre soziale Arbeit ungeheure Bedeutung hat für ein gutes Leben und den Zusammenhalt einer Gesellschaft.

2. These

Die Globalisierung schafft durch die Integration in den Arbeitsmarkt zunehmende Ungleichheit zwischen weißen, mittelständischen Frauen in den reichen Ländern und den Frauen des Südens und Ostens. Die Globalisierung und die Flexibilisierung des Arbeitsmarktes hat im Haushaltsbereich zwei Klassen von Frauen geschaffen: die Herrin und die Magd (wie Brigitte Young eine Rede 1999 titulierte). Einerseits haben wir die professionelle, weiße, mittelständische Frau, andererseits die Migrantin aus dem Süden oder Osten, die es der ersteren überhaupt ermöglicht, angesichts der für selbstverständlich deklarierten Erledigung der Hausarbeit und Kindererziehung ihren bezahlten Job zu machen. Migrantinnen werden damit zum unverzichtbaren Teil einer Unterstützungs-

6. Feministische Gesellschaftskritik

struktur, die hiesigen Frauen berufliche Karrieren erlaubt. Damit entsteht ein unsichtbares Band zwischen der wachsenden Berufstätigkeit von Frauen und der Funktion von Migrantinnen auf diesem Arbeitsmarkt. Es gibt tatsächlich eine neue, internationale Arbeitsteilung im Haushalt. Die bezahlte Arbeit außerhalb des Hauses ist dabei höher bewertet als die „bezahlte" Hausarbeit, d.h. beide Gruppen arbeitender Frauen sind mitnichten dadurch gleichgestellt, dass sie arbeiten. Wichtig zu registrieren ist hier, dass es sich nicht um ein „Frauenproblem" handelt, sondern um ein strukturelles Problem kapitalistischer Gesellschaften. Die Rückkehr der russischen Gouvernante scheint sehr modern, oder!?

Sandra Lassak und Katja Strobel

Identitätsdebatte und Geschlechterverhältnisse (2003)

Eine vernachlässigte Perspektive in der Globalisierungskritik?

Wenn wir in der letzten Zeit feministische Veranstaltungen im Zusammenhang mit Globalisierungs- und Kapitalismuskritik besucht haben, drängte sich die Diskussion um den Konstruktivismus in den Vordergrund, der im Namen der Queer-Theorie und ihrer profiliertesten Vertreterin, Judith Butler, im Moment Hochkonjunktur an den Hochschulen hat. Konstruktivismus meint, dass die Identität(en) aller Menschen sozial und kulturell entstehen, also gesellschaftlich konstruiert werden. Die Debatte, dass es „die Frau" nicht gibt, ist im Laufe der Welt-Frauen-Konferenzen geführt und vor allem von den Frauen aus dem sogenannten „Süden" eingefordert worden. J. Butler treibt diese Debatte um Identität so weit, dass sie nicht nur „gender", das soziale Geschlecht, sondern auch das biologische Geschlecht, „sex" dekonstruiert, d.h. als Konstruktion behauptet. Immer wieder stehen diese Debatten vor allem in der Kritik, die Handlungsfähigkeit von Frauen zu zerstören. Denn der Behauptung, Geschlechterrollen seien gesellschaftlich „konstruiert", folgt in der Regel die Verneinung geschlechtsspezifischer Zuordnungen, sodass auch das „Gemeinsame" von Frauen verschwindet. Auch im ITP hatten wir den Verdacht, dass diese Theorie der neoliberalen Ideologie zuarbeitet, indem sie die Atomisierung der Menschen durch „Nabelschau" auf das „Ich" verstärkt, den Zwang zur Identitätsfindung als Selbstentwurf noch um die Kategorie des Geschlechts erweitert und damit die Entsolidarisierung verstärkt. Angesichts der sowieso geschwächten Frauenbewegung scheint der Konstruktivismus eher die Orientierungslosigkeit zu fördern. Die Fähigkeit, politische Ziele aus der Perspektive der weltweiten – wenn auch unterschiedlichen – Diskriminierung von Frauen heraus zu formulieren, oder gar solche Ziele im Rahmen einer Sozialen Bewegung zu verfolgen, scheint verloren zu gehen, wenn die Identitäten der Subjekte dieser Bewegung quasi „aufgelöst" werden. Und in der Tat gibt es zu Recht eine Kritik an einem elitären akademischen, experimentellen Konstruktivismus, dessen VertreterInnen die wirtschaftlichen und politischen Herrschaftsverhältnisse aus dem Blick verlieren. Es gibt aber auch VertreterInnen der Queer-Theorie (das heißt sich den Geschlechterzuweisungen entziehen: weder „männlich" noch „weiblich" aufzutreten, sich nicht festlegen lassen), die die Kritik an den Geschlechterkonstruktionen in eine Globalisierungskritik einbeziehen. Wir denken, dass dieser Ansatz durchaus vorwärtsweisende Impulse für die globalisierungskritische Bewegung beinhaltet. Diese These ist Thema des zweiten Teils unseres Beitrags. Im ersten Teil beschreiben wir die Voraussetzung dafür, nämlich die Funktion traditioneller Geschlechter- und Sexualitätskonstruktionen in den Arbeitsverhältnissen und in der Politik des Neoliberalismus.

Geschlechtliche Arbeitsteilung im Neoliberalismus

In den gegenwärtigen Debatten um Globalisierung bildet die Frage nach der Rolle des Geschlechts ein Nebenthema oder bleibt gänzlich unberücksichtigt. Die voranschreitenden neoliberalen Entwicklungen, die hauptsächlich in Gestalt gesellschaftlicher und wirtschaftlicher Deregulierung, Privatisierung und Flexibilisierung wahrgenommen werden, bringen jedoch auch die Stärkung autoritärer Strukturen, Entdemokratisierung und Re-Familiarisierung mit sich, was sich unter anderem auch entscheidend auf die Geschlechterverhältnisse auswirkt. Die Folgen dieser Politik, die sich in zunehmenden Unterschieden und Ungleichheiten, d.h. der Verarmung und dem gesellschaftlichen Ausschluss eines Großteils der Bevölkerung zugunsten der Sicherung des Reichtums und der Privilegien einer Minderheit zeigen, werden nicht thematisiert bzw. gänzlich negiert. Dabei ist zu beachten, dass die gesellschaftlichen Verhältnisse nie geschlechtsneutral, sondern unlösbar mit patriarchalen Strukturen verbunden sind. Bei der Untersuchung gegenwärtiger neoliberaler Politikkonzepte fällt auf, wie auf traditionelle Geschlechterbilder zurückgegriffen wird und herkömmliche Rollenzuschreibungen wieder aufleben, die zum Funktionieren dieser Systeme unabkömmlich sind, was sich vor allem im Bereich der Erwerbsarbeit nachweisen lässt. Nicht nur die Unterschiede zwischen Männern und Frauen auf dem Arbeitsmarkt – niedrigere Frauenerwerbstätigkeit, ein hoher Teilzeitanteil, die überwiegende Beschäftigung von Frauen im Dienstleistungs- und Niedriglohnsektor, große Einkommensdifferenzen zwischen Männern und Frauen, um einige dieser Merkmale zu nennen – sondern auch die Definition von Arbeit, die im Allgemeinen lediglich auf die Erwerbsarbeit bzw. Lohnarbeit beschränkt wird, macht die Rolle des Geschlechts als wesentliches Kriterium der Arbeitsteilung deutlich. Im neoliberalen System größtmöglicher Effizienz und Produktivität werden nur das Kapital und die Lohnarbeit sichtbar gemacht, während der gesamte Bereich sozialer Reproduktion (Familie, Haushalt etc.) in wirtschaftlichen Berechnungen keinerlei Berücksichtigung findet. Aber gerade diese sogenannte sichtbare Wirtschaft der Güter und Dienstleistungen, der Herstellung von Produkten, wird von der unsichtbaren reproduktiven Wirtschaft, das heißt vor allem von den Frauen, getragen.

Rückzug an den Herd

Im sogenannten Hartz-Papier werden Reformvorschläge zur Umstrukturierung des Arbeitsmarktes formuliert, mit denen sich die

Zahl der Arbeitslosen in wenigen Jahren um die Hälfte verringert haben soll. Dass dies jedoch auf den Schultern der potenziellen ArbeitnehmerInnen ausgetragen wird – in Form von massivem Abbau der sozialen Sicherungssysteme, dem Anstieg ungesicherter Beschäftigungsverhältnisse – zugunsten der privatwirtschaftlichen Profiterzielung, wird in der öffentlichen Diskussion erst einmal ausgeblendet. Betrachtet man das Hartz-Papier aus der Geschlechterperspektive, so fällt auf, dass dieses Konzept nicht nur auf einem teilweise längst überholten Familienmodell und den damit einhergehenden gesellschaftlichen Rollenerwartungen basiert, das die Frauen zurück ins Heim und an den Herd zwingt, sondern damit auch über die verschiedenen gesellschaftlichen Realitäten und Lebensentwürfe hinweggeht, die nicht in heterosexuellen bürgerlich verankerten (Ehe-)Partnerschaften bestehen. Man denke dabei nur an das Konzept der Ich-AG und der damit verbundenen Familien-AG, die es ermöglicht, ausschließlich Familienmitglieder als Mithelfende anzustellen. Allerdings bedeutet dies zum einen, dass diese mithelfenden Familienmitglieder – in der Regel Frauen – keinerlei gesetzliche Absicherung erhalten und zum anderen, dass Wahlverwandtschaften, die nicht diesem bürgerlichen Familienmodell entsprechen, keine Berechtigung zur Gründung einer Familien-AG haben. Auch die im Hartz-Papier geforderte Mobilität bei der Arbeitsplatzsuche lässt eindeutig Menschen in nicht-familiären Bindungen ins Hintertreffen geraten.

Zweigeschlechtlichkeit als Moment von Herrschaft

Die Arbeitsverhältnisse sind also auch – und gerade – in neoliberalen Verhältnissen geschlechtlich strukturiert. Um aufzuzeigen, dass die geschlechtsspezifische Arbeitsteilung auf einem System beruht, das Heterosexualität als Norm verlangt, haben Pauline Boudry, Brigitta Kuster und Renate Lorenz den Begriff der „sexuellen Arbeit" geprägt. Sie definieren ihn als die in Arbeitsprozesse integrierte Erarbeitung und Darstellung einer in sich stimmigen

Geschlechtsidentität als „Mann" oder „Frau". Der Aufruf zur Demonstration zum Abschluss des Crossover-Summer-Camps im Sommer 2002 formuliert:

> „Sexuelle Arbeit in einem zwangsheterosexuell und zweigeschlechtlich organisierten kapitalistischen System bedeutet den Zwang, Geschlecht und Heterosexualität eindeutig darstellen zu müssen."

Den Arbeitsverhältnissen, aber auch jedem anderen Bereich der kapitalistischen Gesellschaft, liegt eine „heterosexuelle Matrix" (Judith Butler) zu Grunde. Katharina Pühl und Nancy Peter Wagenknecht weisen darauf hin, dass in den Sozialen Bewegungen die Kategorie Sexualität kaum thematisiert wurde und wird. Damit erscheint sie als naturgegeben und wirkt als ideologisches Fundament des heterosexuellen Liebesideals und als Zwangsheterosexualität in den Bewegungen. Die beiden AutorInnen stellen die These auf, dass die klassischen Arbeitskämpfe von heterosexueller Männlichkeit zentral geprägt waren (und sind), und dass ihnen eine Tendenz zum Ausschluss und zur Abwertung von Frauen sowie zur Verwerfung von Homosexualität innewohnt. Dies entspricht unserer Erfahrung nach durchaus den realen Verhältnissen vieler Sozialer Bewegungen des „Südens" und des „Nordens". Wenn die Dimension der Sexualität nicht mit einbezogen wird, können also diesbezügliche Herrschafts- und Exklusionsverhältnisse dort weiter wirken, und so bleibt ein wesentliches Merkmal der eigentlich kritisierten gesellschaftlichen Ungleichheit unthematisiert und unbekämpft.

Notwendigkeit einer „queeren" Globalisierungskritik

Es wird immer wieder darauf hingewiesen, z.B. in der Diskussion um NGOisierung, dass die Sozialen Bewegungen anfällig dafür sind, selbst Herrschaftsverhältnisse zu reproduzieren. Die Geschlechterverhältnisse haben dabei bisher unserer Meinung nach zu we-

6. Feministische Gesellschaftskritik

nig Beachtung gefunden. Die Kategorie Geschlecht ist ein wichtiges Analyseinstrument und Element einer emanzipatorischen Praxis, die neue (Arbeits)verhältnisse schafft, welche sich sowohl der Verwertungslogik und Entsolidarisierung, als auch dem Zwang heterosexuell sein zu müssen entziehen. Ein Beispiel dafür, dass neu entstehende emanzipatorische Bewegungen dieses Thema integrieren, gab ein Vertreter von Indymedia auf einem Seminar über kritische Publizistik. Indymedia verfolgt das Projekt der Herstellung einer Gegenöffentlichkeit im Internet. Zur Vorstellung der MitarbeiterInnen gehörte als wichtiger Punkt dazu, dass sie verschiedene geschlechtliche und sexuelle Identitäten haben dürfen. Ein anderes Beispiel, das direkter auf das politische Potential der Queer-Bewegung rekurriert, wurde von Wagenknecht innerhalb eines Vortrags über Verwertung, Selbstverwertung und sexuelle Subjektivität beschrieben, und zwar das „Kaufhaus Kreuzberg". Dort entstand aus „queeren" Zusammenhängen, das heißt aus Freundschaften von und zwischen Lesben, Schwulen und Transgender/Transsexuellen, eine Initiative zur Gründung eines alternativen Treffpunkts und „Marktes". Indem sie im Zuge des neoliberalen Hartz-Konzeptes viele einzelne „Ich-AGs" aufmachten, aber unter ihren eigenen Regeln der Solidarisierung zu einem Gemeinschaftsprojekt zusammenführten, unterliefen sie ganz legal die eigentlichen Prinzipien des Hartz-Konzeptes wie Konkurrenz und einsames KämpferInnentum. Die verändernde Kraft solcher Projekte muss sich erst noch erweisen, aber wir halten es für gerechtfertigt, der Einbeziehung der theoretischen und praktischen Kritik an Heteronormativität in der Bewegung einer „Globalisierung von unten" einen größeren Stellenwert einzuräumen als bisher. Dabei geht es um mehr als gesellschaftliche Anerkennung einer nach wie vor randständigen Sozialen Bewegung oder um die individuelle Befreiung einzelner Lesben und Schwulen oder unterdrückter Frauen, sondern es handelt sich um eine radikalisierte Form der Auseinandersetzung um das, was normal ist. Neoliberalismus geht in sozialer und kultureller Hinsicht mit ungeheuer starken Zwängen zur freiwilligen Anpassung und Nivellierung einher, wie wir an Moden, Schönheitsvorstellungen, Lebensentwürfen bis hin zur Genetik usw. Tag für Tag erkennen können. Nonkonformismus führt zu Selbstausgrenzung bis in die Isolation. In diesem Zusammenhang ermöglicht die Queer-Theorie innerhalb der Kritik an neoliberalen Herrschaftsverhältnissen neue Denkräume aus der Geschlechterperspektive und Wege zu einer alternativen gesellschaftlichen Praxis.

Katja Strobel

Der neue Mensch nach Hartz (2004)

Feministisch-theologische Erwägungen

Die neue Arbeits- und Sozialgesetzgebung gibt vor, geschlechtsneutral zu sein – und in einem gewissen Sinn ist sie das auch. In seinem Konzept von 2001, das den gleichnamigen Gesetzen als Strukturvorgabe dient, spricht Peter Hartz von den Menschen als „Mitunternehmern und Mitunternehmerinnen"[1] und verlangt von diesen, gleichermaßen Verantwortung für ihre „Lerngeschwindigkeit und Beschäftigungsfähigkeit"[2] zu übernehmen. Wenn diese Fähigkeiten nicht „mit der Dynamik Schritt halten"[3] könnten, verliere die Gesellschaft eben „an den Rändern die, die sich im Hochleistungssystem nicht mehr halten können oder wollen".[4]

Beschäftigungsfähigkeit

Mittels der Schlüsselbegriffe „Zumutbarkeit" und „Beschäftigungsfähigkeit" wird zur Zeit ein neuer Mensch entworfen – oder zumindest die Durchsetzung dieses Entwurfs radikal umgesetzt –, der sich den Bedürfnissen des Marktes total anpassen muss, will er nicht von der Gesellschaft „verloren werden". Nahezu unverblümt,

---

1   Hartz, Peter: Job-Revolution. Wie wir neue Arbeitsplätze gewinnen können. Frankfurt/Main 2001. Zitiert nach Haug, Frigga: Gender – Karriere eines Begriffs, in: Utopie kreativ 156, Oktober 2003, 899-913, 910.
2   a.a.O. 909.
3   Ebd.
4   a.a.O. 912.

wenn auch euphemistisch formuliert, wird der Untergang ganzer gesellschaftlicher Gruppen vorangetrieben, wird ein Sozialdarwinismus propagiert, den das Sozialstaatsmodell wenigstens ansatzweise zu überwinden im Stande war. Während einige Gruppen wie behinderte/andersfähige und alte Menschen so direkt im Aus landen, haben andere – zum Beispiel Frauen oder MigrantInnen – noch die Chance, sich verwertbar zu machen und anzupassen, um auf den Hochleistungszug aufspringen zu können. Für MigrantInnen bedeutet das, Deutsch zu lernen und sich der deutschen Kultur und Arbeitswelt anzupassen, was das Zeug hält. Deutsche Frauen haben da eine bessere Ausgangsbasis: Eigentlich müssen sie nur gewisse Dinge unterlassen, die ihrer Wettbewerbsfähigkeit arg zuwider liefen: zum Beispiel Kinder oder andere, weniger autonome Mitglieder dieser Gesellschaft, die besonderer Aufmerksamkeit bedürfen, um sich zu scharen. Wenn frau den neuen Sinn des Wortes „Verantwortung" falsch versteht und ihn darin sieht, alternde oder behinderte Familienmitglieder zu pflegen, Kinder aufzuziehen oder sich im Job um das Soziale zu kümmern, manövriert sie sich automatisch an den Rand der Gesellschaft und ins Armutsrisiko.

Geschlechtergerechtigkeit

Das heißt also in der Gegenwart „Geschlechtergerechtigkeit"; gleiche Chancen für Mann und Frau. Jede Frau hat die Chance, beispielsweise ihre eigene Ich-AG aufzumachen, ihren Arbeitsplatz hochflexibel zu Hause zu gestalten und die Familie mit einzubeziehen – so wie wir es aus den Ländern des Südens kennen. Unter dem Deckmantel der „feministischen Selbstbestimmung" wird Verarmung und Entsolidarisierung vorangetrieben: In prekären Situationen und mit immer weniger Chancen, sich die Sorge für die Familie mit gemeinnützigen Einrichtungen zu teilen, sind Frauen froh, zu Hause arbeiten zu können, und akzeptieren Billiglöhne. Die Zeit und Muße fehlt, aus der Vereinzelung ihres „Unterneh-

6. Feministische Gesellschaftskritik

merinnen"-Daseins heraus mit anderen, die ihre Situation teilen, in Kontakt und Austausch zu kommen – und falls doch: Über das Beklagen des Einzelschicksals hinaus sich zu solidarisieren, dazu ist offensichtlich zur Zeit kaum jemand im Stande. Die anfänglichen Proteste gegen den Sozialabbau lassen hoffen. Aber wo bleibt die Stimme der Frauenbewegung? Grund genug, sie zu erheben, gäbe es. Aber dafür müsste es ein neues Verständnis von Selbstbestimmung geben, das von Solidarität geprägt ist.

Hochleistungsgesellschaft

Aktuelle Veranstaltungen zum Thema Geschlechterforschung und Geschlechterpolitik legen den Fokus immer wieder auf individualistische Grenzverwischungen im Bereich sexueller und kultureller Identität, statt sich um politische Forderungen im Kontext einer tiefgreifenden Gesellschaftsveränderung Gedanken zu machen. Den Geschlechterdualismus zu überwinden – hieße das nicht viel mehr als zu verlangen, dass endlich das männliche Ideal der Hochleistungsgesellschaft angegriffen statt feminisiert, die Herrschaft des Marktes gestürzt wird und dass Männer wie Frauen sich dazu befreien, eine Art von Verantwortung zu leben, die den vielfältigen menschlichen Existenz- und Lebensformen ein würdiges Leben ermöglicht? Darin einbezogen wäre eine Verteilung gesellschaftlich notwendiger, schöpferischer, künstlerischer und produktiver Arbeiten sowie der Ressourcen nach den jeweiligen Bedürfnissen. Mit einer solchen feministischen Utopie im Kopf lässt sich vielleicht dem Konzept des „neuen Menschen" nach Hartz widerstehen und gegen jede Vernunft und Erfolgsaussicht beharrlich an der Verheißung von und dem Kampf für eine neue Erde festhalten, die die Menschlichkeit in den Vordergrund rückt.

Barbara Imholz und Julia Lis

Papst Franziskus und die Frauen (2019)

Gegen das Patriarchat in Kirche und Gesellschaft

Die Gleichsetzung eines Schwangerschaftsabbruchs mit „Auftragsmord" durch Papst Franziskus während einer Audienz am 19. Oktober 2018 schlug hohe Wellen und veranlasste u.a. eine öffentliche Kirchenaustrittserklärung bekannter Schweizer Feministinnen.

In letzter Zeit war es hierzulande auch in kirchlichen Kreisen um das Thema Abtreibung erstaunlich ruhig geworden. Ob ein Abbruch für sie im Falle einer ungewollten Schwangerschaft in Frage kommt oder nicht, entscheidet frau für sich allein; in dieser Hinsicht hat die katholische Kirche bei uns die Kontrolle über den weiblichen Körper unwiderruflich verloren. Im Blick auf Osteuropa oder Lateinamerika sieht die Situation ganz anders aus. Ein Schwangerschaftsabbruch gefährdet in vielen Ländern, sofern frau nicht der Mittel- oder Oberschicht angehört, Körper und Leben der Frauen. In Argentinien, Chile, Polen und anderen Ländern formieren sich seit einigen Jahren gewaltige Protestbewegungen gegen diese rigide frauenfeindliche Körperpolitik. Historisch ist in der Körperpolitik der Ursprung der Forderung nach Legalisierung von Schwangerschaftsabbrüchen zu suchen: Die Kombination aus einer Moraltheologie, die die kompromisslose Ablehnung des Abbruchs einer Schwangerschaft mit dem Recht des ungeborenen Kindes auf sein Leben begründet hat und den ökonomischen wie sozialen Konsequenzen, die eine ungewollte Schwangerschaft und

6. Feministische Gesellschaftskritik

Mutterschaft mit sich brachte, führte dazu, dass Abtreibungen tabuisiert, kriminalisiert und damit unter Umständen durchgeführt wurden, die die körperliche und psychische Unversehrtheit von Frauen und oft auch deren Überleben gefährdeten. In vielen Ländern dieser Welt ist das bis heute ein drängendes Problem. Die männliche Kontrolle über die Körper der Frauen ereignet sich dabei nicht nur individuell, sondern als Teil der Struktur des Patriarchats, die sich in gesellschaftlichen Normen niederschlägt.

Wem gehört mein Körper?

Aktuell scheint der zentrale Konflikt in Kirche wie Gesellschaft zwischen jenen zu verlaufen, die ein Zurück zu traditionellen patriarchalen Mustern einfordern und jenen, die die Selbstbestimmung von Frauen als Teil eines notwendigen Modernisierungsprozesses begreifen. Oft genug meint diese Selbstbestimmung bei genauerem Hinsehen aber gerade nicht eine neu gewonnene Freiheit, sondern äußert sich im internalisierten Zwang, so über ihren Körper zu entscheiden, wie es der Verwertungslogik am meisten nützt, etwa indem der Druck wächst, Geburtenkontrolle in der Art vorzunehmen, dass Geburten verhindert werden, die Frauen zur falschen Zeit dem Arbeitsmarkt entziehen oder nicht erwünschte, weil behinderte Kinder, hervorbringen. Zugleich soll dafür gesorgt werden, dass Kinder dort zur Welt kommen, wo die ökonomische und soziale Lage der Eltern dies als wünschenswert erscheinen lässt und Humankapital entsteht, das für den Arbeitsmarkt benötigt wird. Diese Geburtenkontrolle erfolgt längst nicht nur über Abtreibung, sondern eine ganze Reihe von Maßnahmen wie pränatale Diagnostik, In-vitro-Fertilisation, Freezing, Pille danach, Freigabe der Antibabypille bei Krankenkassen bis zum 20. Lebensjahr usw.

Im neoliberalen Sinne gelingt es, die Verantwortung sich für oder gegen diese Maßnahmen zu entscheiden, individuell der einzelnen Frau zu übertragen, indem aber unsichtbar wird, dass die individuelle Entscheidung durchaus gesellschaftlichen Zwängen und Ansprüchen unterliegt.

Selbstbestimmung jenseits von Verwertungszwang

Am deutlichsten wird dieser Zusammenhang vielleicht bei der pränatalen Diagnostik einer „Behinderung". Die Frau allein trägt die Entscheidung und Verantwortung für alle Belastungen, die auf sie zukommen, wenn sie das Kind austragen will. Die Selbststeuerung läuft wie von allein im Sinne des Verwertungsinteresses am „Humankapital": Es geht darum, den homo oeconomicus zu reproduzieren. Steckt in der neoliberalen Ideologie nicht der brutale Imperativ: „Was nicht nützt, kann weg"? Wo aber ist in unserer Gesellschaft der Ort, wo Frauen entscheiden können, was wirklich in ihrem eigenen Interesse ist und nicht der Kapitallogik folgt?

Das Recht auf gutes und gelingendes Leben aller hochzuhalten, statt menschliches Leben den Verwertungsinteressen zu unterwerfen, ist daher auch als feministisches Postulat notwendiger denn je. Umso dramatischer ist es da, dass die Kirche sich in ihrer Rolle in diesem Sinne Recht auf Leben gegen die Allmacht neoliberaler Zwänge, die sich als Selbstbestimmung tarnen, zu verteidigen in weiten Teilen disqualifiziert hat, indem sie sich als patriarchale Organisation an der Abwertung von Frauen beteiligt.

Diese selbstkritische Einsicht fehlt auch Papst Franziskus in seinem Diskurs über die Frauen völlig, macht ihn blind für feministische Anliegen und unfähig den frauenfeindlichen Diskurs der Kirche hinter sich zu lassen. Aber sein Festhalten an einem universalen Recht auf Leben bringt ihn in einen Gegensatz zur neoliberalen Verwertungslogik, der die Ideologie freier Selbstbestimmung der Individuen in einer neoliberal-kapitalistischen Gesellschaft infrage stellt. Hier zeigt sich die Ungleichzeitigkeit einer Institution wie der katholischen Kirche. Aufgabe einer feministischen Theologie bleibt es daher, diese Ungleichzeitigkeit bewusst zu machen, Patriarchatskritik in Kirche und Gesellschaft zu ver-

6. Feministische Gesellschaftskritik

mitteln und aufzuzeigen, dass ein freies, selbstbestimmtes und gelingendes Leben von Frauen nur jenseits patriarchaler Normen und kapitalistischer Verwertungslogik erkämpft werden kann!

Julia Lis

Wie aus Frauen Subjekte werden können ... (2020)

Sexuelle Differenz bei Tove Soiland als Ausgangspunkt feministischer Reflexion

Bereits seit einiger Zeit beschäftigt uns am ITP die Frage, wieso das Leben von Frauen sich kaum entscheidend verbessert hat, obwohl seit vielen Jahren allerorten von Gleichberechtigung die Rede ist und das Frauenbild sich seit den 1950er Jahren in vielerlei Hinsicht verändert hat. Mit der Schweizer Feministin Tove Soiland sind wir bei einem Seminar der Frage nachgegangen, wie dies auch mit bestimmten Grundannahmen der Gendertheorie zusammenhängt.

Frauen werden immer noch schlechter bezahlt als Männer, enden öfter als sie in der Altersarmut, tragen die Hauptlast von Hausarbeit, Kindererziehung und der Pflege älterer Angehöriger, arbeiten überdurchschnittlich oft in prekären Arbeitsverhältnissen und Minijobs, werden sexuell belästigt und körperlich angegriffen, bis hin zu der erschreckend hohen Zahl von Femiziden. In den letzten Jahren werden diese Missstände von einer erstarkenden Frauenbewegung auch wieder offensiv weltweit thematisiert: Frauenstreiks in Spanien oder der Schweiz oder Kampagnen gegen Femizide in Lateinamerika wie „ni una menos" lassen auf ein gestiegenes feministisches Bewusstsein schließen. Und auch in der bundesdeutschen Kirche organisieren sich Frauen, um gegen ihre Diskriminierung vorzugehen, wie Maria 2.0 vor Augen führt. Gleichzeitig aber bringt die feministische Bewegung am 8. März hierzulande nicht massenhaft Frauen auf die Straße und ist auch nach innen hin von Konflikten geprägt, etwa, ob es angemessen sei, heute noch Frauenpolitik zu machen anstatt die Forderung nach der Anerkennung diverser geschlechtlicher Identitäten in den Vordergrund zu stellen.

Genderfragen oder Feminismus?

Eine weit verbreitete gesellschaftliche Auffassung hält den Feminismus im Grunde für überholt, weil im Zeitalter des Neoliberalismus auch jede Frau ihres Glückes Schmiedin oder vielleicht besser Managerin sein könnte. Wenn sie dennoch an den strukturell überfordernden Ansprüchen sich in Beziehung, Karriere, Familie selbst zu verwirklichen und dabei niemals die Kontrolle über das eigene Leben sowie den eigenen Körper zu verlieren zu scheitern droht, wird dem mit einer Fülle an Beratungsangeboten begegnet, ob durch Ratgeberliteratur oder Seminare etwa zur Work-Life-Balance. Zugleich hat sich im akademischen Bereich wie in linken politischen Kontexten seit Judith Butlers Buch „Gender Trouble" (dt. Das Unbehagen der Geschlechter) die feministische Diskussion erheblich verschoben. Als Hauptprobleme gelten die Konstruktionen von Weiblichkeit und Männlichkeit, der damit gegebene Zwang zu eindeutigen Rollenbildern und -zuordnungen und die „heteronormative Matrix", die die Gesellschaft durchziehe. Tove Soiland plädiert dem gegenüber für einen Ansatz, der im Anschluss an die Psychoanalyse von Lacan die sexuelle Differenz in den Mittelpunkt stellt. In unserer neoliberalen Gesellschaft sei spätestens nach dem durch die 1968er-Generation vollzogenen kulturellen Wandel nicht mehr der Zwang zur Einhaltung von Normen das Hauptproblem in der Geschlechterfrage. Vielmehr sei entscheidend, dass der Neoliberalismus nicht nur kein Problem mit ausdifferenzierten Identitäten habe, sondern Andersheit geradezu hervorbringen müsse, um sie in Wert zu setzen und vor dem Markt dann wieder gleich zu machen.

Das Kollektivsubjekt Frau

Was durch die Diversifizierung geschlechtlicher Identitäten nicht verändert werde, sei die Asymmetrie der Geschlechter. Das Problem ist für Tove Soiland jedoch nicht als Zweigeschlechtlichkeit der Kultur, sondern als deren Eingeschlechtlichkeit zu begreifen. Innerhalb der symbolischen Ordnung unserer Kultur gebe es, so Soiland, immer noch nur eine männliche Subjektposition, die an Autonomie und Herrschaft gebunden sei und mit dem Streben verknüpft das Andere, also etwa die Frau, zum Objekt zu machen und zu unterwerfen. Emanzipationspolitiken haben bislang lediglich erreicht, dass diese männliche Subjektposition auch von Frauen eingenommen werden kann. Was aber eigentlich zu leisten wäre, um die Verobjektivierung und damit Unterdrückung von Frauen zu überwinden, wäre eine andere Möglichkeit der Subjektwerdung, die eine Begegnung mit dem Anderen ohne Verschmelzung oder Unterwerfung ermöglicht. Ein solches Subjekt wäre eines, das um die Begrenztheit seiner Autonomie durch seine Angewiesensein auf Beziehung zu anderen Menschen weiß und damit auch um die prinzipielle Unerfüllbarkeit aller seiner Sehnsüchte und Bedürfnisse. An der Entstehung solcher Subjekte zu arbeiten, indem wir die kulturelle symbolische Ordnung verändern, ist für Tove Soiland eine zentrale Aufgabe von Frauenorganisierung. Denn solche Veränderungen können nur kollektiv und nicht individuell erreicht werden. Eine Aufgabe, die unserer Meinung nach auch eine lohnenswerte Herausforderung für eine feministische politische Theologie darstellen könnte!

7. Theologie der Befreiung

Norbert Arntz

Ein Blick in die theologische Werkstatt des DEI in Costa Rica (1994)

Das DEI ist ein Zentrum theoretischer Reflexion und Weiterbildung für Verantwortliche in Pastoral und Volksbewegungen. Es konzentriert seine Aufgaben auf die Region Zentralamerika/Karibik, beschränkt sich aber nicht auf diese Regionen. Gegenwärtig versteht es sich – mittels Publikationen und jährlichen Forschungsseminaren und sozialpastoralen Seminaren mit Verantwortlichen aus Basisbewegungen und Regionalseminaren – als Gesprächspartner hinsichtlich einer lateinamerikanischen Problematik, die von Mexiko bis Chile nahezu alle Länder erfasst. Zu den MitarbeiterInnen des DEI gehören u.a. die Exegetin Elsa Tamez, der Theologe Pablo Richard und der Wirtschaftswissenschaftler Franz J. Hinkelammert.

Grundzüge der Arbeit des DEI

Das DEI entwickelt folgende Grundkategorien für die Erfassung der lateinamerikanischen Realität: 1. Die komplexe und plurale Realität Lateinamerikas muss im Zusammenhang der Prozesse von Unterdrückung und Befreiung interpretiert werden, denen sich kein gesellschaftlich handelndes Subjekt entziehen kann. 2. Im Zusammenhang dieser Prozesse stellt sich für ChristInnen die spezifische Aufgabe, alle Formen von Idolatrie und Fetischismus real und konkret (das heißt historisch mit dem Ziel ihrer Überwindung) zu kritisieren, den Gott des Lebens in der Nachfolge

7. Theologie der Befreiung

Jesu von Nazareth zu verkünden und dadurch der Befreiung zu dienen. 3. Die materiell-historische Kritik von Idolatrie und Fetischismus gründet auf einer Kritik der okzidentalen Gesellschaft und deren kapitalistischen Ausformungen in der Moderne bzw. „Postmoderne". Kernpunkt solcher Kritik ist die Opferideologie dieser Gesellschaft, welche die Opfer (von Menschen und Natur) als notwendig für den Fortschritt der Zivilisation bezeichnet, das heißt: sie behauptet, Opfer müssen gebracht werden, um zur guten, wahren und schönen Welt zu finden. 4. Mit Hilfe dieser kritischen Kategorien betrachtet das DEI die Gesellschaften der lateinamerikanischen und karibischen Staaten sozial und historisch als komplexe Ausdrucksformen eines peripheren Kapitalismus. Im ständigen Dialog mit den Basisbewegungen des gesamten Kontinents entwirft und realisiert das DEI Weiterbildungsmaßnahmen, um zur Diagnose der Realität und zur Entfaltung einer dem Evangelium entsprechenden wirksamen Spiritualität beizutragen. Voraussetzung dafür ist, dass die Unterdrückten und Verarmten sich ihrer Lage selber bewusst und als Subjekte tätig werden, um die materiellen und spirituellen Bedingungen ihres Überlebens bzw. vorzeitigen Sterbens grundlegend zu verändern, also eine Veränderung der Lebensbedingungen anzustreben, die sich getragen weiß von der Utopie des Lebens in Fülle für alle – „so leben wollen, dass alle leben können". Die Kategorie der Utopie bzw. des Utopischen steht in enger Verbindung mit der grundlegenden Fähigkeit der Menschen und ChristInnen zur „transzendentalen Imagination".

Der utopische Entwurf vom Leben in Fülle für alle setzt seinerseits voraus, auch die Bedingungen der Unterdrückten (Frauen, Jugendliche, ChristInnen, ArbeiterInnen, Umweltbewegungen) in den sogenannten „reichen" Ländern des Zentrums zu thematisieren und in Frage zu stellen, und zwar im Kontext der Verelendung Lateinamerikas bzw. der Dritten Welt. Die fälschlich „reich" genannte Welt wird vom DEI in erster Linie als eine zerstörerische, verschwenderische und verzweifelte Welt interpretiert, die blind geworden ist gegenüber den weltweit selbstzerstörerischen Tendenzen ihrer aggressiven Lebensweise. Das DEI will folglich seinen kritischen Zwischenruf auch in den Ländern des Zentrums erheben, indem es sich dort Gesprächspartner sucht – zum Beispiel das ITP – und mit ihnen daran arbeitet, dass man sich dort ebenso an der Utopie einer pluralen menschlichen Gesellschaft ohne Diskriminierungen und Verwüstungen orientiert. Diese historisch wirksame Orientierung an der Utopie des Lebens in Fülle für alle versteht sich als Zeichen und Werkzeug jenes endgültigen Lebens in Fülle ohne den Tod, das für alle vom Gott des Lebens herbeigeführt wird.

Jon Sobrino

Solidarität (1995)

Ich möchte Solidarität so erklären[1], wie ich es verstehe: Solidarität setzt die Überzeugung voraus, dass wir alle auf dieser Erde zu einer Familie gehören. Das klingt utopisch, ich weiß. Aber uns als eine Familie und nicht nur als Spezies, als eine Art zu verstehen, ist das Wichtigste. Um dies zu verdeutlichen: Ich habe vor ein paar Wochen in El Salvador gesagt, dass es ein großer Irrtum wäre, Solidarität als Monopol von Solidaritätsgruppen zu verstehen. Jeder Mensch, jede Institution, jede Universität, jede Kirche sollte Solidarität üben. Das heißt, jeder Mensch und jede Institution sollte die Überzeugung haben, zur menschlichen Familie zu gehören. Diese menschliche Familie, wie steht es um sie? Braucht diese Familie unsere Hilfe? Ich glaube schon. Wie wir dieser Familie helfen, das ist eine andere und sehr schwierige Frage. Solidarität hat die menschliche Familie zu fördern, der Mehrheit der Armen zu helfen und, wenn diese Armen sich organisiert und eine Befreiungsbewegung aufgebaut haben, dann ist es auch gut, mit diesen Bewegungen Kontakt zu halten.

Solidarität ist nicht einfach Hilfe

Solidarität ist Hilfe, aber sie ist nicht nur Hilfe. Hilfe als Almosen von Individuen oder von Regierungen hat eine lange Geschichte. Solidarität ist dagegen Hilfe, in der wir nicht nur irgendetwas, sondern uns selbst geben. Ich weiß nicht viel über Anthropologie,

---

1   Ich habe den Vortragscharakter dieses Beitrags beibehalten.

aber es ist etwas anderes, Zeit oder Geld zu geben oder sich selbst: Wenn man sich selbst gibt, nimmt man etwas nicht vollständig Kontrollierbares auf sich. Für mich ist das wichtig. Solidarität ist Hingabe auch von uns selbst. Es gehört zum Begriff von Solidarität, dass sie dauernde Hilfe ist. Sonst sollten wir nicht das Wort Solidarität benutzen.

Solidarität beruht auf Gegenseitigkeit

Und Solidarität beruht auf Gegenseitigkeit. Wenn wir etwas geben und nichts bekommen, dann ist das nicht Solidarität. Das ist für mich mehr als nur ein Wort. Nehmen wir die Beispiele Nicaragua, Südafrika oder Haiti: Menschen, die sich früher solidarisch engagiert haben, was haben die von den NicaraguanerInnen, den SüdafrikanerInnen oder den HaitianerInnen bekommen? Dies ist eine wichtige Frage. Und es gibt Antworten. Und was bekommen wir heute z.B. von den NicaraguanerInnen? Vielleicht nicht mehr den Enthusiasmus, der vor zehn Jahren vorherrschte. Was können wir heute bekommen? Ich möchte es aus der Sicht El Salvadors beantworten: Ein Volk, das in Licht und Dunkelheit seinen Weg geht; ein Volk, das die Entscheidung getroffen hat, leben und überleben zu wollen; ein Volk, das auf die Schlagzeilen in den Zeitungen verzichtet. Vielleicht ist es das, was wir von ihnen heute bekommen. Und vielleicht macht uns diese Erfahrung menschlicher. Eine weitere Voraussetzung für Solidarität ist, dass es unter den Armen Werte gibt, die wir, die Leute aus der ersten Welt, nicht haben. Wir haben andere Werte. Und wenn wir diesen Leuten helfen können und wollen, dann müssen wir für ihre Werte offen sein. Und selbstverständlich sollten wir nicht von vornherein entscheiden, was ein solcher Wert ist und was wir bekommen wollen und was nicht.

7. Theologie der Befreiung

Das Problem sind die Katastrophen

Das Problem ist nicht, ob für uns Solidarität zu üben schwierig ist oder nicht. Das Problem ist die Welt, sind die Katastrophen. Ob wir diese Welt mit einem adäquaten Begriff beschreiben und erfassen können, ist eine andere Frage. Die kommt immer erst an zweiter Stelle. Das erste Problem ist die Wirklichkeit, die schlecht ist. Wenn uns bewusst ist, dass diese Welt eine Katastrophe ist, dann müssen wir selbstverständlich kreativ werden und überlegen. Wir müssen durch Sozialwissenschaften, Philosophie und Theologie die Situation besser zu verstehen suchen und Entscheidungen darüber vorbereiten, was wir dagegen tun wollen. Wenn man nicht genau weiß, was zu tun ist – und das ist eure Situation und unsere Situation in El Salvador – dann sollte man immer zum Ursprung von Solidarität zurückgehen. Und das war nicht Daniel Ortega, Joaquín Villalobos oder Monseñor Romero. Der Ursprung der Solidarität war das gekreuzigte Volk. Wenn wir zum gekreuzigten Volk zurückgehen – mit oder ohne Daniel Ortega, mit oder ohne Monseñor Romero –, dann bin ich überzeugt, dass der menschliche Geist kreativ genug ist, um Wege zu finden, dieses Volk vom Kreuz herunterzunehmen. Die Rede vom gekreuzigten Volk ist zunächst eine Metapher. Kreuz heißt Tod. Und in unseren Ländern, wie wir alle wissen, sterben Menschen. Entweder schnell aufgrund der Gewalt oder langsam durch Armut. Jedes Jahr sterben, soweit ich weiß, 20 oder 30 Millionen Menschen aufgrund von Hunger oder Krankheiten, die im Hunger ihren Ursprung haben. Es ist aber nicht nur eine Metapher. Das Kreuz bedeutet auch, dass eine Gruppe von Menschen eine andere Gruppe von Menschen tötet. Warum reden wir dann aber vom Kreuz und nicht von Hinrichtung? Weil das Kreuz der Tod ist, den Jesus erlitten hat. Ich habe mich gefragt, ob es einen Gott gibt. Nicht hier in Deutschland, sondern in El Salvador. Wenn wir vom gekreuzigten Volk sprechen, dann nicht, weil das so gut klingt oder weil wir Gott verteidigen wollen. Es ist vielmehr etwas sehr Persönliches. Mir hat die

Wirklichkeit geholfen, den gekreuzigten Christus zu verstehen. Warum soll Jesus Christus so verschieden sein von Rufina, einer Frau, die das Massaker von El Mozote überlebt hat. Ich sagte in einer sehr globalen Art, dass nicht wir das Problem sind, sondern die Katastrophen. Wenn wir, z.B. an der Universität in El Salvador, an Solidarität denken, sind wir angesichts der sozialen und politischen Situation offensichtlich mit ernsten Problemen konfrontiert. Und beim größten Problem liegt auch der Ursprung der Lösung. Ich möchte dies an einem Beispiel aus El Salvador erläutern: Die große Offensive der Befreiungsbewegung von 1989 hatte keinen Erfolg. Aber die Strategen waren überzeugt, dass sie Erfolg haben würden. Sie ließen nicht zu, dass die Wirklichkeit spricht. Sie – dies ist meine Interpretation – ärgerten sich, wenn jemand zu sagen wagte, dass sie nicht erfolgreich sein würden. Es gab einen, der sagte, wie die Realität wirklich war: Pater Ignacio Ellacuría. Dieses Beispiel soll nicht in erster Linie zeigen, dass Ellacuría Recht hatte. Vielmehr soll es deutlich machen, dass er sich im Moment der Konfusion darauf konzentrierte, welchen Lösungsweg es in der gegebenen Situation gab: Was liegt auf der Linie unserer Ideen, die wir von der salvadorianischen Revolution haben?

Notwendig ist Demut

Ich glaube, dies geschieht immer wieder, auch im solidarischen Engagement: Wir haben einige Ideen. Die Situation ändert sich. Was nun? Notwendig ist zumindest eine Sache: Demut. Es ist eine Haltung der Demut in Bezug auf die Realität. Sie wird uns den Weg weisen. Und danach brauchen wir Theorien. Die Realität hilft uns, den Weg zu finden, den wir einschlagen müssen. Ich betone noch einmal, dass der Ursprung der Solidarität tiefer, unterhalb dieser politischen oder auch religiösen und kirchlichen Motive liegt. Er liegt im gekreuzigten Volk, in der Wirklichkeit der leidenden Menschen. Ich betone dies, weil wir im Dunkeln stehen. Vielleicht können wir von hier aus neue politische und soziale Theorien entwickeln, sodass wir einen Weg finden können, den Völkern besser zu helfen. Ich glaube aber, dass diese Dinge nicht die Grundmotivation ersetzen können, sich an die Seite des gekreuzigten Volkes zu stellen. Vor einigen Jahren schien die politische Orientierung sehr klar. Aber die soziale Richtung war nicht so klar. Ich möchte ein Beispiel nennen: die Befreiungsbewegungen verfolgten eine Politik, deren Ziel größere Gerechtigkeit war. Und sie stellten entsprechende soziale Forderungen auf. Aber waren diese wirklich so klar? Im politischen Bereich war das Ziel klar. Ich teile und unterstütze das. Aber es gab dunkle Seiten; die Solidarität wurde in einem bestimmten Sinne einer politischen Richtung angepasst. So blieb z.B. die große Uneinigkeit der Linken immer im Dunkeln. Sie existierte aber während des ganzen Krieges. Es gab einige große Irrtümer und terroristische Akte. Ich sage dies, obwohl ich die Linke mehr unterstütze als die Regierung. Und ich sage dies, um jene Aussage zu präzisieren, die besagt, dass vorher alles klar und heute alles im Dunkeln liegt.

Solidarität bedeutet heute: die Wahrheit zu sagen

Sicher gibt es heute viel Dunkelheit. Aber ist es stockfinster? Meiner Meinung nach nicht. Auf der politischen Ebene gibt es viel Dunkelheit, in El Salvador, in Nicaragua. Welche politische Partei kann man z.B. unterstützen? Es ist nicht klar. Das Positive ist kaum greifbar. Wenn ich von El Salvador rede – dort kenne ich die Situation – wäre Solidarität heute, jenes „soziale Gut" zu unterstützen, welches man mit „die Wahrheit sagen" beschreiben kann. „Die Wahrheit sagen" heißt nicht nur, das achte Gebot zu erfüllen. Es meint, ein soziales Gut für die Gesellschaft zu schaffen. Und dies kann geschehen, indem man Publikationen oder Radios unterstützt. Oder indem man dafür sorgt, dass die Wahrheit darüber verbreitet wird, was dort passiert. Von diesem Punkt aus ist es wichtig, das Wachsen aller Volksbewegungen zu unterstützen, die versuchen, die Fehler der alten Bewegungen zu vermeiden und die guten Erfahrungen der Vergangenheit aufzugreifen.

Solidarität bedeutet heute: humanisierendes Wissen zu schaffen

Ich sagte zu Beginn, dass Solidarität nicht nur das ist, was die Solidaritätskomitees machen. Aber diesen Typ von Solidarität und alles was damit zu tun hat, zu erforschen und Theorien über Menschenrechte, Wirtschaft und Politik zu entwickeln, um der Gesellschaft Kenntnisse darüber zu verschaffen, humanisierendes Wissen beizusteuern, das wäre heute Solidarität. Zwar hat Solidarität normalerweise mit Politik, mit politischen Bewegungen zu tun, aber ich glaube nicht, dass eine Solidaritätsbewegung so eng mit einer politischen Bewegung verknüpft ist, dass sie verschwindet, wenn die politische Bewegung verschwindet.

Michael Ramminger

Theologie, kulturelle Identität und Befreiung (1996)

Seit Mitte der achtziger Jahre gibt es in Lateinamerika eine zunehmende politische Organisation und Artikulation der indigenen Völker. Sie schließen sich national und kontinental in eigenen Organisationen zusammen und fordern kulturelle Autonomie und Selbstbestimmung. Kulturelle Autonomie meint hier nicht nur das Recht auf eigene Sprache und eigene Religion, sondern auch das Recht auf eigene, auf traditionalen Elementen beruhende politische Organisation und das Recht auf eigene, autonome ökonomische Organisation. So fordern zum Beispiel im Amazonasgebiet die *Indígena* eigene Territorien, die dem Zugriff der Holzindustrie oder des Erzabbaus entzogen sind.

Lateinamerikanische Identität

Diese politische Bewegung stellt eine neue Etappe in der Geschichte Lateinamerikas dar, „die immer von den Fragen geprägt war: Was ist Lateinamerika? Wer sind wir? Und wer sind die Anderen?" (Fernando Castillo) Lateinamerika war seit der Conquista mit der Verschiedenheit kultureller Identitäten und verschiedener historischer Projekte konfrontiert. Die erste Antwort auf die Frage nach der lateinamerikanischen Identität wurde in den Unabhängigkeitsbewegungen Ende des letzten Jahrhunderts gegeben. Eine aufgeklärte und laizistische Elite organisierte die Unabhängigkeit gegen die Kolonialmächte unter dem Motto „Ordnung und Freiheit" und entschied sich für das europäische Prinzip „Zivilisation", dem die vermeintliche Barbarei der schwarzen, indigenen und spanischen Identitäten entgegengesetzt wurde. Anfang diesen Jahrhunderts wurde die Frage nach der lateinamerikanischen Identität gegen den Rationalismus mit dem Rekurs auf indigene, aber auch hispanistische Identität beantwortet. Der Indigenismus entdeckte die mystischen und affektiven Anteile indigener Kulturen und suchte sie in das Selbstverständnis lateinamerikanischer Kultur einzubauen. Eine dritte Etappe schließlich stellten die politischen Befreiungsbewegungen der siebziger und achtziger Jahre dar. Sie bestimmten Lateinamerika als die Peripherie der entwickelten Welt und suchten über einen Volksbegriff, der Arbeiter und Bauern als die Armen bestimmte, einen eigenen Weg zu Freiheit und Gleichheit, der sich im Wesentlichen an einem – wenn auch modifizierten – europäischen Modell von Entwicklung orientierte. Gegen diese Versuche, die Identität Lateinamerikas in der einen oder anderen Richtung festzulegen, wird heute die Heterogenität und Verschiedenheit kultureller Identitäten gesetzt. Zwar gibt es auf der einen Seite jene Modernität als ortlose, beherrschende Massenkultur, die im Wesentlichen vom Markt, von der Schule und von den Medien getragen ist. Aber sie kann natürlich nicht die Alternative zum Versuch der Parteien und Volksbewegungen sein, eine universalisierende und homogene Identität Lateinamerikas zu schaffen. Vielmehr haben sich angesichts der erzwungenen Massenkultur auf der einen Seite und der gescheiterten Parteien und Volksbewegungen auf der anderen Seite die Fragen nach Identität und Subjektwerdung, die Fragen nach der Entwicklung alternativer, historischer Projekte und nach Befreiung in die verschiedenen Volkssektoren und die partikularen kulturellen Identitäten verlagert.

Verschiedenheit und Multikulturalität

In diesem Sinne geht man in Lateinamerika heute davon aus, dass die Befreiung aus Armut im ökonomischen Sinne und aus kultu-

7. Theologie der Befreiung

reller Armut im Sinne des Verlustes historischer Erinnerung die Artikulation von Bedürfnissen, Interessen und Visionen von den jeweiligen kulturellen Identitäten her voraussetzt. Gegen Unterdrückung und Ausschließung unter dem Vorzeichen zunehmender ökonomischer und kultureller Globalisierung setzt diese neue Form politischen Widerstandes und der Suche nach lateinamerikanischer Identität die Diversifizierung und Multikulturalität: „Wir brauchen eine plurikulturelle Gesellschaft, in der die Menschen in ihrer eigenen Sprache kämpfen, [...] denn Multikulturalität ist nicht überwachbar", so Paulo Suess. Damit erweist sich dieses Befreiungs- und Identitätsparadigma als fundamental herrschaftskritisch, denn es stellt die existierenden Formen politischer und ökonomischer Organisation radikal zur Disposition. Es zielt keine folkloristische Reservatsmentalität an, sondern die grundlegende Überwindung von Verhältnissen, die den Menschen die Möglichkeit verweigern, ihr Leben selbstbestimmt zu gestalten. Das neue historische Projekt der Befreiung und der Identität Lateinamerikas besteht darin, eine Gesellschaft zu schaffen, in der die Diversifizität und die Verschiedenheit in ihren kulturellen, politischen und ökonomischen Dimensionen aufgehoben ist, aufgehoben gerade nicht in dem Sinne, dass die Verschiedenheit verschwindet, sondern in dem Sinne, dass sie in dieser neuen Gesellschaft Platz hat.

Option für die Anderen

Innerhalb der Theologie der Befreiung entspricht dieser Entwicklung die Modifizierung des Begriffs der Option für die Armen, indem sie heute von einer Option mit den armen Anderen (P. Suess) spricht. Auch hier geht es nicht um den Abschied vom genuinen Thema theologischer und christlicher Praxis der Befreiung, sondern um eine Radikalisierung. Vor dem Hintergrund der vielfältigen religiösen Traditionen Lateinamerikas fordert die Theologie der Befreiung eine Inkulturation des Christentums. Eine solche Inkulturation, die die frohe Botschaft in den Sprachen der Völker auszudrücken hat, versteht sich als Sühne gegenüber der historischen Schuld des Christentums, das sich in seiner Geschichte mit Lateinamerika als unfähig erwiesen hat, deren Andersheit anzunehmen und in ihren verschiedenen kulturellen Ausdrucksformen den Geist Gottes anzuerkennen. Dagegen setzt die Theologie der Befreiung die Erkenntnis, dass es keine normative kulturelle Identität des Christentums gibt bzw. dass die bis heute behauptete Normativität die des europäisch-abendländischen Christentums ist. Diese gibt zwar vor, die Interessen aller zu vertreten, hat sich aber gerade vor diesem Anspruch und in ihrer Geschichte mit ihm desavouiert: „Theologie und Kirche vertreten nur dann die Interessen aller, wenn sie in radikaler Parteilichkeit für den Protagonismus der armen Anderen eintreten." (Paulo Suess) Das heißt, dass eine christliche Praxis nicht – wie in der bisherigen Kirchengeschichte – mit einer Kritik an den kulturellen und religiösen Traditionen der Anderen (der Schwarzen, der *Indígena* etc.) beginnen darf, sondern dass sie ihren Ausgangspunkt an der Kritik von Strukturen der Sünde und der Ausbeutung nehmen muss. Will sich das Evangelium wirklich als frohe Botschaft der Befreiung erweisen, dann muss es diese Kritik nicht nur in den jeweiligen Sprachen der Unterdrückten ausdrücken, sondern auch deren Hoffnungen und Utopien als legitimen Wunsch und Ausdruck einer christlichen Befreiungspraxis annehmen. Das eine Christentum kann deshalb nur im pluriformen Ausdruck der Hoffnung auf Erlösung bestehen, denn die Einheit der Kirche setzt die lokale Identitätsfindung und Subjektwerdung voraus. Insofern zeigt sich, dass die Option für die Anderen die theologische und binnenkirchliche Entsprechung zum Versuch der Neubestimmung eines radikalen Befreiungs- und Identitätsverständnisses Lateinamerikas ist. Der Zurückweisung jedes westlich-europäisch dominierten ökonomischen und politischen Entwicklungsweges entspricht in der Theologie der Befreiung die radikale Zurückweisung eines zentralistisch-kirchlichen Vorherrschaftsanspruches. Im Sinne der Option für die Anderen kann sich die Einheit der Kirche nur von der selbstbestimmten Identität der

Ortskirchen her bilden, in der ein Monopolanspruch über das, was legitimer Ausdruck christlicher Nachfolge ist, zerbrochen ist.

Glaube und Kultur

Inkulturation oder das Verhältnis von Glauben und Kultur wären deshalb falsch verstanden, wenn sie als bloße (paternalistisch auflösbare) Frage nach der Zulässigkeit fremder kultischer Praxen im Traditionsbestand der Großkirchen aufgelöst würden. Die Option für die Anderen fordert radikale Reziprozität und Gegenseitigkeit in der Anerkennung der Anderen. Sie sucht die armen Anderen dem Angleichungsdruck uniformer Massenkultur ebenso wie dem Autoritätsanspruch der Großkirchen zu entziehen und von der Stärkung lokaler und verschiedener Identitäten neue Befreiungsverständnisse zu entwickeln, deren Forderungen nicht nur auf die Anerkennung der verschiedenen symbolischen (religiösen, mythischen und philosophischen) Ausdrucksformen zielen, sondern – wenn die Option für die Anderen radikal zu Ende gedacht wird – vor allem auch grundlegende politische und ökonomische Veränderungen notwendig machen. Ob diese Option für die Anderen und die starke Betonung kultureller Identität allerdings eine wirkliche Perspektive im Blick auf eine neue Identität Lateinamerikas und die Befreiung der Armen entwickeln können, wird wohl nicht unwesentlich davon abhängen, inwieweit die lokalen Befreiungsprojekte gerade wegen ihrer je eigenen Sprache und ihrer partikularen historischen Projekte eine gemeinsame politische Artikulation und Organisation finden werden, die dem globalen Anspruch der Massenkultur und der Armut und Ausbeutung in sich bergenden Ökonomie machtvoll entgegentreten können. Die Suche nach Möglichkeiten der Solidarität zwischen den verschiedenen Gemeinschaften mit ihren verschiedenen Kämpfen gegen Hegemonie und Ausbeutung wird die eigentliche Herausforderung sein.

Fernando Castillo

Theologie, kulturelle Identität und Befreiung 1 (1996)

Die lateinamerikanischen Befreiungsbewegungen haben bis in die siebziger Jahre versucht, Lateinamerika von den Anderen zu befreien; von denen zu befreien, die die lateinamerikanische Identität gefährdeten. So zum Beispiel die *Unidad Popular* in Chile. Sie war ein Befreiungsprojekt, das von sich behauptete, ein Volksprojekt zu sein: Das Volk war das Subjekt des Befreiungsprozesses. Dieses Volk waren die Arbeiter und Landarbeiter und von diesem Subjekt her wurde das historische Projekt der Befreiung entworfen. Das gleiche kann man, glaube ich, auch für die anderen Befreiungsprojekte in Lateinamerika (Uruguay, Argentinien usw.) sagen. Heute stehen wir vor einer grundsätzlich anderen Situation und der Frage, inwieweit die Befreiungsbewegungen wirklich die Frage des Anderen berücksichtigt haben. Vielleicht noch unter dem Schock der Militärdiktaturen und dem Scheitern dieser Projekte sind wir heute mit einer Situation konfrontiert, in der kulturelle Identität eine ganz neue Bedeutung erlangt. Es gibt zwar noch Strömungen, die die derzeitige Situation allein von Rassenkonzepten oder vom Konzept des *Mestizaje* her zu verstehen suchen. Aber heute haben die kulturelle Identität und Heterogenität eine Bedeutung, die im *Mestizaje* nicht einfach aufgeht. Denn die Heterogenität ist Ausdruck der verschiedenen Wurzeln der lateinamerikanischen Subjekte. Es gibt nicht mehr ein Subjekt, ein Volk, ein Befreiungssubjekt, sondern sehr verschiedene.

7. Theologie der Befreiung

Globalisierung und Kommunikation

Andererseits sind durch den Prozess der Globalisierung der Kommunikation und des Marktes diese verschiedenen Subjekte und ihre historischen Projekte heute eng miteinander verbunden: *Indígena*, Schwarze, die Armen auf dem Lande, die Leute aus den Kupferminen usw. geraten heute in den großen Städten wie Rio, Sao Paulo oder Lima durch den Prozess der Modernisierung zwangsläufig miteinander in Kontakt. Und dort werden sie nicht nur mit der eigenen Identität und den eigenen Projekten konfrontiert, sondern mit anderen Projekten, mit den Projekten der Anderen, der anderen Volkssubjekte. Diese Menschen leben in einer Situation, in der die herrschende Kultur eine Massenkultur ist. Die Massenkultur wird von Institutionen produziert, die keine lokale Identität besitzen: Die Schulen, die Medien, der (Konsum-)Markt: Alle werden aufgefordert, die gleichen Produkte zu konsumieren; alle werden eingeladen, die gleichen Programme im Fernsehen zu sehen und die gleichen Verhaltensweisen und Ideale anzunehmen. Die partikularen Subjekte können und sollten sich natürlich nicht weigern, an dieser Massenkultur teilzuhaben. Aber hier wird keine Identität gestiftet und hier werden keine Projekte entwickelt. In dieser Situation stehen wir vor drei Problemen: 1. Wie verhalten sich die konkreten und partikularen Identitäten zur Massenkultur, was nehmen sie auf, wie verhalten sie sich kritisch, und ist es ihre Aufgabe, eine kritische Massenkultur zu entwerfen? 2. Wie artikulieren sich diese verschiedenen Subjekte? Dies ist eine sehr komplexe politische und theologische Frage. Denn es darf nicht mehr einfach von der Befreiung des Volkes geredet werden, sondern man muss schauen, wie sich die verschiedenen Subjekte zueinander verhalten und untereinander artikulieren. 3. Die Menschen, die in den von der Massenkultur geprägten großen Städten leben, haben keine feste, kohärente, ganzheitliche Identität und Kultur: *Indígena* oder Landarbeiter, die in die Städte kommen, leben eben nicht einfach mehr in der *comunidad* (der indigenen Gemeinschaft, Anmerkung der Redaktion) oder im Dorf. Sie sind mit mehr als einer Kultur konfrontiert. Sie sind nicht mehr nur *Indígena* oder Landbewohner, sondern auch Stadtbewohner. Und es gibt Subjekte, die ein nur zeitlich bestimmtes Projekt haben, wie zum Beispiel die Arbeitslosen. Deshalb ist in Lateinamerika heute eher von sozialen Organisationen und sozialen Subjekten als Trägern der Befreiung und historischen Projekten die Rede als von Parteien und Befreiungsbewegungen.

Verschiedenheit und Befreiung

Das markiert für mich den Bruch mit der Situation von 1970 bis 1973 in Chile, der aber paradigmatisch auch für andere Länder Lateinamerikas gilt. Der Traum von dem einen Befreiungssubjekt verkörperte auch den Traum der einen Organisation in diesem Prozess, den Parteien und Befreiungsorganisationen. Aber heute steht m.E. nicht die Frage der Organisation von Gruppen an erster Stelle, sondern es muss zunächst darum gehen, die Verschiedenheit in der Gesellschaft zu erkennen. Möglicherweise ist die Diversität so groß, dass man immer nur einen Teil wahrnehmen kann. Ich glaube, als erster Schritt wäre zu begreifen, dass die Anderen auch ein Projekt haben und dass ein erster Schritt zur Befreiung ein Schritt mit den Anderen in der Anerkennung ihrer Diversität ist. Die zentrale Frage lautet: Was ermöglicht es mir, den Anderen als Anderen zu erkennen? Unter dem Begriff der Massenkultur läuft man Gefahr, immer nur das Gleiche zu sehen. Deshalb muss wohl eine neue Sensibilität entwickelt werden, um die Unterschiede wahrzunehmen und um von hier aus neue Strategien der Befreiung zu entwickeln.

Glaube und Inkulturation

Der Notwendigkeit der Anerkennung der Diversität entspricht im Christentum das Programm einer Inkulturation, die den Bruch mit einem monolithischen Evangeliumsverständnis erfordert: Das Chris-

7. Theologie der Befreiung

tentum ist keine Kultur. Aber es ist natürlich mehr als nur eine allgemeine Option für das Leben. Das Evangelium ist an eine Partikularität gebunden, an eine Geschichte, die in Tod und Auferstehung endet, und die in anderen Kulturen nicht ohne ihre Kategorien und Werte erzählt werden kann. In seinem Grund besitzt das Evangelium eine erzählerische Struktur. Diese Erzählung kann deshalb immer nur eine Einladung und ein Aufruf zur Umkehr und zur Überwindung der Strukturen der Sünde sein. Aber dieser Aufruf deckt natürlich nicht das ganze religiöse Feld einer Kultur ab. In diesem Sinne ist das Evangelium eine partikulare Geschichte, eine partikulare Einladung. Und Menschen haben selbstverständlich das Recht und die Möglichkeit, ihre Religion beizubehalten. Insofern muss Inkulturation um eine universelle Ökumene ergänzt werden: Gott existiert nicht nur im Christentum, und das Christentum erschöpft nicht die ganze Wahrheit Gottes. Deshalb müssen wir als einen ersten Schritt zur Befreiung auch die Partikularität unserer Religion anerkennen.

Paulo Suess

Theologie, kulturelle Identität und Befreiung 2 (1996)

Wir leben heute in einer Spannung von Globalisierung und Regionalisierung. Die Globalisierung von Markt, technischem Wissen und Kommunikation, die politisch außer Kontrolle geraten ist, kooptiert die Regionen in erheblichem Maße; aber die ethnischen, sozialen und geografischen „Regionen" werden ihre Bedeutung nicht verlieren. Sie widerstehen im Gegenteil immer wieder der Globalisierung. Denn Menschen haben keine Weltidentität, sie sind nicht einfach Weltbürger, wie die Aufklärung behauptete. Sie sind zunächst Bürger einer ganz konkreten Gesellschaft, einer ganz konkreten Gruppe, in die sie hinein sozialisiert wurden. Und dies gilt für alle Menschen, ob sie nun auf der Straße leben oder im Urwald, in der Mietwohnung oder im Häuschen mit Schrebergarten. Sie alle haben ein historisches Projekt: Sie haben Hoffnungen, sie denken an Morgen, sie leben im Heute und haben eine Erinnerung an die Vergangenheit. Und diese historischen Projekte sind kulturell kodifiziert.

Kultur und Kulturen

Deshalb können wir sagen: 1. Alle Menschen haben „Kultur": Kultur meint das ganze Leben, das Menschen in einer zweiten Ökologie um sich herum aufbauen. Es geht da immer um Politik, um Ökonomie und Ideologie. 2. Weil Kulturen gegenseitig nicht normativ sind, kann nicht unterschieden werden zwischen „höherwer-

7. Theologie der Befreiung

tigen" und „minderwertigen" Kulturen. Denn dies wäre bereits der Beginn eines Ethnozentrismus, aus dem Einstellungen erwachsen, die behaupten, dass es Kulturen gibt, die weder evangelisierungsfähig noch zivilisationsfähig sind. Solange solche Einstellungen nicht überwunden werden, werden wir in der Begegnung mit dem Anderen völlig verloren sein, weil wir dann die Anderen immer nur bemitleidend, auf sie herabschauend oder paternalistisch behandeln können. Im Grunde geht es also darum, die verschiedenen historischen Projekte als gleichwertig anzuerkennen. 3. Kulturen sind kodifizierte Lebensprojekte. 4. Vernunft ist ausgelagert in verschiedene Kontexte. 5. Weil Kulturen „historisch" entstanden sind und sich mitten im historischen Fluss befinden, sind sie weder statisch noch vollkommen. Theologisch könnte man sagen: Kulturen sind von Strukturen der Sünde durchkreuzt. Die „reine" Kultur würde das Ende der Geschichte bedeuten. 6. Weil Kulturen „Erbe" und „Auftrag" sind, sind sie auch Orte historischer Identität. 7. Die politisch nicht kontrollierbare Globalisierung zerstört Identitäten und die Antwort darauf muss daher die Stärkung von Identität sein. 8. Die Konstruktion von Identität, verstanden als Konstruktion ganzer Zellen oder Teile, hat immer solidarische Vernetzung – Artikulierung – im Auge. Sie beabsichtigt damit die „Optimierung" der Ökologie der verschiedenen Lebensprojekte, damit daraus nicht postmoderne „Gleichgültigkeit" oder einfach „der Sieg des Stärkeren" wird. Wir haben in der dritten Welt immer unter der sogenannten Weltkirche und der Weltrevolution gelitten, weil dort eben allzu rasch globalisiert wurde. Und die *Indígena* haben gerade deshalb überlebt, weil sie ganz verschiedene historische Projekte hatten, die den Unterdrückern nicht zugänglich waren: Multikulturalität ist dem Unterdrücker nicht zugänglich und nicht überwachbar und deshalb als Widerstandskraft so wichtig. Globale Solidarität, die sogenannte „Einheit der gemeinsamen Sache" kann erst erfolgreich verteidigt werden, wenn die „Beschädigung" (die zerstörte Identität) der Teile überwunden ist. Wer weiß, wer er ist, kann auch mit dem Anderen aggressionslos sprechen und diskutieren, was er will.

Kirche und Inkulturation

Ähnliches gilt auch für die Kirchen: Das Evangelium hat keine unverzichtbare kulturelle Identität: Die Identität und Universalität des Evangeliums sind auf einer anderen Ebene zu suchen als die Identität sozialer Gruppen. Deshalb müssen wir bei der Evangelisierung zwischen einer paradigmatischen, einer normativen und einer kanonistischen Dimension unterscheiden. Jesus war kein Kulturreformer. Manche Streitfragen in den Kirchen – beispielsweise die Zulassung von Frauen zum Priestertum – müssen daraufhin abgeklopft werden, ob, in der Hitze des Gefechts, nicht oft kulturell Bedingtes (Paradigmatisches) mit essentiell Evangelischem verwechselt wird. Die kirchliche Gemeinschaft hat natürlich das Recht, kanonistisch-rechtliche Sprachregelungen vorzunehmen. Aber sie darf kulturelle Bräuche nicht mit dem Evangelium verwechseln. Nicht alles kann paradigmatisch sein, aber es kann auch nicht alles normativ sein. Die Schrift ist zunächst einmal paradigmatisch, Ergebnis einer bestimmten Kultur und immer auslegungsbedürftig. Jesus hat das kulturell zur Verfügung Stehende genommen und damit über das Reich Gottes gesprochen. Genau das muss berücksichtigt werden, wenn wir nicht zur Sekte werden oder kolonialisieren wollen. Deshalb ist es auch denkbar, dass es andere Inkarnationen des Gottesgedankens gibt als den des abendländisch-europäischen und von der griechischen Philosophie bestimmten Christentums. Denn auch dogmatische Antworten sind ja kulturell kodifiziert und antworten auf Fragen, die wir unbedingt kennen müssen, bevor wir die Reichweite der Antworten erfassen können. Die Heilsgeschichte geht im europäischen Verständnis nie durch die kulturellen Identitäten hindurch. Klemens von Alexandrien hat einmal gesagt: Die Griechen wurden durch die griechische Kultur auf Jesus Christus vorbereitet, so wie die Juden durch das Gesetz auf Jesus Christus vorbereitet wurden. Wenn also die Griechen durch die griechische Kultur auf das Christentum vorbereitet wurden, dann können auch die Gua-

7. Theologie der Befreiung

rani-*Indígena* durch ihre Kultur auf Jesus Christus vorbereitet werden. Die Kritik des Evangeliums beginnt also nie mit einer Kulturkritik. Sie ist immer eine Kritik an den Strukturen der Sünde, an dem, was dem historischen Projekt einer Gruppe zuwiderläuft. Träger der frohen Botschaft gibt es in jeder Gruppe. Insofern ist das Inkulturationsparadigma für die römische Hierarchie sehr viel gefährlicher als das Armutsparadigma. Die Armen können immer noch zentral verwaltet und gesteuert werden. Aber wenn die verschiedenen Kulturen wirklich ernst genommen werden sollen, dann schließt das Inkulturationsparadigma automatisch eine Dezentralisierung der ganzen Kirche ein. Es erfordert strukturelles Umdenken. Eine zentralisierte Kirche kann diese Inkulturation gar nicht wollen, weil sie dann die Macht über die Symbole verliert. Daher ist der Kampf um Inkulturation auch ein Kampf um andere Kirchenstrukturen und um eine neue Ekklesiologie. Es wird noch lange dauern, bis sich die Einsicht durchsetzen wird, dass die Kirche scheitert, weil sie die Menschen nicht ins Herz trifft, sondern ihnen nur Papiere schickt. Evangelisierung erfordert „Körperdeckung" und nicht Fax-Verkehr. Die universale Kirche – das ist die universal artikulierte Ortskirche.

Handlungsperspektiven

Das Inkulturationsparadigma stellt eine Vertiefung des Befreiungsverständnisses dar. Nicht nur Religion, sondern auch Ökonomie und Politik müssen inkulturiert werden. Kulturverständnisse sind oft sehr konfus. Was ist eine „Kultur des Friedens" oder eine „Kultur der Solidarität"? – Kulturkonzepte ohne Subjekte. Inkulturation ist der freiwillige Exodus aus meiner eigenen Kultur. Nicht, weil sie schlechter ist, sondern weil es hier um „Entgegenkommen" und um „Entäußerung" (gr. *Kenose*) geht. Sie ist deshalb zunächst eine Zumutung und Herausforderung an uns und darf keine Forderung an die Anderen sein. Evangelisierung bedeutet Exogamie: aus seinem Stamm hinaus heiraten. Darin liegt die Vitalität des Christentums. Das Gegenteil wäre Inzest. Eine Kirche, die sich an ihren eigenen Kirchenproblemen aufreibt, wäre eine inzestuöse Kirche. Aber kein politisches Projekt und kein örtlicher Diskurs sind heute so autonom, dass sie „alleine" existieren könnten. Genau hierin liegt die Chance, das Notwendige (Exogamie, Inkulturation) mit dem Helfenden (Befreiung) zu verbinden, mit dem Kampf für eine Welt, in der Platz für alle ist. Inkulturation hat also etwas zu tun mit Güterverteilung, Agrarreformen, Partizipation und Veränderung von Strukturen. Inkulturation ist sozio-politisch relevant. Weil Inkulturation Ausdruck für die Achtung vor dem Anderen ist, lehnt sie die Identifikation mit dem Anderen ab. Identifikation würde ja gerade Alterität zerstören. Man kann den Anderen durch Inkorporation ins Eigene, aber auch durch Identifikation auslöschen. Es kann daher als eine Binsenweisheit gelten, dass wir nie identisch sein werden (weder dürfen noch wollen) mit den Menschen, bei denen wir versuchen, uns und das Evangelium zu inkulturieren. Wenn wir zu den *Indígena* oder zu Straßenkindern gehen, werden wir nie *Indígena* oder Straßenkinder. Wir werden versuchen, so zu schlafen, wie sie schlafen, wir werden versuchen, ihre Denkvorstellungen zu verstehen. Aber Inkulturation ist immer nur ein Prozess der Annäherung. Die verschiedenen Versuche, die Geheimnisse Gottes kulturell auszusagen, sind daher eine größere Annäherung an diese Geheimnisse, als wenn sie nur monokulturell geschehen würden. In der Praxis sind diese Dinge gar nicht so kompliziert. Wer sich wirklich inkulturieren will, braucht nur ein paar Fragen zu stellen: Wie lebt ihr, wo schlaft ihr? Wie sind die Beziehungen der Generationen untereinander, wie die der Geschlechter oder die zu den Nachbarn? Worauf hofft ihr? – Können wir essen, was sie essen und schlafen, wie sie schlafen? Schwierig ist es nur, unseren Plunder abzulegen. Denn die Perspektive des Evangeliums ist klar: Allen alles werden; die Wirklichkeit der Anderen anzunehmen und sie zu begleiten, um so gemeinsam Kräfte zu mobilisieren, um das Ganze und uns selbst zu verändern.

Kuno Füssel

Theologie, kulturelle Identität und Befreiung 3 (1996)

Ich möchte das sich im Zusammenhang der Verkündigung des Evangeliums stellende Problem der Universalisierung ansprechen: Man kann sich sicherlich darauf verständigen, dass das Evangelium ein Projekt ist, das der Geschichte Israels entstammt. Wenn man z.B. das Lukas-Evangelium betrachtet, dann entstammt es sogar eindeutig einer ganz bestimmten Tradition Israels, nämlich der des Jesaja, die in der Form einer großen Erzählung weitergegeben wurde und auch heute noch weitergegeben werden kann. Meiner Auffassung nach erhebt diese Geschichte des Propheten Jesaja, in die sich der lukanische Jesus einreiht, den Anspruch, universal („für alle Völker") und nicht nur partiell oder partikular zu sein. Es gibt Momente an ihr, von denen man sagen muss: das ist für alle Menschen gut, und zwar prinzipiell, und deswegen muss es auch allen weitergesagt, also verkündet werden. Der Universalitätsanspruch dieser Geschichte erlaubt uns es deshalb nicht zu sagen: Ich persönlich fühle mich aufgehoben in dieser Tradition, aber ob sie auch alle Anderen etwas angeht, das weiß ich nicht und interessiert mich nicht.

Reich Gottes und universeller Anspruch

Diese Tradition aber unterstellt nicht nur, dass es etwas gibt, was für alle Menschen gut ist, sondern sie unterstellt auch, dass es so etwas wie eine allgemeine Vernunftbegabtheit des Menschen gibt.

Und wenn man diese Tradition ernst nimmt, dann muss man sich zusätzlich auch der ebenfalls oft im Zusammenhang der Diskussion über Partikularität und Kontextualität vernachlässigten Frage stellen: Gibt es so etwas wie eine allgemeine Weltgeschichte? Wichtiger aber ist die Frage: Wie steht es mit dem universellen Anspruch, der in der Reich-Gottes-Botschaft Jesu geschichtlich Gestalt angenommen hat und der uns in die Pflicht nimmt, diese Botschaft weiterzugeben, wenn wir von ihr überzeugt sind? Angesichts dieses Universalitätsanspruches darf man sich weder auf seine eigene private Geschichte zurückziehen und sich mit ihr begnügen, noch sollte man selbstquälerisch und schuldbewusst (denkt man an das Versagen und Scheitern in der Geschichte Israels wie der Kirche) auf eine Artikulation des vielleicht noch akzeptierten, aber nicht mehr als vermittelbar betrachteten Anspruchs verzichten. Denn der Anspruch verliert nicht seine Gültigkeit durch die Unzulänglichkeit derer, die ihn vertreten. Wer sich dieser Aufgabe stellt, gerät natürlich in Konflikte und muss sich selbstverständlich auch Methoden und Strategien überlegen, wie er den Anspruch glaubwürdig vertreten und umsetzen kann, ohne ihn in Gestalt von Imperialismus, Absolutismus, Totalitarismus usw. zu pervertieren.

Die Vorherrschaft des Marktes und falsche Bescheidenheit

Ich sehe heute die Gefahr, dass wir Christen gerade in einer Zeit, in der es unbestreitbar eine Art von Welteinheitskultur wie auch ein allgemeines Bewusstsein davon gibt – zumindest was deren Bestandteile, die mit der Vorherrschaft des Marktes und dem angeblichen Sieg des Kapitalismus zusammenhängen, betrifft – unsere eigene Geschichte als partikular begreifen und in falscher Bescheidenheit deren universellen Anspruch zurücknehmen. In dieser Situation halte ich es sogar eher für geboten, in die Offensive zu gehen. Man muss dann allerdings auch dazu bereit sein, die sich daraus ergebenden Folgelasten argumentativer, politischer und emotionaler Art zu übernehmen. Während die Herrschenden ihre Ansprüche und ihre Macht zunehmend globalisieren und universalisieren, machen wir Christen uns daran, Regionalisten zu werden und trauen uns nicht mehr, über das kleine Palästina hinauszugehen und den einst ergangenen Befehl auszuführen, alle Grenzen zu überschreiten. Dann werden wir aber nicht nur die jüdisch-christliche Geschichte zu einer zwar wunderschönen, aber leider nur sehr begrenzt gültigen Geschichte umstilisieren, sondern auch all jene Geschichten der Befreiung und Solidarität, die sich aus ihr entwickelt haben, zu kulturellen Ausnahmefällen degradieren. Auch gerade gegenüber dem Problem der Inkulturation dürfen wir das Stichwort Universalität nicht ausklammern. Wir sollten es vielmehr so in den Diskurs einbringen, dass es mit dem Stichwort Inkulturation eine dialektische, das heißt konstruktiv oppositionelle Einheit eingeht. Tun wir dies nicht, dann bleiben wir nicht nur hinter den heute weltweit sichtbar werdenden Herausforderungen zurück, sondern verraten eben auch unsere eigene Geschichte, was gleichzeitig auch den Verlust von Identität bedeuten würde. Dieser dialektische Bezug zwischen Kontextualität und Universalität oder zwischen Konkretem und Abstraktem, wie es Marx in den methodologischen Überlegungen seiner „Grundrisse" ausgeführt hat, wird heute allzu schnell und allzu bereitwillig vergessen. Das Konkrete ist Ausgangspunkt und Endpunkt der Denkbewegung, doch dazwischen liegt der Weg zum Abstrakten, über den ein neuer Zugang zum Konkreten eröffnet wird. Das Abstrakte aber bedient sich der allgemeinen Begriffe und einer für alle Menschen gültigen Logik. Und dies alles verschwindet, wenn wir das Hauptgewicht auf die Kontextualität legen. Denn um die Kontextualität als Implikationszusammenhang überhaupt denken zu können, muss sie in der dialektischen Spannung zum Allgemeinen, das sich in der Partikularität konkretisiert, gedacht werden. Und genau diese Mühe des Begriffs wollen viele heute nicht mehr auf sich nehmen und überhöhen diese Weigerung dann auch noch mit einer Theorie der Anerkennung des Anderen oder geben ihrer Unlust den theoretischen Status einer kontextuellen Theologie.

Universalität und Totalitarismus

Bei der hiesigen Übernahme des Diskurses über die Andersheit und den Anderen, wie er im Rahmen der Theologie der Befreiung zurecht gepflegt wird, haben sich daher viele Missverständnisse eingeschlichen, die in dem Vorwurf gipfeln, dass aller Anspruch auf Universalität notwendig im Totalitarismus enden muss. Ähnliches gilt auch für den parallel dazu hierzulande etablierten kommunitaristischen Diskurs, für den es keine allgemeinverbindliche Definition des Guten, Wahren und Schönen, sondern bestenfalls eine Schritt für Schritt vorgenommene Vernetzung von Verfahrensformen und Regelsystemen gibt. Aber daran festzuhalten, dass es etwas gibt, was aus sich heraus für alle Menschen gut ist, heißt natürlich nicht, so etwas Unsinniges zu fordern, wie, dass alle Menschen unsere Zivilisationsstandards übernehmen müssen. Doch es bedeutet sehr wohl, an Behauptungen wie den folgenden festzuhalten: Gut ist für alle Menschen, dass sie von ihren Leiden erlöst werden, dass sie vom Tode auferstehen. Gut ist für alle Menschen, dass sie ihr Anrecht auf Liebe verwirklichen können sollten. Wenn ich darauf verzichte, solche Sätze aufzustellen, dann darf ich gar nichts mehr sagen, was in die Richtung eines allgemeinen Humanum verweist. Natürlich gibt es Ebenen, auf denen die Differenzierung und die Kontextualität Vorrang haben, aber es gibt auch Ebenen, auf denen Differenzierung nicht mehr möglich ist, weil man auf Zusammenhänge stößt, die in der Denkgeschichte als transzendental gekennzeichnet werden, die sich aber zeigen, wie Wittgenstein sagen würde. Hier liegt das eigentliche Problem der Inkulturation: Wo zeigt sich in der fremden Kultur der transzendentale Bezugspunkt, an dem ich das „Für-alle" des Evangeliums, nicht nur formal, sondern auch inhaltlich anknüpfen kann?

Elsa Tamez

Klug leben inmitten der Absurdität (1997)

In den vergangenen Jahrzehnten hat es mich oft geärgert, dass Europäer, insbesondere Intellektuelle, zu uns Lateinamerikanern gesagt haben, wir seien zu optimistisch. Inmitten des Sieges der Sandinisten in Nicaragua sagten einige: Ja gut, aber ich frage mich, wie lange das gut geht. Das war wie eine eiskalte Dusche. Wir konnten es uns nicht leisten, auf diese Art zu reflektieren. Wir gingen davon aus: Wenn Nicaragua gewonnen hatte, dann würde auch El Salvador gewinnen. Der Horizont war klar und offen, er lag direkt vor uns. Sicherlich gab es viel Leid aufgrund der Repression, gleichzeitig aber gab es viel Widerstand, Solidarität und Hoffnung. Heute ist das anders: Die Folgen der Globalisierung des freien Marktes verschließen uns den Mund. Der Horizont zeigt sich dunkel und undurchsichtig, die Gegenwart erscheint als große Schweinerei und von der Vergangenheit will niemand etwas hören. Aber ich will mich auch nicht dem Pessimismus ergeben, denn das hieße sterben. Die große Herausforderung heute lautet also: Wie überleben, und zwar in Würde überleben, in einer Zeit der Schweinereien. Oder in anderen Worten: Wie kann man klug leben inmitten des Absurden. Die Zeit, in der wir leben, ist kompliziert. Es scheint so, als ob der Norden sich immer mehr eint, während sich der Süden immer weiter entfernt. Während auf der einen Seite die Möglichkeiten immer größer werden, den Hunger durch technischen Fortschritt zu überwinden, wird das Elend auf der anderen Seite immer größer und drastischer. [...] Die Gegenwart zeigt sich als eine Zeit, in der versucht wird, jede befreiende Erinnerung der Vergangenheit und jegliches utopische Element zu unterdrücken, das eine Bewegung auf eine neue Wirklichkeit in Gang setzen könnte.

Wie können Christen in einer solchen Zeit messianischer Dürre leben?

Eine ähnliche Situation habe ich im Buch Kohelet gefunden, das in der Mitte des 3. Jahrhunderts vor Christus geschrieben wurde. Das Buch beginnt und endet mit der Feststellung, dass alles vergeblich und völlig frustrierend ist: „Wie ist alles so nichtig, wie ist alles so nichtig, es ist alles umsonst" (Koh 1,2) [Die deutsche Einheitsübersetzung spricht von Windhauch und Luftgespinst, Anm. d. Übers.]. Ich möchte das in heutige Sprache übersetzen: Welch große Schweinerei, alles ist eine einzige Schweinerei. [...] „Wie ist alles so nichtig, es ist alles umsonst." Dies ist der Kommentar Kohelets, als er auf das Neue seines Jahrhunderts schaut, auf den Wechsel vom Tauschhandel zum Geld. Die Wirtschaftswissenschaftler des Altertums sprechen von einer Zeit großer Entdeckungen und unerwarteter technischer Fortschritte, von erstaunlicher Effektivität, einer neuen Art von Geschäften, einem Finanz- und Handelsboom, neuen militärischen und ökonomischen Herrschaftsformen über die Provinzen. Es scheint, als gäbe es neben unserem 20. Jahrhundert keine andere Zeit, in der solche Veränderungen stattgefunden haben wie in dieser Zeit des Hellenismus, in der das Buch Kohelet entstanden ist. Aber der Autor demaskiert dieses Neue, indem er feststellt, dass dies Windhauch, Vergeblichkeit, Leere sei. Denn er sieht die Rückseite dieses Prozesses. Er sagt:

> „Dann wieder habe ich alles beobachtet, was unter der Sonne getan wird, um Menschen auszubeuten. Sieh, die Ausgebeuteten weinen, und niemand tröstet sie; von der Hand ihrer Ausbeuter geht Gewalt aus, und niemand tröstet sie." (4,1)

7. Theologie der Befreiung

Es ist eine verkehrte Welt: den Schlechten ging es gut, den Guten ging es schlecht. [...] Wie können wir inmitten der Absurdität überleben? Es ist fast nicht zu glauben, aber Kohelet gibt uns einige Hinweise. Obwohl er am Anfang und am Ende davon spricht, dass alles vergeblich sei, scheint im Text die Bereitschaft durch, für den Lebensatem und für einen Weg der Freiheit für die Menschen zu kämpfen. Ich möchte vier Hinweise nennen:

Der andere Blick auf die Zeit

Erstens ist da der etwas andere Blick auf die Zeit: Wenn der chronologische Blick auf die Zeit uns plattdrückt, indem er uns keine Auswege erkennen lässt, müssen wir auf andere Weise die Zeiten betrachten. Zum Beispiel, indem wir glauben und annehmen, dass alles seine Zeit und Stunde hat. Es gibt eine Zeit zum Gebären und eine Zeit zum Sterben, eine Zeit zum Pflanzen und eine Zeit zum Abernten der Pflanzen, eine Zeit zum Weinen und eine Zeit zum Lachen, eine Zeit zum Umarmen und eine Zeit, die Umarmung zu lösen, eine Zeit für den Krieg und eine Zeit für den Frieden. Indem man dies glaubt, kann man weitergehen, widerstehen und solidarisch handeln in Zeiten des Hasses, der Trauer, der Zerstörung und des Krieges. Mehr noch, wenn man um die gegenwärtige Situation weiß, kann man pflanzen, auch wenn nicht die Zeit des Pflanzens ist, kann man zu umarmen versuchen, auch wenn man weiß, dass nicht die Zeit der Umarmungen ist, kann man Frieden zu schaffen versuchen, auch wenn man weiß, dass man nicht sehr viel erreichen wird. Aber immer hat man die Sicherheit, dass es eine andere Zeit geben wird, wenn jetzt die Zeit der Schweinereien ist.

Von der Gottesfurcht

Zweitens wird in diesem Buch wie in anderen Weisheitsbüchern von der Gottesfurcht gesprochen. Man darf Gottesfurcht nicht als Angst vor Gott verstehen, sondern als Feststellung, dass es Konsequenzen hat, ihn nicht zu fürchten. Gottesfurcht heißt anzuerkennen, dass Gott Gott ist und wir Menschen sind. Und weil wir keine Götter sind, können wir nicht alles umkehren, z.B. in einer Minute die verkehrte, entmenschlichte Welt. Gott fürchten heißt, unsere Grenzen als Menschen anzuerkennen, unsere *conditio humana*. Wenn wir unsere Grenzen nicht erkennen, lähmen wir uns selbst, sind wir wenig handlungsfähig und bleiben in Angst stecken. Wenn wir aber unsere Grenzen kennen, können wir gehen, atmen und gleichzeitig spüren, dass wir über unsere eigenen Grenzen hinausgehen können.

Den Tod verspotten

Drittens gibt es einen Vers – er wird mehrfach wiederholt –, der das konkrete Leben betont: „Iss freudig dein Brot, und trink vergnügt deinen Wein." (Koh 9,7) [...] In Zeiten größter Schweinerei bleibt nichts anderes, als in der Gegenwart zu leben, sie aber gleichzeitig abzulehnen durch eine entgegengesetzte Logik. Kohelet schlägt vor, am konkreten und sinnlichen Leben, an einem bestimmten, menschlicheren Lebensrhythmus festzuhalten. [...] Während die Logik einer Gesellschaft sich nur noch darum dreht, die Produktion zu beschleunigen, weil Zeit Geld ist, lädt uns Kohelet ein, die unvergängliche Zeit anzustreben statt die kurzen, vergänglichen Zeiträume. Diese Zeit kann man nur erleben, wenn man das Leben in Gemeinschaft mit anderen teilt und genießt.

Hierbei geht es weder um eine Erfahrung der Freude, die auf dem Rücken anderer ruht und zur Entmenschlichung führt, noch um eine zynische Ohnmacht angesichts der ökonomisch und politisch Ausgegrenzten. Die von Kohelet gemeinte Lebensfreude hat nichts zu tun mit dem „essen wir und trinken wir, denn morgen sind wir tot". Es geht vielmehr darum, am konkreten und sinnlichen Leben festzuhalten inmitten einer Gesellschaft, die diesem Leben zuwiderhandelt. Es geht darum, den Tod zu verspotten, indem man am Leben festhält. [...]

7. Theologie der Befreiung

Alles hat seine Zeit

Der vierte Hinweis besteht aus einer Reihe von Ratschlägen, die uns helfen, weise und listig in jedem Moment des alltäglichen Lebens unseren Weg zu gehen. Die Urteilskraft ist dabei das Wichtigste. [...] Wenn es in einer „verkehrten Gesellschaft" den Bösen gut geht und den Guten schlecht, wie sollen wir dann handeln? [...] Wenn wir gut handeln, wird es uns schlecht gehen und wir werden dem Tod entgegen gehen. Wenn wir schlecht handeln, werden wir, weil es nicht korrekt ist, eines fernen Tages die Konsequenzen zu tragen haben. Also, was tun? Hier ist der Punkt, an dem uns Kohelet Urteilsvermögen und List vorschlägt: Sei nicht übermäßig gerecht und nicht exzessiv weise. Warum willst du dich zerstören? Und anschließend fügt er hinzu: Handele nicht unsinnig, damit du nicht vor der Zeit stirbst. Der Text will uns zeigen, dass man in dieser Zeit sehr klug seinen alltäglichen Weg gehen muss. Deshalb rät er uns mal hierhin, mal dorthin: zwei sind wichtiger als einer, Gemeinsamkeit macht stark, gebe acht darauf, was die Vögel hören, mache eine gute Miene zur schlechten Zeit, ein lebender Hund ist wertvoller als ein toter Löwe etc. Diesen vierten Hinweis verstehen wir nur im Licht der vorherigen. Nur wenn wir nämlich wissen, dass alles seine Zeit und Stunde hat, dass die Menschen keine Götter sind und dass es wichtig ist, das Leben zu genießen, als ob es ewig sei, können wir ohne große Probleme die Komplexität des alltäglichen Lebens erfassen. Es ist klar, dass dies nicht die heutige Alternative ist. Aber Kohelet kann uns ein wenig helfen, in Zeiten großer Schweinereien klug und ohne allzu große Angst zu widerstehen und damit das konkrete Leben für alle im Alltag zu fördern. Dies heißt für mich, heute die Gnade Gottes zu erfahren.

Übersetzung: Ludger Weckel

Ludger Weckel

Fernando Castillo (1998)

Erinnerung an einen Freund

Im November 1997 ist unser Freund Fernando Castillo im Alter von 54 Jahren in Santiago de Chile gestorben. Mit einigen von uns war er im Umfeld des Instituts für Theologie und Politik über viele Jahre persönlich sehr eng befreundet. Sein plötzlicher Tod hat uns erschreckt, die Trauer über den Verlust kann man benennen, aber sicherlich nicht beschreiben. Fernando hat den Gründungs- und Aufbauprozess des ITP nicht nur wohlwollend begleitet, sondern an entscheidenden Punkten sehr aktiv geprägt. Ich möchte hier an Fernando erinnern, indem ich die aus meiner Sicht wichtigsten seiner Impulse beschreibe. Es ist auch der Versuch, Fernando für seine Freundschaft, Verbindlichkeit und Treue zu danken und gleichzeitig zu versuchen, das, was ihm wichtig war, weiterzuführen.

Theologie und Politik – Glaube und Gesellschaft

Fernando Castillo hat mit seinen Reflexionen über das Verhältnis von Theologie und Sozialwissenschaften eine der wichtigsten theoretischen Grundlagen des Instituts für Theologie und Politik mitgeprägt. Er betont, dass die Befreiungstheologie mit ihrem Bezug auf die Sozialwissenschaften der Theologie neue Wege geöffnet hat. Diese neue Art theologischen Schaffens besteht darin, von der gegebenen Realität auszugehen:

7. Theologie der Befreiung

> „Die Aufgabe, die sich durch das theologische Programm stellt, ist, die Präsenz Gottes, des ‚Herrn der Geschichte', in der historischen Gegenwart [...] hervorzuheben. Bei dieser Suche in der Gegenwart Lateinamerikas trifft man auf die Armut als ‚massive Tatsache' in unseren Gesellschaften sowie auf die Spannung zwischen Unterdrückung und Befreiung, die hinter dieser ‚Tatsache' steht. [...] Die Sozialwissenschaften liefern die Erkenntnisse, die als Basis für die theologische Reflexion dienen."[1]

Einige wichtige Elemente davon sind in das Selbstverständnis des ITP eingeflossen. Fernando hat immer wieder auf die enge Verbindung von Befreiungstheologie und der Problematik sozialer Bewegungen verwiesen:

> „Deshalb muss die Theologie die Perspektive und die Kategorien der Analyse der sozialen Bewegungen aufnehmen, um über ihre ‚neue Art Kirche zu sein', zu reflektieren. Es handelt sich um eine Kirche, die ihrerseits eine soziale Bewegung ist."

Dieser Aufgabe hat sich das ITP in den letzten Jahren mit seinen begrenzten Möglichkeiten angenommen, z.B. mit den sozialwissenschaftlichen Untersuchungen zu „Dritte Welt Gruppen auf der Suche nach Solidarität", mit der Entwicklung eines neuen Angebots der „Fort- und Weiterbildung" von im Dritte-Welt-Bereich engagierten Christen und in befreiungstheologischen und sozialpastoralen Veranstaltungen wie z.B. dem für November 1998 angekündigten Workshop „Gemeinde und Politik".

Der Süden und der Norden – „Transnationalisierung" der Armut

Im November 1993, während des ersten Seminars des Instituts für Theologie und Politik mit dem Titel „Armut in Nord und Süd", ver-

---

[1] Dieses und die folgenden Zitate sind aus: Die Befreiungstheologie und die Sozialwissenschaften, in: Raúl Fornet-Betancourt (Hg.): Befreiungstheologie: Kritischer Rückblick und Perspektiven für die Zukunft, Bd. 1, Mainz 1997, 177-190 sowie in: Fernando Castillo: Evangelium, Kultur und Identität, herausgegeben von Kuno Füssel und Michael Ramminger, Luzern 1998.

trat Fernando Castillo die These von der Auflösung der klassischen entwicklungspolitischen Begriffe „Nord" und „Süd".[2] Er sagte:

> „Ich glaube schon, dass es noch ein Nord-Süd-Gefälle gibt. Das ist evident. Aber es stimmt nicht überein mit den geographischen Grenzen. Immer mehr entsteht im Süden ein Norden, ein Sektor, der wirtschaftlich und vom Konsum her so dynamisch ist wie im Norden, und im Norden entsteht ein Süden. Insofern gibt es, glaube ich, eine neue Weltkonstellation und die Notwendigkeit, neue Solidarität und Allianzen zu denken."

Er machte beispielsweise auf Wachstumsraten mancher Wirtschaftssektoren Chiles aufmerksam und wies andererseits auf die zunehmende Verelendung am Rande vieler US-amerikanischer und europäischer Großstädte. Er sprach von einer neuen Stufe des Weltsystems, in dem nach dem Kapital und den großen Konzernen auch die Armut „transnational" wird:

> „Was sich transnationalisiert hat, ist die Armut, das Kapital und vor allem auch ein neues System oder eine Stufe im Weltsystem. Jahrzehntelang hat man gedacht, die Wirtschaftssysteme, vor allem die dynamischen Systeme im Norden wachsen in einer Form, dass die Reichen reicher werden, andererseits aber die Armen auch Anteil am Reichtum haben, dass also alle Anteil am Wachstum haben. Ich glaube, das hat sich verändert. Wir geraten langsam in ein System, das überall das ökonomische Wachstum an die Produktion von Armut koppelt. In größerer Form in Lateinamerika, in kleinerer Form in Europa [...] Damit ist der Nord-Süd-Konflikt nicht abgeschafft. [...] Die geographischen Entfernungen verlieren in diesem Sinne an Bedeutung, sowie sie auch für den Kapitaltransfer im Zeitalter der elektronischen Medien an Bedeutung verlieren."

Als Konsequenz forderte er eine neue Form der Solidarität unter den Betroffenen:

> „Man hat sich bei uns früher, glaube ich, viel weniger von der Solidarität aus dem Norden erhofft als heute. Die Solidarität muss jetzt in eine neue Phase eintreten. Es geht nicht mehr darum, dass

---

2 Vgl. Fernando Castillo: Wir brauchen neue Bündnisse, in: ITP-Rundbrief Nr. 2, Juni 1994.

der reiche Norden Geld nach Lateinamerika schickt, sondern darum, dass wirkliche Allianzen und Bündnisse zwischen Armutsbewegungen im Norden und im Süden entstehen."

Ein „Voneinander Lernen in neuen Allianzen" sei notwendig, das die institutionellen Zwänge und eingeschliffenen Wahrnehmungsweisen (reine Projektunterstützung, Arbeitsteilung zwischen „Caritas" und „Diakonie" hier und entwicklungspolitischen Aktivitäten dort etc.) überwindet. Diese „Verbindungen" zwischen Nord und Süd einerseits und zwischen verschiedenen (sozialen) Bewegungen (Wohlfahrtsverbände, Armutsbewegung, Gewerkschaften, Frauenbewegung, Dritte-Welt-Bewegung) andererseits hat das ITP mit seinen Veranstaltungen im Laufe der letzten fünf Jahre immer wieder angestrebt – mal mehr und mal weniger erfolgreich. Mehrfach war auch Fernando Castillo als Vertreter des Centro Diego de Medellín unser Gesprächspartner.

Vom Süden lernen? Chile als „Modell"

Fernando Castillo war Chilene. Seine Biographie ist geprägt durch die Geschichte seines Landes. Er hatte sich zwischen 1970 und 1973 für das sozialistische Projekt der Allende-Regierung eingesetzt. Ihr Ziel war eine gerechtere Verteilung der vorhandenen Mittel, eine Grundversorgung der Armen und eine politische Beteiligung aller gesellschaftlichen Klassen. Dieses Projekt wurde 1973 durch den Militärputsch unter General Pinochet blutig beendet. Fernando hielt sich über einige Jahre der Militärdiktatur zum Studium in Deutschland und England auf. Chile wurde unter Pinochet zum Praxisfeld des Neoliberalismus. Dort konnte ausprobiert werden, was bisher als Idee nur in den Köpfen existierte: die alleinige Herrschaft der Marktprinzipien ohne Steuerung des Staates. Für Chile bedeutete dies: Völlige Orientierung am Profitprinzip statt an den Bedürfnissen der Menschen.[3] Fernando analysier-

---

3   Vgl. dazu auch Olaf Kaltmeier: Chile als weltweites Lehrbeispiel in Sachen Neoliberalismus, in: ITP-Rundbrief Nr. 9, 1998 sowie in diesem Band S. 51.

te diese ganze Entwicklung seit 1993 auf der Ebene des „Modells Chile". Chile war immer wieder Modell: Zunächst für die lateinamerikanische Linke als „Modell für den Aufbruch" (Allende), dann für die Rechte und das Militär ein „Modell für den Militärputsch" und schließlich „neoliberales Modell". Seit neuestem diagnostiziert Fernando in maßgeblichen Kreisen der chilenischen Gesellschaft einen „Abschied von Lateinamerika": Man sieht sich im Aufstieg begriffen, einem Aufstieg in eine andere Liga sozusagen, in die globale Liga. Das neoliberale Modell Chile blieb nicht auf Lateinamerika beschränkt, sondern zeigte weltweit Folgen: in den Strukturanpassungsmaßnahmen von Weltbank und IWF, in den Standortdebatten in den Industrieländern und in den Diskussionen über die Rolle und die Aufgabe des Staates. „Chile ist Modell für andere Länder, die Entwicklung geht in anderen Ländern in die gleiche Richtung." Und:

> „Die aus der Sicht neoliberaler Wirtschaftspolitik so erfolgreiche ‚Modernisierung' Chiles hat ihre Parallelen in den reichen Industrienationen. Insofern könnte man erstmals davon sprechen, dass der Süden Modell und Vorbild für den Norden wird."[4]

Diese These Fernandos haben wir im Institut für Theologie und Politik aufgegriffen und zum Thema des Kongresses „Neoliberalismus weltweit – 25 Jahre ‚Modell' Chile" gemacht, der im November 1998 in Münster stattfinden wird. Auch hier hat Fernando die andere Seite benannt: Neben den schon genannten „neuen Allianzen" zwischen sozialen Bewegungen ermutigte und forderte er vor allen Dingen immer wieder die Christen und die Kirche auf, die gegebene Situation ernst zu nehmen und auch hier von den Erfahrungen der Kirche und der Theologie der Befreiung in Lateinamerika zu lernen. So z.B. nicht nur den Armen „zu helfen", sondern wie die Theologie der Befreiung mit der Option für Armen auch die Entstehungsgründe von Armut und Reichtum zu analysieren und aktiv zu werden:

---

4   Vgl. Ludger Weckel: Nachholende Verarmung, in: epd-Entwicklungspolitik 6/94, 36f.

7. Theologie der Befreiung

„Wenn man eine Option für die Armen hat, soll man nicht nur abwarten, bis die große Strategie komme, sondern auch an kleinen Punkten mitmachen, weil es wichtig ist, dass die Leute weiterleben."

Wir werden uns bemühen, Fernando!

Michael Ramminger

Wir Reichen, die Armen (1998)

Die Befreiungstheologie und ihr Echo in der BRD

Seit Medellín ist auch hierzulande viel über Befreiung geredet worden. Allerdings vor allem über die der anderen. Die Anstöße, die die lateinamerikanischen Basisgemeinden und TheologInnen den ChristInnen in der Bundesrepublik gaben, hatten sehr unterschiedliche Folgen und reichten von materialistischer Bibelinterpretation bis zur Konsumkritik. Die Theologie der Befreiung ist in der Bundesrepublik von Anfang an auf zwei sehr verschiedene Weisen wahrgenommen worden. Die eine Rezeptionslinie, die man die „harte" nennen könnte, war eigentlich eher ein Dialog mit Lateinamerika, wohingegen die „weiche" die Befreiungstheologie vorwiegend als spirituelle Innovation verstand. Zur „harten" Rezeption gehörten vor allem die ab 1974 existierende Bewegung der „Christen für den Sozialismus" sowie evangelische und katholische Hochschulgemeinden, aber auch PfarrerInnen und andere TheologInnen (zum Beispiel „Politischer Arbeitskreis", „Demokratisch-Ökumenisches Aktionszentrum", „Gruppe Camilo Torres" oder „Studentischer Arbeitskreis Kritischer Katholizismus"). Man konnte vor dem Hintergrund der Politisierung der 60er und 70er Jahre auf eigene theoretische Reflexionen und theologische Traditionen zurückgreifen. Dazu gehörten zum Beispiel der religiöse Sozialismus Paul Tillichs, der Linksbarthianismus von Helmut Gollwitzer, die historische Kritik von Rudolf Bultmann und die sich entwickelnde politische Theologie, aber auch die Theologie des Franzosen Georges Casalis. Sie beschäf-

7. Theologie der Befreiung

tigten sich intensiv mit Themen der Theologie der Befreiung, vor allem mit der Kritik an kirchlichen Institutionen und mit der Vermittlung zwischen politischer und christlicher Praxis.

Schluss mit „ja und amen"

In Chile hatte die 1971 gegründete Bewegung „Christen für den Sozialismus" (CpS) die jahrhundertelange Allianz zwischen Kirche und Staat kritisiert. Ihre Analyse der Kirche als ordnungs- und herrschaftslegitimierende Institution und die Erkenntnis, dass sich die gesellschaftlichen Konfliktlinien, der Klassenkampf, durch die Kirche selbst hindurch zog, wurde nun auch in der Bundesrepublik ein Thema der kritischen Auseinandersetzung. Helmut Gollwitzer beispielsweise kritisierte die vorherrschende Verkündigung, weil sie an der Kirche „als klassenübergreifende Gemeinschaft festhält" und „die Klassenteilung (weil irdisch nicht überholbar) nicht in Frage stellt und die legalen Herrschaftsformen bejaht." Dass lateinamerikanische ChristInnen aus der Analyse ihrer spezifischen Situation zu gleichen Beschreibungen gelangten, verstärkte diese Überzeugungen und verfeinerte die jeweiligen theoretischen Instrumentarien, mit deren Hilfe der kirchliche (Klassen-)Standort hier wie dort beschrieben wurde. Entlang dieser Linie entwickelten sich verschiedenste Formen sozialgeschichtlicher und materialistischer Bibellektüre, die den Versuch darstellten, jüdisch-christliche Traditionen gegen die herrschende kirchliche Interpretation neu zu lesen. BefreiungstheologInnen forderten, zwischen Sozialwissenschaften und Theologie, die kritische Reflexion des Glaubens im Lichte der Praxis, zu vermitteln. Daraus leiteten auch linke ChristInnen für die Bundesrepublik die Notwendigkeit einer kritischen Reflexion des Glaubens und der Theologie von der Gesellschaftstheorie her ab. Sie machten sich ebenfalls auf die Suche nach einer Gesellschaftsanalyse, die dem befreiungstheologischen Kriterium der Option für die Armen angemessen wäre; hier lagen sozialistische Gesellschaftstheorien nahe.

Glaube und Politik

Die Kategorie „Klassenkampf" spielte für die Bestimmung der Formen praktischer Politik eine wesentliche Rolle. Die parteiliche Teilhabe am Klassenkampf sollte die notwendige geschichtliche Vermittlung der „Option für die Armen" mit der Nachfolge Jesu ermöglichen. Die Frage, die sich stellte, war: Welches sind die angemessenen Gesellschaftstheorien, um die jesuanische Praxis des Teilens, der Gemeinschaft, der Solidarität und der Machtkritik in die heutige Zeit und die Verhältnisse in der BRD umzusetzen? Das theoretische Instrumentarium ist im Rückblick ausgesprochen divergent gewesen: Historischer Materialismus in seinen verschiedenen Interpretationstraditionen, Kritische Theorie und strukturalistische Marx-Interpretationen sind nur einige davon. Die Verschiedenheit dieser Ansätze verweist allerdings auf ein spezifisch bundesdeutsches Problem. Wenn man auch optimistisch auf die Möglichkeit politischer Veränderungen hoffte, war doch die konkrete Bestimmung derjenigen gesellschaftlichen Widersprüche und der Orte, die in der BRD solche Veränderung vorantreiben sollten, umstritten. Hinter der Vielfalt im praktischen Engagement, der Mitarbeit in Parteien und Gewerkschaften und hinter den sozialen Bewegungen (Friedens-, Solidaritäts-, Anti-AKW- und Ökologiebewegung) und der Vielzahl der Themen wie Obdachlosigkeit, Arbeitslosigkeit und „neue Armut" oder Auseinandersetzungen mit „Konsumismus oder Verzichtsmentalität" verbargen sich auch divergierende und widerstreitende Positionen.

Reiche hier und dort – Arme dort und hier

Angesichts einer Spaltung der Welt, in der nicht die „erste" gegen die „dritte", sondern die „Ausgebeuteten" gegen die „Unterdrückenden" stehen, betrachten es die Anhänger der „harten" Rezeption als notwendig, politisch tätig zu werden. Dieser Punkt ist vermutlich die entscheidende Differenz zu der weiter unten beschriebenen „weichen" Rezeption. Damals schrieb der chilenische Befreiungstheologe G. Arroyo, es sei falsch

> „und irreführend, die übliche Bezeichnung Dritte Welt bedingungslos zu akzeptieren, [...] – auf der einen Seite gibt es eine internationale Bourgeoisie, zu der das nationale Bürgertum der armen Länder genauso wie das aus den reichen Ländern gehört [...] – auf der anderen Seite gibt es ein internationales Proletariat, zu denen die Land- und Industriearbeiter der reichen kapitalistischen Länder gehören."

Wenn auch die Begrifflichkeiten heute aus einer anderen Welt zu stammen scheinen, so war diesem Teil der linken ChristInnen in der BRD doch klar, dass die ökonomischen Strukturen des Kapitalismus nicht nur im Süden ihr Opfer fordern, sondern eben auch im Norden Ungleichheit und Ungerechtigkeit hervorrufen und dass es deshalb keine Teillösungen geben könne. Die theoretischen Bezüge in der BRD und in Lateinamerika speisten sich dabei aus durchaus nicht so unterschiedlichen Quellen. Der eigentliche Unterschied zwischen linker Theologie in der BRD und der Befreiungstheologie bestand darin, dass man sich in Lateinamerika auf politisch und kirchlich wirkmächtige Bewegungen beziehen konnte, während in der BRD die Frage nach den Subjekten solcher Theologie äußerst umstritten war.

Die Guten und wir

Die „weiche" Rezeption findet sich am typischsten auf den Kirchentagen der achtziger Jahre. Die moralische Integrität der dorthin eingeladenen RepräsentantInnen der Befreiungstheologie und die Evidenz der Verfolgung in Lateinamerika sorgten dafür, dass sich viele unmittelbar mit deren Anliegen solidarisierten. BefreiungstheologInnen und Basisgemeinden waren geradezu von einer Heldenaura umgeben. Ich erinnere mich sehr gut an einen Kirchentag der achtziger Jahre. Ein chilenischer Arbeiterpriester hielt dort ein *testimonio*, eine Rede. Als ich von ihm ein Foto für eine Solidaritätszeitschrift machen wollte, sprang einer der Organisatoren auf mich zu und sagte beschwörend, ich würde Leib und Leben dieses Mannes gefährden, wenn der Geheimdienst in Chile über ein veröffentlichtes Foto herausbekäme, dass er bei dieser Veranstaltung aufgetreten sei. Ein lächerliches und mythisierendes Argument: Der Mann hatte den Militärputsch und die schlimmsten Jahre der Diktatur in Chile gerade wegen seiner Prominenz in In- und Ausland überlebt. Diese (zum Teil von bundesdeutscher Seite inszenierte) Darstellung und Wahrnehmung verhinderte aber eher eine „Umkehr" im Sinne der Option für die Armen. Sie rückte den dependenztheoretischen Widerspruch zwischen Zentrum und Peripherie so in den Mittelpunkt, dass es schließlich um nichts anderes mehr ging. Angesichts der sehr moralischen und subjektiven Konfrontation mit der Alltagswirklichkeit Lateinamerikas wurde das Nachdenken über die Bedingungen einer bundesrepublikanischen befreienden Praxis in den Hintergrund gedrängt. Die Ausbeutung der „Dritten Welt" schien die gesellschaftlichen Widersprüche im eigenen Land und jedes praktisch-politische Engagement in bestehenden Bewegungen und Organisationen für soziale Gerechtigkeit banal werden zu lassen. Die Grundbedingung einer Rezeption der Befreiungstheologie, nämlich das praktisch-politische Engagement im eigenen Land unter der Perspektive, weder die Opfer im Süden gegen die im Norden noch die Opfer im Norden gegen die im Süden auszuspielen, kam nicht in den Blick. Als vorrangige Aufgabe der Kirchen in der BRD wurde die Armutsbekämpfung in der „Dritten Welt" angesehen. Die Konsequenzen einer solchen Rezeption zeigten sich dann in einer unbestimmten Theorie eigener gesellschaftlicher Verhältnisse. Strenge und konflikthaltige Begriffe im Nord-Süd-Verhältnis wie „Ausbeutung", „Klassenwiderspruch", „Kapitalismus", „multi-nationale Konzerne" standen neben so unbestimmten Kategorien bezüglich der eigenen Gesellschaft wie „Konsumismus", „Fortschrittsglaube" oder „Wachstumsmentalität". Diese Fixierung des Nord-Süd-Gegensatzes, die sich auch in der Rede von „uns Reichen im Norden" und „den

Armen im Süden" niederschlug, wirkte entdifferenzierend und gleichzeitig theorie- und praxisentlastend. Anders waren viele bereit, lateinamerikanische Formen religiöser und kirchlicher Erneuerung zu übernehmen. Es ging um Kirchenträumereien, um ein alternatives Kirchenmodell, indem aus der lateinamerikanischen Basisbewegung jene Elemente herausgebrochen wurden, die hier die Gemeinschaftsdefizite derjenigen ausgleichen sollten, die sich eine Reform der überkommenen Volkskirche wünschten.

Spiritualität ohne Analyse

Es ging um die an die Option für die Armen nicht zurückgebundene Vision des „Priestertums aller Gläubigen" im Sinne des Rechts auf den „Liturgievorstand aller Gläubigen". Vor diesem Hintergrund blieben die evangelischen Bedingungen dieser Gemeinschaft blass und analytisch unscharf. Basisgemeinden wurden eher als spiritueller Ort denn als angemessene Sozialform für die Bekämpfung von Armut und sozialer Ungerechtigkeit verstanden. Unbestreitbar hat die Befreiungstheologie in Lateinamerika und im links-kirchlichen Milieu der Bundesrepublik seit Anfang der neunziger Jahre an Bedeutung verloren. Dies hängt sicherlich mit den Verschiebungen im weltpolitischen Machtgefüge und den veränderten Perspektiven von Befreiung zusammen. Die Geschichte zeigt, dass ihre Hochzeit an eine bestimmte historische Konjunktur, theologisch gesprochen an einen Kairos, gebunden war, über dessen Bedingungen wir nicht unmittelbar verfügen. Trotzdem bleibt, dass die Grundeinsichten der Befreiungstheologie, die Option für die Armen, das Verhältnis von Theologie und Sozialwissenschaften und das Theorie-Praxis-Verhältnis nach wie vor Herausforderungen für uns darstellen. Ihr Diskurs über Befreiung war zeitgebunden und muss heute einer kritischen Überprüfung unterzogen werden. Dass hier nicht mehr auf das Vorbild Lateinamerika zurückgegriffen werden kann, sondern wir auf uns selbst verwiesen sind, ist insofern nur ein scheinbarer Nachteil.

Die Entwicklung einer eigenständigen Theologie der Befreiung, deren Kontext Europa sein muss, liegt heute klarer vor uns. Und die Einsicht, sowohl theoretisch als auch praktisch-politisch, die Menschen im Norden und im Süden nicht gegeneinander auszuspielen, gewinnt unter den Bedingungen eines neoliberalen und globalisierten Kapitalismus neue Bedeutung.

Michael Ramminger

Die Wiederkehr der Religion und der Tod Gottes (2003)

In den siebziger Jahren diagnostizierte Max Horkheimer: „Der Niedergang der Religion verläuft fast synchron mit dem Beginn sozialer Revolutionen". Diese Feststellung war offenkundig, was die Religion angeht, voreilig getroffen, denn heute erleben wir ihre Renaissance wie sie damals wohl kaum vorstellbar war. Die Frage, die sich allerdings stellt, ist, um welche Religion oder Religionen es sich dabei handelt und welchen Anteil und welchen Ort die „christliche Religion" und auch Theologie dabei spielt. Noch konkreter gefragt: Welche Rolle könnte und müsste eine politische, befreiende Theologie dabei spielen?

Religion I: Islam

Wenn man von der Wiederkehr der Religion spricht, wird dabei natürlich allzu oft als erstes der fundamentalistische Islam assoziiert: Al-Quaida, Hisbollah oder die kopftuchtragende Lehrerin in der BRD werden – massenmedial begleitet – als bedrohliches Szenario eines militanten Islam aufgebaut. Abgesehen davon, dass diese Phänomene nicht umstandslos in eins gesetzt werden dürfen, gibt es in der Tat einen „fundamentalistischen" Islam, der allerdings kein Phänomen der letzten Jahre ist, sondern sich schon seit fast einhundert Jahren entwickelt. Gewisse Strömungen darin sind fundamentalistisch, weil sie eine autoritäre, vermeintlich unmittelbare Umsetzung der Heiligen Schriften intendieren, also im engeren Sinne keine historisch-kritische Exegese ihrer eigenen Traditionen zulassen und aus dieser „Theologie" dann Handlungsanleitungen für eine gesellschaftliche, politische Praxis ableiten. Diesen Gruppen wird oft vorgeworfen, dass sie mehr „homo politicus" denn „homo religiosus" seien. Eine Kritik, der man sich besser nicht anschließen sollte, da erstens diese Menschen im engen Sinne sehr wohl religiös sind (ihr Glaube stiftet Identität, bietet Handlungsorientierung und Kontingenzbewältigung und hat ein umfassendes Weltbild) und zweitens die Akzeptanz dieses Argumentes dazu führen würde, jeder Form von Religion Handlungsorientierung zu verweigern: Religion würde also privatisiert und auf Kontingenzbewältigung (imaginäre Sinnfindung) reduziert. Die Kritik eines solchen Islam muss dagegen an den Formen und Inhalten seiner Theologie und Praxis ansetzen.

Religion II: Christentum

Anfang des 20. Jahrhunderts entstand in den USA der christliche, protestantische Fundamentalismus, der auch der eigentliche Namensgeber für alle ähnlichen Phänomene in anderen Religionen wurde. Der protestantische Fundamentalismus zeichnet sich ebenfalls durch den Glauben an die absolute göttliche Inspiration in den heiligen Schriften aus. Er richtete sich vor allem gegen den „Modernismus", gegen die Evolutionstheorie und viele andere naturwissenschaftliche Hypothesen und hat einen rigorosen Moralismus ausgearbeitet, der seine Handlungsanweisungen eben unmittelbar aus der Schrift ableiten zu können meint. Dieser Fundamentalismus hat durch eine militante Missionsstrategie vor allem in den USA und in Lateinamerika erheblich an Bedeutung gewonnen: Nicht zuletzt verschmelzen in ihm Naherwartungsglaube und die Identifikation der USA mit dem gelobten Land in eine Kriegsbefürwortungspolitik, die durchaus Einfluss auf die nordamerikanische Regierung hat. Beide Religionsphänomene – christlicher und islamischer Fundamentalismus – wurzeln in einer Wahrnehmung der gegen-

7. Theologie der Befreiung

wärtigen verheißungslosen Verhältnisse: Im Islam folgt daraus eine anti-westliche Orientierung, aus dem christlichen Fundamentalismus sein Antimodernismus, die jeweils ein sehr genaues Gespür für die „Geheimnislosigkeit" (Metz) der Moderne besitzen, in ihren Antworten aber nicht nur hilflos, sondern verheerend sind.

Religion III: Moderne und Kapitalismus

Das Projekt der modernen bürgerlichen Gesellschaft bestand einerseits in seinen Emanzipationsbestrebungen, in seinen Verheißungen von „Freiheit, Gleichheit, Brüderlichkeit" und war andererseits an die Säkularisierung gekoppelt: Die Wahrheitsansprüche der Religionen (v.a. natürlich des Christentums) sollten sich an diesem „vernünftigen" und „allgemeinen", d.h. für alle Menschen gültigen Projekt messen oder wie Habermas sagt, sich ihrer nicht-exklusiven und vom Profanwissen begrenzten Stellung bewusst werden. Immer offensichtlicher aber wird, dass der moderne, globalisierte Kapitalismus seinerseits dieses verallgemeinerungsfähige Projekt nicht mehr besitzt, wenn er es denn je hatte. Dagegen entwickelt er sich selbst zunehmend zu einer Religion mit Absolutheitsanspruch, zu einem permanenten Kult, in dem es keinen „Wochentag, der nicht Festtag im Sinne der Entfaltung fürchterlichen Pomps wäre" (W. Benjamin), gibt. „Wir machen Produkte und Programme zum Erlebnis mit Wiedererkennungswert, schaffen Communities und sorgen für andauernde, trendsetzende Begeisterung", heißt es in der Anzeige einer Werbeagentur, die damit die gegenwärtige Religion des Kapitalismus, sein Kultmarketing, auf den Punkt bringt. Die verschiedenen traditionellen und postmodernen Religionen sind darin nur geduldet, solange sie „selbstreflexiv" (und vermarktbar) bleiben, solange sie sich in die neoliberale, globalisierte Gemeinschaft der „Verständigungsbereiten" (Metz) eingruppieren. Das gilt für Fundamentalismen ebenso wie für andere „Widerstandsidentitäten": Der Kapitalismus setzt ihnen ihre Grenzen, ohne sich selbst an sie zu halten. Vom doppelten Projekt der bürgerlichen

Gesellschaft, „Freiheit – Gleichheit – Brüderlichkeit" und der Zähmung der Religionen ist nur noch letzteres geblieben, von der die eigene, die Religion des Kapitalismus, allerdings ausgenommen ist.

Der Tod Gottes

Insofern ist die Vermutung des italienischen Philosophen Vattimo, dass der „Tod Gottes" kein Widerspruch zur Wiederkehr der Religionen ist, durchaus richtig. Die Vermutung ist jedenfalls dann richtig, wenn man von einem Begriff Gottes ausgeht, der nicht die Verdoppelung der sowieso schon existierenden trostlosen Verhältnisse ist (und sei es in ihrer fundamentalistischen Ablehnung), sondern der etwas mit Befreiung, Menschwerdung und Gewaltfreiheit zu tun hat und in dem es um eine verallgemeinerungsfähige, universalisierbare, d.h. für alle Menschen geltende Hoffnung geht. Die Erinnerung und das Ringen um diesen Gott werden wir kaum in den religiösen Fundamentalismen finden, aber genauso wenig noch in den gesellschaftlichen Institutionen und Großkirchen, sondern in den Gruppen, Initiativen und Bewegungen an den Rändern dieser Gesellschaft und der Welt. Solche Suchbewegungen sind natürlich sofort selbst wieder dem Fundamentalismusverdacht ausgesetzt, weil sie sich zurecht bestimmten Diskursen, Sachzwängen und vermeintlichen Unhintergehbarkeiten widersetzen. Wer sich aber an diese Ränder begibt, wird schnell merken, dass die praktischen Koalitionen im Kampf gegen die Ausschlüsse, Ungerechtigkeiten und Menschenrechtsverletzungen dieser Welt keine Grenzen kennen und uns deshalb immer wieder vor die Frage stellen, wie die Anliegen unseres Gottes universalisierbar sind. Sollte dies nicht gelingen, wäre das „Gott-Vermissen" jedenfalls die aufrichtigere Antwort, als ihn – in welchen religiösen Formen auch immer – zu identifizieren.

Nancy Cardoso Pereira

Vom Anhalten der Uhren (2008)[1]

Der Kapitalismus kommt voran! Es ist egal, ob wir vom „Ende der Geschichte" oder der „Vollendung der Geschichte" im westlichen nordatlantischen Modell sprechen: Es ist eine ungangbare Geschichte. Das ist die Zivilisation und sie macht immer weiter und fordert von uns eine Haltung der Kontemplation und des Konsums. Während die Geschichte vor unseren Augen abläuft, schauen wir zu, als handle es sich dabei um externe und fremde Verhältnisse, die durch die Bewegung einer „unsichtbaren Hand" nach den ebenso „gegebenen" Gesetzen in Gang gesetzt werden.

Der Kapitalismus ist in der Lage, seine Grenze, seine eigene Ohnmacht, in eine Quelle seiner Macht zu verwandeln. Je mehr er „verfault", desto größer wird – aus Überlebensnotwendigkeit – seine Fähigkeit der Reproduktion. Dieser innere Widerspruch zwingt den Kapitalismus zur permanenten und immer größer werdenden Reproduktion. Weit entfernt davon, sich einzuschränken, geht also gerade von seiner Begrenztheit der Impuls zur Weiterentwicklung aus. [...] Je stärker sein immanenter Widerspruch wird, umso mehr muss er sich revolutionär verändern, um zu überleben. Die Grenze des Kapitals ist nicht das Kapital selbst. Die Eliten des Kapitals loben den Fortbestand ihres ökonomischen und sozialen Systems, sie loben es, weil es überlegen und nicht zu umgehen ist. Und die Technologie sagt: Amen! Und die Wissenschaft sagt: Amen. Das ist die Ordnung des Fortschritts. [...]

---

1   Dieser Artikel ist eine gekürzte Fassung des Beitrags von Nancy Cardoso Pereira beim Politischen Nachtgebet auf dem Katholikentag am 22.05.2008 in Osnabrück.

Jeglicher Fortschritt in der Geschichte hat Treibstoff, Energie, benötigt und außer der Bewegung, dem Fließen und dem Verkehr [...] Müll produziert, Überreste produziert, die nicht assimiliert waren, er hat Ausbeutung und Degradierung produziert. Diese Überreste sind nur sehr schwer auf dem zentralen Schauplatz des Geschehens zu sehen. Der Markt ist in seiner Totalität darum bemüht, die Spuren seiner eigenen Unmöglichkeit auszulöschen. Recyceltes aus Recyceltem. Noch mehr Energie, um die unerwünschten Überreste der Fortschrittsprozesse zu zerstören.[...]

Die Überwindung oder Zerstörung des Kapitalismus wird nicht das Ergebnis eines natürlichen, erwarteten und zwangsläufigen Prozesses sein. Im Gegenteil, sie fordern von uns den Hunger der Besiegten, der Übriggebliebenen und Überflüssigen. Vom Müll werden wir uns ernähren. Das ist die wahre universale Geschichte, die ausnahmslos in der Erinnerung an sämtliche Opfer gründet. Die Erinnerung an die Vergangenheit, an die Märtyrer aller Zeiten, dient der Befreiung, die kommen muss. Die Kämpfe werden mehr inspiriert durch die gelebte und konkrete Erinnerung an die beherrschten Vorfahren als durch das Gedenken an noch abstrakte zukünftige Generationen.

Die Theologie der Befreiung muss in den Herausforderungen eines kritischen und radikalen lateinamerikanischen Denkens gesucht werden, das sich die Überwindung und Zerstörung des Kapitalismus zur Aufgabe gesetzt hat, das dem Imperialismus und Militarismus der westlichen, nordatlantischen Herrschaft Widerstand leistet. [...] Aufgabe und Motivation der Theologie sind die Schwierigkeiten und Unmöglichkeiten. Die Uhren anhalten! Den nicht enden wollenden Fluss im sich reproduzierenden Kapital und seine Fähigkeit zu töten anhalten.

Auf einem Kontinent, der unter vielen Göttern und Göttinnen aufgeteilt ist und von ihnen bewohnt wird, mischt sich der christliche Gott sowohl unter das, was höchst offiziell ist, als auch unter das Marginalisierteste und macht aus der noch so kleinen lateinamerikanischen Seele den Schauplatz des Disputs; die bürger-

7. Theologie der Befreiung

liche Theologie bietet sich dem Markt als *personal trainer* an und erzieht sowohl diejenigen, die innerhalb des Systems sind, als auch die Ausgeschlossenen dazu, dass sie Verlangen haben ohne dabei zu sündigen [...] Oder sie kann Anteil haben an der Auferstehung anderer Lebensformen, Werte und der Gaben. Auch die Theologie ist vom Klassenkampf gekennzeichnet: hässlich, weil es ein Kampf ist, schön, weil es notwendig ist. [...]

Die Theologie der Befreiung erklärt nicht, sie bricht die Erklärungen auf! Sie ist nicht von beschreibendem Charakter und gibt sich nicht damit zufrieden, einen kausalen Zusammenhang zwischen diesem und jenem, Gott und der Welt, herzustellen. Die Theologie stellt Uhren zurück, attackiert den Mechanismus der Fortdauer und Konstanz und deinstalliert das ununterbrochene Tick-tack. Stattdessen gestaltet sie das „Jetzt" mit, den exakten Moment, in dem es möglich ist zu intervenieren, umzustellen, zu zerstören und zu verändern.

Gott kann nicht „die große Uhr sein", die die Zeit und die Geschichte angibt wie ein Mechanismus, der außerhalb der Zeit und der Geschichte liegt. Die bürgerliche Theologie eines eingreifenden und allmächtigen Gottes funktionierte und funktioniert als Normalisierungsinstanz für die Geschichte der Sieger. Der Gott Jesu, Fleisch geworden in der Geschichte, stirbt im Kampf der Armen und steht wieder auf im Kampf der Armen, nicht als Gewissheit und vorbestimmte Gerechtigkeit, sondern als konstante Ausübung radikaler Solidarität und revolutionärer Liebe, tiefe Barmherzigkeit und Treue zum Leben.

Übersetzung: Sandra Lassak

Michael Ramminger

Religion – Christentum – Ungleichzeitigkeit (2008)

Im Rahmen der Proteste gegen die G8-Politik, aber auch in anderen Zusammenhängen, stellt sich nicht nur die Frage danach, „wie" angemessene radikale Aktionen aussehen sollen, „was" also zu tun ist, sondern auch danach, „wer" handelt. Wir sind immer wieder auf die Frage gestoßen, wo die ChristInnen sind, wo die Kirchen sind? Diese Frage ist aber nicht neu.

In den siebziger Jahren hat die politische Theologie (J.B. Metz, Unterbrechungen, Gütersloh 1981, 11-19) die These von der „Ungleichzeitigkeit der Religion" formuliert. Gemeint war damit, dass die Kirchen, vornehmlich der Katholizismus, im wörtlichen Sinne „nicht auf der Höhe der Zeit", nicht kompatibel mit dem „Zeitgeist", sind. Metz stellte fest:

> „Christliche Religion, die diesen Namen verdient, die sich also nicht selbst schon zur Utopie säkularisiert hat, zu der bekanntlich keiner betet, ist in höchstem Maße, in einer geradezu ärgerlichen Weise ungleichzeitig." (11)

Weiterhin beobachtet er drei idealtypische Positionen, in Kirche und Theologie mit dieser Ungleichzeitigkeit umzugehen: erstens ein Rückzug auf frühere theologische und geistespolitische Positionen (heute würden wir unpräzise von Fundamentalismus sprechen); zweitens ein Versuch, Ungleichzeitigkeit Hals über Kopf abzustreifen und Theologie auf die Höhe der Zeit zu treiben (man könnte von zwanghafter Anpassung sprechen); und drittens der Versuch, den schöpferischen Charakter der Ungleichzeitigkeit her-

7. Theologie der Befreiung

auszuarbeiten (die Widersprüche zwischen Evangelium und Gesellschaft produktiv nutzen, Widerständigkeiten gegen eine falsche Anpassung entwickeln). Metz spricht in Bezug auf den letztgenannten Typus von „produktiver Ungleichzeitigkeit", der auch notwendig sei, weil man nicht auf einen ausschließlich „gleichzeitigen Menschen" setzen könne, „dem ohnehin vor seiner Zukunft so graut, dass er, wie noch keine Generation vor ihm, nicht mehr sein eigener Nachfahre sein möchte" (19).

Für die politische Theologie galt die entstehende Befreiungstheologie, oder vielmehr die Volkskirche und die Basisgemeinden, als Modell einer produktiven Ungleichzeitigkeit des Christentums, das sich nicht reaktionär abschließt:

> „In ihnen hat sich die ungleichzeitige Sozialform einer kultischen Gemeinschaft gesellschaftlich differenziert und die fundamentalen gesellschaftlichen Konflikte und Leiden in sich aufgenommen" (17).

Die politische Theologie sprach in diesem Zusammenhang von einer möglichen „produktiven Ungleichzeitigkeit".

Der aus heutiger Perspektive etwas irritierende Gebrauch des Begriffs „Religion" erklärt sich daraus, dass hier wohl mehr als die nackten Buchstaben des biblischen Wortes gemeint war, sondern eben auch die Erzähl- und Tradierungsgemeinschaft: kultische Gemeinschaft mit liturgischer Praxis, wir können es auch „Kirche" nennen: Nicht als hierarchische, vormoderne, ja feudalistische Gebilde, aber als Sozialisations-, Tradierungs- und Erinnerungsgemeinschaft, als „Mahlgemeinschaft aller Glaubenden, von der eucharistischen Tischgenossenschaft aller Frommen" (16).

Angesichts des Zustandes der Kirchen in Deutschland heute ist es nicht abwegig zu vermuten, dass dieses Potential zur „Ungleichzeitigkeit" in beide Richtungen, rückwärtsgerichtet wie auch produktiv nach vorn, verlorengegangen ist. Sie sind heute – bei uns, in anderen, auch europäischen Ländern wie Spanien, sieht es anders aus – weder jener Hort reaktionärer Ungleichzeitigkeit, der mit Demokratie und Menschenrechten nichts anfangen will und zugleich gesellschaftspolitisch meinungsbildend ist, noch sind sie kritisches, prophetisches Potenzial, dass angesichts der Verhältnisse doch dringend notwendig wäre.

Die Verantwortlichen in den Kirchen sehen sich durch die vielbeschworene Wiederkehr der Religion in ihrer Position bestätigt und in ihrer Arbeit motiviert. Sie meinen von einer neuen „Nachfrage" profitieren zu können und neben marktförmiger Modernisierung und „Kundenorientierung" – vor allen Dingen im Bereich der Doppelstruktur von Caritas und Diakonie, aber auch in der auf Kasualien und Liturgie konzentrierten Gemeindepastoral – auch noch diesen „Aufschwung" nutzen zu können. Umfragen von Bertelsmann und Religionsmonitor zeigen aber, dass es, wenn es überhaupt eine solche Wiederkehr der Religion gibt, es sich um eine sehr diffuse und zugleich individualistisch verengte allgemein religiöse Befindlichkeit handelt. Diese kann man möglicherweise im Sinne einer institutionellen Selbsterhaltung auf niedrigstem Niveau nutzen. Es bleibt aber die Tatsache, dass solche Angebotsorientierung kaum in der Lage ist, den gemeinschaftsverpflichtenden Charakter traditioneller „Kirchlichkeit" wiederherzustellen. Und eine solche Strategie spiegelt schon gar nicht das „Ferment" der oben beschriebenen „produktiven Ungleichzeitigkeit" wider.

Man könnte nun diese Frage einfach für grundsätzlich überflüssig erklären: Dann nämlich, wenn man von den Kirchen überhaupt nichts mehr erwartet, solche Erwartungen an die Kirche sogar für falsch hält, weil die Geschichte der Kirchen gezeigt habe, dass die „reaktionäre Ungleichzeitigkeit" durchweg dominant war. Oder, weil man den jüdisch-christlichen Traditionen heutzutage nichts mehr zutraut und deshalb ihre Organisierung für überflüssig hält. Ist man allerdings der Meinung, dass die christliche Hoffnung auf Menschlichkeit, Menschwerdung und Reich Gottes noch etwas zur Zukunft dieser Welt beitragen kann, dann stellt sich auch die Frage nach der – oder besser: einer – Kirche (als Tradierungs-

7. Theologie der Befreiung

gemeinschaft und Organisierung der Glaubenden und Hoffenden), denn „der Glaube und die Hoffnung sind zu schwer für den Einzelnen", wie es der Theologe Fulbert Steffensky sagt.

Und hier kommt dann wieder der Begriff der „Religion" ins Spiel, den ich oben schon angesprochen habe. Der Theologe Ton Veerkamp schreibt: „Die Frage ist nicht, ob Gott existiert, sondern wer oder was in unserer Gesellschaft als Gott funktioniert." (vgl. Ton Veerkamp, Autonomie und Egalität. Ökonomie, Politik und Ideologie in der Schrift, 101) In diesem Sinne gibt es bei uns ein ganzes Pantheon von Göttern und Religionen, deren höchster die Art und Weise unseres Wirtschaftens, der Kapitalismus selbst ist: Er stiftet Identität, bietet Handlungsorientierung und Lebenskrisenbewältigung, er legitimiert die Macht und hat ein umfassendes Weltbild unter Bezug auf ein „Heiliges" – den Markt – und seine Inkarnationen und Tempel: die Kaufhäuser, die Werbung als Predigt, das Labeling oder die Börsen.

Eine Religionsdefinition, wie sie Veerkamp formuliert, hat den Vorteil, den Fehler der klassischen Ideologiedefinition zu vermeiden, nämlich Religion nur als falsches Bewusstsein zu verstehen. Religion in diesem Sinne ist ein praktisches, materielles Konzept. Religion ist Alltagskultur – in welchen Formen auch immer. Da nutzt es nicht, sie einfach für „falsch" zu erklären. In diesem Sinne steht auch befreiende Theologie (oder Theologie überhaupt: denn die Rede vom Gott Jesu und von Jesus Christus ist per definitionem befreiend) vor der Frage, wie ihr „Verständnis von Gott" Alltagskultur werden kann – ob es überhaupt noch die Kraft dafür gibt. Christentum, das sich selbst noch etwas zutraut, das Hoffnung hat, wird seine prophetische Kraft an diesen Herausforderungen messen und zugleich eine Antwort auf die „Wiederkehr der Religion" finden müssen.

Die Geschichten der Bibel sind die Geschichten des Abfalls vom befreienden Gott und der Kritik Gottes daran. Um diese Geschichten und die Möglichkeit zu bewahren, dass sie praktisch werden können, brauchen wir ein dialektisches Verhältnis zur Religion:

Wir müssten Interpretationsgemeinschaft eines „militanten" Atheismus gegen die realexistierenden Götter sein, und wir müssten uns als Mahlgemeinschaft eines „militanten" Glaubens an den Gott der Befreiung und der Auferstehung (für das Subjektsein aller!) organisieren: gegen die banale erinnerungs- und hoffnungslose neoliberale Vernunft. Produktive Ungleichzeitigkeit eben!

Dick Boer

Zwei inkompatible Sprachen? (2008)

„Es rettet uns kein höh'res Wesen / kein Gott, kein Kaiser, kein Tribun / uns aus dem Elend zu erlösen, / können wir nur selber tun!" Biblisch gesprochen ist die Erlösung aus der Sklaverei dagegen eine Gabe. Das Subjekt dieser Befreiung ist ein „Ich", das nicht das Sklavenvolk ist, sondern „ihr Gott", also ein „höh'res Wesen". Es scheint alles klar zu sein: es gibt Menschen, die zu ihrer Befreiung keinen Gott brauchen und Menschen, die sich ihre Befreiung ohne einen Gott nicht vorstellen können. Das soll ein Zusammengehen nicht ausschließen, aber nur unter der Bedingung, dass jede/r nach seiner/ihrer Fasson aktiv wird.

Die besondere Sprache der Bibel

Nun bin ich der Meinung, dass die besondere Sprache der Bibel – nicht nur, wenn sie von Gott spricht – sich in der Tat nicht in die allgemeine Sprache der Moderne übersetzen lässt, ohne an Substanz zu verlieren. Wenn die Bindung an die Logik des Kapitals so unbewusst geworden ist, dass sie „natürlich" als Freiheit verstanden, ja empfunden wird, dann kann die Erlösung aus der Sklaverei nur noch als Relikt aus ferner Vergangenheit missverstanden werden – oder als in der „freien Welt" erfüllt. Dass eine bestimmte Sprache der Allgemeinheit fremd in den Ohren klingt, ist ja nicht unbedingt der Beweis dafür, dass sie hoffnungslos altmodisch geworden ist. Es kann auch auf eine Widerständigkeit deuten, auf ein Sich-nicht-von-der-Allgemeinheit-vereinnahmen-lassen. Die Sprache der Bibel ist widerständig und auch zu ihrer Zeit schon Protest gegen die allgemein herrschende Sprachregelung.

Gott im Allgemeinen

Die Frage, ob der Gott der Bibel sich übersetzen lässt, ist nicht im Allgemeinen zu beantworten. Denn im Allgemeinen kann Gott alles und nichts bedeuten, die Antwort, ob es ihn gibt, je nach Geschmack positiv oder negativ oder agnostisch (ich weiß es nicht) ausfallen. Die Rede von Gott in der Bibel ist aber konkret. Eine Religionskritik, die an dieser Konkretion vorbeigeht, ist von vorne herein daneben. Das gilt auch für die marxistische Religionskritik. Sie hat die Religion erklärt als die Vergöttlichung von Mächten in der Natur oder in der Geschichte, mit denen der Mensch nicht fertig wurde. Der Gott der Bibel ist aber keine Naturmacht und in der Geschichte nur wirksam, um jede Vergöttlichung von welcher Wirklichkeit auch immer (ob Kaiser, Führer, Generalissimo oder Dalai Lama) zu verbieten. Er ist der Gott des Bilderverbots, wodurch die Religion, die ja darin besteht, sich ein Bild von Gott zu machen, radikal, bis in ihre Wurzel, zerstört wird. Menschen machen sich Götter, machen auch nicht zuletzt Menschen zu Göttern, dieser Gott macht sich Menschen und diese menschlich. Nach seinem Bild ist nur der Mensch geschaffen und dieser soll nun entschieden nicht „wie Gott" sein wollen. Wir sollen es ihm glauben. Dieser Glaube ist aber radikalster Unglaube gegenüber allem, was die herrschenden Mächte uns als letzte Wahrheit vorgaukeln wollen. Was dieser Gott fordert, ist militanter Atheismus, Bekämpfung von allem, was sich als Gott aufspielt: das Kapital, der Markt, aber auch die Menschheit à la Feuerbach, die sich wie ein Gott über jede Kritik erhebt und ihre Humanität rücksichtslos durchsetzt. Da ist praktischer Atheismus gefragt: diese Götter sind verwerflich und zu verwerfen.

Doch gibt es in der marxistischen Tradition auch eine Religionskritik, die dem, was in der Bibel Gott genannt wird, sehr nahekommt. Es ist die von Marx, die nicht die Religion im Allgemeinen, sondern die ganz spezifische Religion kritisiert, die „der Seufzer der bedrängten Kreatur" ist. Nur dass auch Marx an einem entscheidenden Punkt die Pointe dieser Erlösung als „das Jenseits der Wahrheit" missdeutet, dem er die Forderung gegenüberstellt, „die Wahrheit des Diesseits zu etablieren". Denn der Gott der Bibel erlöst nicht von der Welt, sondern befreit ein Sklavenvolk dazu, auf der Erde sein Heil zu suchen und zu finden: sein Wille geschehe wie im Himmel so auch auf Erden. Marx hat völlig Recht: „Es ist also die Aufgabe der Geschichte, nachdem das Jenseits der Wahrheit verschwunden ist, die Wahrheit des Diesseits zu etablieren." Aber das spricht nicht gegen den Gott der Bibel, sondern ist ganz in seinem Geist gesprochen.

Religionskritik im Allgemeinen

Marx kann aber die Erlösung als Tat Gottes mit der Befreiungsbewegung als einem Gebot menschlichen Handelns nicht in Einklang bringen, weil seine Religionskritik hier, wo es darauf ankommt, biblisch zu denken, von der Bibel abstrahiert. Dort gibt es keinen Gott „an sich", dessen Wesen nach Belieben mit allem, was einem Menschen beim Wort „Gott" einfallen kann, ausgeschmückt werden darf. Dort haben wir es nicht mit dem Gott der Metaphysik zu tun, der sich jenseits der materiellen Welt seiner abstrakten Absolutheit erfreut. Was in der Bibel Gott genannt wird, definiert sich durch einen Namen: Ich werde da sein, als der ich da sein werde (Ex 3, 14). Auf das „als der ich da sein werde" kommt es an. Denn dadurch werden wir aufgefordert der Erzählung zu folgen, die ihn nun da sein lässt als einen Gott, der vom Anfang bis zum Ende nicht „an sich" sein will, sondern mit seinem Volk. Ein Gott, der das „mit" so versteht, dass er ohne dieses Volk überhaupt nicht Gott sein will. Die von ihm begonnene Erlösung aus der Sklaverei ist ein gemeinsames Unternehmen und es hängt nicht nur von ihm ab, ob es gelingen wird. Es ist „also" (in der Tat, Marx!) die historische Aufgabe des Volkes, die „Wahrheit des Diesseits" zu etablieren. Und so erzählt es die Bibel: das Volk zieht aus – aus der Sklaverei –, zieht ein – in das Land, wo es das Reich der Freiheit organisieren soll –, geht in die Irre (verlässt seinen Gott), bekehrt sich (findet zu seinem Gott zurück, der sich auch wieder finden lässt). Man könnte sagen: dieser Gott geht in seinem Volk auf, er lebt in seinem Volk, ohne es würde er nicht mehr leben. Nur, dass er auch dessen kritisches Gegenüber bleibt, seinem Volk gegenübersteht als die „ewige" Forderung, Tora zu tun – bis alle Tränen abgewischt sind, der Tod nicht mehr sein wird, die Plackerei beendet ist.

Bekennen heißt beten heißt sich engagieren

Aber auch als kritisches Gegenüber existiert er nicht an sich, unabhängig von seinem Volk, als regulative Idee, die so oder so gilt. Alles hängt davon ab, dass das Volk ihn bekennt: Und bekennen heißt beten: dein Name werde geheiligt, dein Reich komme, dein Wille geschehe, wie im Himmel so auch auf Erden. Das ist nicht die Äußerung eines Wunschtraums, dessen Erfüllung dem Angebeteten überlassen wird. Wer betet, engagiert sich: auch ich verspreche deinen Namen zu heiligen, auch ich mache mich verantwortlich dafür, dass dein Reich kommt, auch ich werde alles dafür tun, dass dein Wille auch auf Erden geschieht. Nicht allein du Gott, auch ich. Im Gebet geht es nicht nur um Gott, so wenig wie es nur um den Menschen geht – Menschen beten nicht ohne Grund –, sondern um das Zusammenfinden von Gott und Mensch im gemeinsamen Projekt der Erlösung aus der Sklaverei.

So einfach ist es nicht festzustellen, sie seien inkompatibel: die Sprache der Erlösung aus der Sklaverei, die beginnt mit: Ich bin JHWH, dein Gott, und die Sprache, aus der die Erfahrung spricht: uns aus dem Elend zu erlösen, das können wir nur selber tun. Denn dieser Gott existiert nie an und für sich, sondern ausschließlich in seinen Wirkungen. Und die Wirkung par excellence ist die Schaffung des Menschen nach seinem Bilde, die Produktion eines Vol-

7. Theologie der Befreiung

kes, das befreit wird, indem es sich selber befreit – Gott lässt es hinausziehen und es zieht aus, der eine Akt ist ohne den anderen nicht zu haben, nein, stärker noch: das Handeln dieses Gottes besteht im Handeln dieses Volkes. Stellen wir uns dieses Volk vor in der heutigen Zeit: widerständig, militant atheistisch, ungläubig. Biblische Theologie soll nicht versuchen, den Gott der Bibel noch irgendwie in einem religiösen Bewusstsein zu verorten – nicht, weil die Zeit der Religion vorbei ist, sondern weil sie ihre Sache in der Sprache der Religion nicht vertreten kann. Biblische Theologie soll Klartext reden: das Volk Gottes würde heute sagen, was es im Sklavenhaus Ägypten schon erfahren hat: es rettet uns kein höh'res Wesen, kein Gott, kein Pharao. Es würde auch heute lernen müssen, sich nicht irre machen zu lassen durch die Religion des Marktes mit seinen illusorischen Glücksversprechungen. Wie es damals die Tora hörte als die Forderung: du sollst neben mir, eurem Befreier, keine anderen Götter haben, würde es heute „die Aufhebung der Religion, als des illusorischen Glücks des Volkes" fordern und die Tora hören als „die Forderung, die Illusionen über seinen Zustand aufzugeben", was praktisch heißt, „einen Zustand aufzugeben, der der Illusionen bedarf". Biblische Theologie braucht diese Sprache – der Internationale, der Marxschen Religionskritik, der modernen Befreiungsbewegungen überhaupt –, gerade wenn es darum geht zu erklären, was der Gott der Bibel bewirkt.

Franz J. Hinkelammert

Kritik der politischen Ökonomie, Religionskritik und Humanismus der Praxis (2010)[1]

In den Krisen, die wir heute erleben und die sich für die Zukunft ankündigen, ist es unbedingt nötig, darüber zu diskutieren, was heute der Humanismus bedeuten kann. [...] Gegenwärtig stellt die Globalisierungsstrategie, die bereits viele Katastrophen produziert hat, den großangelegten Versuch dar, die Menschenrechte aufs Neue zu annullieren. Dies geschieht im Namen der Totalisierung des Marktes und des Privateigentums, die die offensichtliche Tendenz haben, Schritt für Schritt viele dieser Menschenrechte zu annullieren, die Ergebnis der Emanzipationskämpfe der letzten Jahrhunderte sind. Dies ist aber auch das Problem des Humanismus heute. Um dieses Problem anzugehen, möchte ich mit einer Analyse des Humanismus beginnen [...] Die Formulierung des Humanismus und die Kritik der Religion gehen immer Hand in Hand.

Die Formulierung des Humanismus der Praxis und die Religionskritik von Marx

Ich will hier von der Religionskritik ausgehen, wie sie der junge Marx formuliert, um hinterher zu analysieren, was im späteren

---

1   Der vorliegende Beitrag ist eine gekürzte Version eines Referats von Franz J. Hinkelammert auf einem Seminar des Institut für Theologie und Politik von 2009.

7. Theologie der Befreiung

Marx aus dieser Religionskritik wird und wie sie sich zu der Religionskritik verhält, die in der Befreiungstheologie auftaucht. [...]
Ich möchte mit einigen Zitaten beginnen, die diese Anfangsposition aufzeigen können:

1. In der Vorrede zu seiner Doktordissertation von 1841 sagt Marx, dass die „Philosophie", die hier schon als kritische Theorie zu verstehen ist, ihren „Spruch gegen alle himmlischen und irdischen Götter, die das menschliche Selbstbewusstsein nicht als die oberste Gottheit anerkennen", setzt.[2] Hier ist das „menschliche Selbstbewusstsein" die „oberste Gottheit" gegenüber allen „himmlischen und irdischen Göttern". [...]

2. In seiner Kritik der Hegelschen Rechtsphilosophie von 1844 formuliert Marx:

> „Die Kritik der Religion endet mit der Lehre, dass der Mensch das höchste Wesen für den Menschen sei, also mit dem kategorischen Imperativ, alle Verhältnisse umzuwerfen, in denen der Mensch ein erniedrigtes, ein geknechtetes, ein verlassenes, ein verächtliches Wesen ist."[3]

An die Stelle des menschlichen Selbstbewusstseins als oberste Gottheit ist der Ausdruck getreten: der Mensch als „höchstes Wesen" für den Menschen. Marx zeigt auf, dass, wenn irgendetwas anderes als der Mensch zum höchsten Wesen erklärt wird, dies dazu führt, dass „der Mensch ein erniedrigtes, ein geknechtetes, ein verlassenes, ein verächtliches Wesen ist."

Kombiniert man beide Zitate, ergeben sich zwei Grundaussagen über das, was wir als Paradigma der marx'schen Religionskritik bezeichnen können: Erstens: Die kritische Theorie setzt ihren „Spruch gegen alle himmlischen und irdischen Götter", die nicht anerkennen, „dass der Mensch das höchste Wesen für den Menschen sei" und zweitens: Die kritische Theorie setzt ihren „Spruch

---

2   Marx, Karl: Differenz der demokritischen und epikureischen Naturphilosophie. Vorrede. Marx Engels Werke. Ergänzungsband. Erster Band. S. 262.
3   Marx, Karl: Zur Kritik der Hegelschen Rechtsphilosophie. Einleitung. MEW, I, S. 385.

gegen alle himmlischen und irdischen Götter", in deren Namen der Mensch nicht das höchste Wesen für den Menschen, sondern „ein erniedrigtes, ein geknechtetes, ein verlassenes, ein verächtliches Wesen ist" und dazu gemacht wird.

Dies ist ein Unterscheidungskriterium für die Religion, nicht ein Angriff auf die Religion selbst. Dies gilt, obwohl Marx davon ausgeht, dass die Religion damit überflüssig wird. Sollte sie aber nicht überflüssig werden, kann diese Religionskritik völlig ihre Gültigkeit bewahren. Ihre Bedeutung als Unterscheidungskriterium behält sie.

Marx sagt etwas, das für unsere Vorstellung von Marx völlig fremd ist: Gott ist Mensch geworden. Er sagt es aber nicht im religiösen Sinne, sondern im anthropologischen. Er sagt auch, was der Mensch tut, wenn der Mensch zum höchsten Wesen – wenn man so will, zum Gott – für den Menschen wird. Es ist wieder etwas ganz anderes, als es unseren normalen Vorstellungen entspricht. Der Mensch wirft jetzt alle Verhältnisse um, in denen „der Mensch ein erniedrigtes, ein geknechtetes, ein verlassenes, ein verächtliches Wesen ist." Es ist die Praxis, für die eine andere Welt möglich ist. In dieser Praxis ergibt sich die Selbstverwirklichung des Menschen. [...]

Die Religionskritik des späteren Marx

Der spätere Marx führt diese Religionskritik weiter, aber er wechselt die Worte, in denen er sich ausdrückt. [...] Jetzt spricht er nicht mehr über die himmlischen Götter, sondern über die irdischen. Er nennt sie Fetische. Aber diese Kritik der irdischen Götter ist für Marx keineswegs beendet, sondern tritt in den Mittelpunkt unter dem Namen der Fetischismuskritik in Bezug auf Markt, Geld und Kapital. Dies ist einer der Gründe, warum er die Sprache ändert. Mir scheint es noch einen anderen zu geben. Die ausdrückliche Religionskritik ist immer in der Gefahr, ihre Kritik auf eine einzige Religion zu richten. Der Anspruch von Marx aber ist universal.

7. Theologie der Befreiung

Er kann sich daher nicht auf eine Kritik des Christentums beschränken, mit der er begonnen hat. Darum kann er seine Religionskritik jetzt innerhalb seiner Kritik der politischen Ökonomie weiterführen. Sie richtet sich gegen erfahrbare, irdische Götter und kann wissenschaftlich weitergeführt werden. Die himmlischen Götter kann man nicht empirisch erfahren, denn sie sind unsichtbar. Sie werden sichtbar in den irdischen Göttern, indem diese den Menschen sichtbar in ein „erniedrigtes, ein geknechtetes, ein verlassenes, ein verächtliches Wesen" verwandeln. Wie diese irdischen Götter das bewerkstelligen und welchen Gesetzen sie dabei folgen, kann dann nur die Kritik der politischen Ökonomie zeigen. Dies ist ihre Aufgabe. [...]

Die Fetischismuskritik im späteren Marxismus

Bei Marx durchzieht diese Religionskritik als Fetischismuskritik alle seine späteren Werke, vor allem seine Kritik der politischen Ökonomie von 1859, die Grundrisse und das Kapital. Sie ist überall gegenwärtig.

Im späteren Marxismus hingegen verschwindet diese Kritik des Fetischismus weitgehend aus der Kritik der politischen Ökonomie. [...] Die marxistische Religionskritik hat einen anderen Weg genommen. Sie fragt auf einmal, ob Götter oder Gott existieren oder nicht. Ganz gleich, wie man sie beantwortet, gibt es keine Kriterien. Es handelt sich um eine rein metaphysische Frage, die mit der Kritik der politischen Ökonomie und der marx'schen Religions- und Fetischismuskritik überhaupt nichts zu tun hat. [...] Denn auch der Atheismus kann, ganz im Sinne von Marx, falsche irdische Götter haben. Der Unterschied ist allerdings, dass diese falschen irdischen Götter nicht durch himmlische Götter metaphysisch überhöht werden. Sie können sich nicht hinter einem himmlischen Gott verstecken. [...]

Die marx'sche Religionskritik fragt nicht, ob es diesen Gott gibt oder nicht. Sie stellt fest, dass es das Bild eines Gottes ist, für den nicht der Mensch, sondern das Kapital das höchste Wesen für den Menschen ist. Das Kapital ist das höchste Wesen für den Menschen und dieser Gott ist das höchste Wesen für das Kapital. Aber der irdische Gott kann sich jetzt hinter dem himmlischen Gott verstecken. [...]

Die Religionskritik in der Befreiungstheologie

Dann aber kann man die Frage stellen, wie denn die Religionskritik der Befreiungstheologie aussieht. Denn auch die Befreiungstheologie macht Religionskritik. Man kann dies an einem Wort zeigen, das Erzbischof Romero häufig gebrauchte während er die Messe feierte, bevor er erschossen wurde. Es stammt von Irenäus von Lyon aus dem II. Jahrhundert: *Gloria Dei vivens homo* (die Ehre Gottes ist es, dass der Mensch lebt). Romero drückte es auch so aus: *Gloria Dei, vivens pauper* (die Ehre Gottes ist es, dass der/die Arme lebt).

Drückt man dies in der Sprache von Marx aus, könnte man sagen: die Ehre Gottes ist es, dass der Mensch das höchste Wesen für den Menschen ist. Die marx'sche Religionskritik setzt ihren Spruch nicht gegen solch einen Gott, denn er ist in ihrem ausdrücklichen Sinne kein falscher Gott. Dies gilt, obwohl Marx diesen Teil seiner Religionskritik nicht ausführt. Das Ergebnis liegt in der Sache selbst. Wenn die Religionskritik falsche Götter verurteilt, können immer Götter bleiben, die nicht falsch sind.

Bei Gandhi finden wir eine ganz ähnliche Reflexion:

„Wenn Gott Söhne (und Töchter) haben kann, sind wir alle Söhne (und Töchter) Gottes. Wenn Jesus wie Gott ist, oder Gott selbst, dann sind alle Menschen wie Gott und könnten Gott selbst sein."[4]

Er zieht hieraus einen ganz ähnlichen Schluss wie ihn die Religionskritik der Befreiungstheologie zieht. Dieser Schluss ist anders

---

4 Vgl. Mohandas Karamchand Gandhi: An Autobiography or The Story of my experiments with truth (1927), Ahmedabad 1994, S. 113.

als der der christlichen Orthodoxie in fast allen ihren Formen. Danach ist Jesus als Sohn Gottes selbst Gott, der Menschenform angenommen hat, aber der der eingeborene, sogar einzige Sohn Gottes ist. Er ist Mensch gewordener Sohn Gottes unter den anderen Menschen, die nicht Mensch gewordener Gott sind. Damit wurde der Schluss abgeblockt, dass der Mensch durch Jesus hindurch das höchste Wesen für den Menschen ist, der im Christentum durchaus angelegt ist. In der Orthodoxie bleibt Gott das höchste Wesen für den Menschen und bestimmt, was der Mensch zu sein hat. Auch für diese Orthodoxie kann daher das Christentum kein Humanismus sein.

Auf diese Weise hat die marx'sche Religionskritik für die Befreiungstheologie eine durchaus wichtige Rolle gespielt. Dies auch deshalb, weil diese marx'sche Religionskritik sich sehr wohl in die jüdisch-christliche Tradition der Religionskritik einfügt. Dies ist sogar der christlichen Orthodoxie klar, die deshalb diese in ihrer eigenen Tradition gegenwärtige Religionskritik verurteilt. Beide Orthodoxien, die marxistische wie die christliche, verurteilen diese Art Religionskritik, komme sie nun von Marx oder direkt aus der jüdisch-christlichen Tradition.

Das Spezifische der marx'schen Religionskritik

Die Frage ist dann, was eigentlich das Neue an der marx'schen Religionskritik ist. Innerhalb der aufgezeigten Kontinuität bringt sie etwas völlig Neues. Dies besteht darin, dass Marx diese Religionskritik in sein Praxisdenken integriert. Damit wird sie zu einer Aufforderung zur Veränderung der Gesellschaft im Sinne seines kategorischen Imperativs. Das aber bedeutet, dass diese marx'sche Religionskritik, trotz dieser Kontinuität, auch eine andere ist. Sie geht nicht mehr von einer Religion aus, sondern gründet sich auf eine Anthropologie der säkularen Welt. Dies äußert sich bei Marx darin, dass er die Religionskritik, in der Form der Fetischismuskritik – und das heißt, in der Form der Kritik der irdischen Götter – zu einer Dimension der Kritik der politischen Ökonomie machen kann und muss. In diesem Sinne wird sie Wissenschaft. Es taucht daher bei Marx durchaus ein Glaube auf. Aber es ist ein anthropologischer und folglich säkularer Glaube, nicht ein kirchlich-religiöser.

Auf diese Weise ergibt sich der marx'sche Humanismus als ein Humanismus der Praxis und nicht als die Feier oder das Lob des Menschlichen als solchem, die immer die Tendenz haben, zu einem neuen Versteck für irdische, falsche Götter zu werden und dabei eine Funktion übernehmen, die auch die himmlischen falschen Götter haben.[5]

Heute gilt es, diese Dimension weiterzuführen oder sie zurückzugewinnen, soweit sie verloren gegangen ist. Religionskritik als Fetischismuskritik müsste dabei weitergeführt werden als Kritik der Mythen des heutigen Kapitalismus, die auch eine Dimension der Kritik der politischen Ökonomie sein muss. Denn die große Veränderung, die Marx gebracht hat, ist noch immer unterwegs. [...] Es geht darum, diejenigen heiligen Werte zu entwerten, in deren Namen der Mensch verachtet wird und den Markt wie den Staat und viele Institutionen mehr verfügbar zu machen für eine Aktion, die effektiv den Menschen zum höchsten Wesen für den Menschen macht. Der Mensch muss Freiheit haben gegenüber den irdischen Göttern, die den Menschen gefangen halten und die die Freiheit usurpieren, die sie aber in Wirklichkeit in ein Gefängnis verwandeln.

---

5   Zu den ersten Büchern, die vom Departamento Ecuménico de Investigaciones (DEI) in San José, Costa Rica, herausgegeben wurde, gehört das kollektiv verfasste Buch „La lucha de los Dioses", Richard, Pablo (Hg.), San José/ Costa Rica 1980. Auf deutsch: Die Götzen der Unterdrückung und der befreiende Gott. Edition Liberación, Münster 1984.

Philipp Geitzhaus

Bruch und Option (2014)

Zwei Basiskategorien einer Theologie der Befreiung

Die Befreiungstheologie ist vorbei: Ausgestanden, überwunden, vielfach sogar schon vergessen. Natürlich ist das eine stark vereinfachte Aussage. Heute gibt es ja immer noch und immer wieder Theologien, die sich – wenigstens im weitesten Sinne – als politische Theologien verstehen. Dabei handelt es sich zum einen um Ausdifferenzierungen der „klassischen Befreiungstheologie", aber auch um solche, die ganz andere theoretische Entwicklungen und soziopolitische Entstehungsorte aufweisen. Zu nennen wären hier vor allem die postkolonialen, feministischen und queeren Theologien; die Liste ließe sich fast beliebig erweitern.

Pluralität der Theologien und das gemeinsame Projekt „Befreiung"

Während der letzten Befreiungstheologischen Sommerschule in Münster waren verschiedene politisch-theologische Hintergründe präsent. Die Frage, mit der wir uns deshalb immer wieder, mindestens implizit, konfrontiert sahen, war: Was ist das Gemeinsame der verschiedenen politischen Theologien? Gibt es überhaupt etwas Gemeinsames? Wie können wir heute von befreiender, politischer Theologie, vielleicht von Befreiungstheologie sprechen?

Es gibt sicherlich unterschiedliche Möglichkeiten, Befreiungstheologie vorzustellen. Naheliegend ist eine historische Betrachtungsweise: In den 1960er und 70er Jahren gab es in Lateinamerika viele nationale Befreiungskämpfe, in denen auch zahlreiche Christ_innen mitkämpften. Es entwickelten sich in dieser Zeit aktive Basisgemeinden, die auf Grund ihres christlichen Glaubens politische, solidarische Arbeit leisteten. Das gemeinsame politische Projekt hieß „Befreiung", Befreiung der verarmten Bevölkerung. In diesen Kontexten entstand auch die kritisch-theologische Reflexion dieser politischen Befreiungspraxis, die Theologie der Befreiung. Spätestens mit dem Ende der Militärdiktaturen in Lateinamerika löste sich das Verständnis von Armut und Befreiung von der ökonomischen Engführung ab und es entwickelten sich diverse befreiende Theologien, bis heute.

Bruch und Option

Eine andere (keine dem widersprechende!), eher systematische Möglichkeit, Befreiungstheologie zu charakterisieren, die wir auf der Sommerschule diskutiert hatten, war, diese Theologie mit den grundlegenden Kategorien Bruch und Option zu verstehen. Beide Kategorien sind aufeinander bezogen und funktionieren nur in ihrer Reziprozität. Für sich genommen sagen diese Kategorien natürlich noch wenig, deshalb gilt es, sie näher zu bestimmen.

Der Bruch meint einen epistemologischen und politischen Bruch mit der herrschenden Theologie und vor allem mit den gesellschaftlichen Herrschaftsstrukturen. Die Herrschaftsstrukturen werden im Lichte des Evangeliums als unterdrückerisch verstanden, insofern sie Leben (in Würde) verweigern, statt es zu fördern. Der entscheidende und unterscheidende Punkt, der die Befreiungstheologie ausmacht, liegt nun darin, wie sich die Theologin zu dieser (Glaubens-)Erkenntnis verhält. Es geht nicht mehr nur darum, Leid zu interpretieren, zu theologisieren, sondern es

7. Theologie der Befreiung

zu überwinden.¹ Insofern gibt die Theologie der Praxis, der befreienden Praxis, den Vorrang. Der französische Theologe Georges Casalis hebt hervor:

> „Es sei jedoch ausdrücklich betont, dass es sich um eine völlig andere Theologie handelt, die die Praxis der Befreiungskämpfe als primär und ihre Deutung im Lichte des Evangeliums als zweiten Akt begreift."²

Das impliziert auch einen parteilichen Umgang mit der Praxis. Es geht darum, sich in den Befreiungsbewegungen und in der „Welt der Armen" (Ignacio Ellacuría) zu verorten. Und in einer Welt, die so viel Armut und Ausgrenzung produziert, Partei für die Armen und Ausgegrenzten zu ergreifen und damit auch aus ihrer Perspektive diese Strukturen zu überwinden hin auf eine Welt, in der alle ihren eigenen Bedürfnissen entsprechend leben können. Das meint der Terminus „Option für die Armen". Die feministische Befreiungstheologie konkretisierte diese Option noch einmal, indem darauf hingewiesen wurde, dass Verarmung und Ausgrenzung vor allem geschlechtlich geprägt sind. Später wurde diese Option zu einer „Option für die Anderen"³ erweitert, die die verschiedenen Facetten von Ausgrenzung und Ausbeutung (ökonomisch, rassistisch, sexistisch...) ausdrücken möchte.

> „Die Option für die Anderen [wird] als eine Radikalisierung und Vertiefung der Option für die Armen, wie sie in kirchlichen Verlautbarungen, aber auch in der Sicht der Befreiungstheologie formuliert war, verstanden."⁴

---

1   Vgl. Jon Sobrino: Theologisches Erkennen in der europäischen und der lateinamerikanischen Theologie, in: Karl Rahner (Hg.): Befreiende Theologie. Der Beitrag Lateinamerikas für die Gegenwart, Stuttgart 1977, S. 132.
2   Georges Casalis: Die richtigen Ideen fallen nicht vom Himmel. Grundlagen einer induktiven Theologie, Stuttgart 1980, S. 89.
3   Michael Ramminger: Mitleid und Heimatlosigkeit. Zwei Basiskategorien einer Anerkennungshermeneutik, Luzern 1998, S. 28-30.
4   Ebd. S. 30.

Befreiungstheologie als Gegentheologie

Die beiden Kategorien Bruch und Option wollen ermöglichen, dass eine bzw. die Theologie der Befreiung zwar an das Ziel der Befreiung, nicht aber notwendig an nationale Befreiungsbewegungen, wie es sie in den 1960er und 70er Jahren (vorher und später natürlich auch) gab, gebunden ist. Damit steht und fällt sie auch nicht mit diesen Bewegungen, sondern sie muss wachsam sein für die je neuen emanzipatorischen Aufbrüche und sich in diesen auch verorten können – auch in den „Zeiten messianischer Dürre" (Elsa Tamez). Wie man sich also bezüglich der Befreiungstheologie positioniert, hängt auch mit der Positionierung und Interpretation heutiger emanzipatorischer Kämpfe zusammen. Wie stelle ich verschiedene Kämpfe zueinander ins Verhältnis und ordne sie historisch ein? Auf welche Tradition(en) beziehe ich mich in meiner Reflexion und Theoriebildung?

Heute von Befreiungstheologie zu sprechen, hieße m.E., die gegenwärtigen (globalen und lokalen) emanzipatorischen Bewegungen zu suchen und aus ihnen heraus das Ziel der Befreiung zu erarbeiten. Das impliziert, Partei zu ergreifen (Option), aber diese Parteilichkeit auch auf ihre Universalisierungsfähigkeit hin zu überprüfen und diese im Sinne der Befreiung zu vermitteln, denn Gerechtigkeit kann es immer nur für alle geben (Boniface Mabanza). Diese Option schließt den Bruch mit einer „Zuschauertheologie" ein. „Es erweist sich als wesentlich für die ‚Gegentheologie' und wird immer mehr zu ihrem Bewährungskriterium, dass sie keine Zuschauerhaltung duldet."[5] Das gilt heute wie damals.

---

5 Casalis, S. 89.

Claudia Huml und Andreas Kückmann

„Das volck wird frey seyn!" (2017)

Thomas Müntzers „vergessene Reformation"

Wer war dieser Mann, dessen Theologietreiben noch heute für linke TheologInnen interessant ist und Anknüpfungspunkte für Denken und Handeln gibt? Diese schillernde Persönlichkeit wurde in den letzten 500 Jahren als Ketzer, Aufrührer und Revolutionär interpretiert.

Es gibt kein Bild von Thomas Müntzer. Sein wahres Aussehen ist heute nicht mehr bekannt. Erst 80 Jahre nach seinem Tod tauchte das Porträt des Niederländers Christoph van Sichem auf, ein Fantasiebild für eine Ketzerchronik.

Müntzer, 1489 im thüringischen Stolberg geboren, absolvierte eine solide akademische Ausbildung als Theologe und Priester. Er arbeitete als Prediger und Seelsorger in ganz Deutschland. Dabei geriet er mit seinen Vorstellungen und seiner Theologie zunehmend in Konflikt mit der kirchlichen und weltlichen Obrigkeit. Müntzer sah das Christentum auf dem Weg in eine neue Epoche der Gerechtigkeit und Freiheit. Zu Beginn seines Wirkens noch eng an der Wittenberger Theologie orientiert, entfernte er sich im Laufe seines Lebens immer mehr von ihr. 1523 kam er als Pfarrer nach Allstedt, wo er eine Gemeinde nach dem Vorbild der Urkirche aufbauen wollte. Müntzer, der in der Feier des Gottesdienstes eine religionspädagogische Möglichkeit sah, das Volk zu bilden, formulierte als erster Theologe der Reformationszeit eine Neuordnung des Gottesdienstes.

Am 13. Juli 1524 übernachtete eine Gesandtschaft der Landesherren im Allstedter Schloss. Müntzer ergriff die Gelegenheit, um sie mit deutlichen Worten an ihre Verantwortung für das Volk zu erinnern. In dieser heute noch bekannten „Fürstenpredigt", die ohne gottesdienstlichen Anlass stattfand, stellt Müntzer den Zerfall der Christenheit dar. Er übt dabei Kritik an der gegenwärtigen Kirche und schließt auch die aus seiner Sicht mangelhaften Reformen der Wittenberger Theologen mit ein. Angelehnt an das Buch Daniel, erläutert er die Abfolge der vier Reiche im Traum Nebukadnezars und erweitert es um das fünfte Reich, das gegenwärtige Heilige Römische Reich deutscher Nation. Dieses sei am Ende, denn Gott wolle wieder seine ursprüngliche Ordnung herstellen. Die unfähigen Wahrsager des Königs werden mit dem Klerus verglichen, der den Machthabern den falschen Glauben predigt und doch nur seinen Wohlstand sichern will. Er fordert die Fürsten auf, sich nicht von den „Pfaffen und allen bösen Geistlichen beschwatzen" zu lassen.

„Am volck zcweifel ich nicht"

Vor diesem Hintergrund kritisierte er die sozialen und politischen Missstände. War Müntzer noch zu Beginn überzeugt, die Fürsten für seine Sache gewinnen zu können, stellte er sich im Lauf der Geschehnisse ganz auf die Seite des ausgebeuteten Volkes. Das Reich Gottes soll geschichtsimmanent durch die Kinder Gottes herbeigeführt werden. Geprägt von spätmittelalterlichen Mystikern, wie Johannes Tauler und Heinrich Seuse, orientiert sich für ihn der wahre Glaube am Leidensweg Jesu Christi. Diese Nachfolge des „bitteren Christus" bedeutete für Müntzer konkret die Rebellion gegen die weltliche Obrigkeit. Dabei beginnt der Widerstand zuerst mit einer Veränderung des Menschen im Inneren, indem die Kreaturenfurcht, die Angst vor allem von Menschen Geschaffenen, überwunden wird. Indem der Mensch sein Verhältnis zur Welt verändert, verlieren die gesellschaftlichen Verhältnisse ihren angsteinflößenden und ausbeuterischen Charakter. Es entsteht aus dem Innersten des Menschen eine andere Welt. Das Reich Gottes bricht damit in allen Auserwählten an. Die Auserwählten sind nicht die Herrschenden, sondern jene, die in der Lage sind, den Geist Gottes im Inneren zu erfassen. Er verbindet die mystische Denkweise so mit einer apokalyptischen Vision, in der die persönlich-innere Erneuerung des Menschen und die Veränderung der Verhältnisse zusammengehören. Müntzer nimmt dabei die Perspektive der Menschen ein, die unter den Verhältnissen leiden. All sein Predigen, Schreiben und Arbeiten in der Gemeinde zielten darauf, das gemeine Volk zu befähigen, sich aus feudaler Unterdrückung zu befreien.

War sein Kampf umsonst?

Vor der großen Schlacht im Mai 1525 appellierte er in einem mitreißenden Aufruf an die Aufständischen, die große eschatologische Wende herbeizuführen. In Frankenhausen wurde das Heer der Aufständischen brutal niedergeschlagen. Müntzer floh, wurde aber später gefangen und am 27. Mai 1525 vor den Toren der Stadt Mühlhausen hingerichtet.

Müntzer sprach den Bauern durch seine Theologie grundlegend die Legitimation zu, die bestehenden Verhältnisse zu verändern. Als einer der Ersten begriff er damit Geschichte als veränderbar. Gegenwärtig gibt es zwar keine feudale Gesellschaft, wohl aber den Kapitalismus mit seiner Teilung der Welt in Unterdrücker und Unterdrückte. Auch heute noch geht es darum, diese Grausamkeiten zu beenden.

Philipp Geitzhaus

Politische Theologie in der Diskussion (2018)

Zur Kritik der postpolitischen Theologie

Die Politische Theologie befindet sich seit einiger Zeit wieder verstärkt in der Diskussion. Schnell wird dabei auf Begriffe von Johann Baptist Metz, wie die memoria passionis oder die Compassion, zurückgegriffen. Wie selbstverständlich wird dann auch von Politischer Theologie gesprochen, jedoch meistens um ihr kritisches Potential gebracht.

1969 – vor knapp 50 Jahren – veröffentlichte Helmut Peukert den für die Politische Theologie wichtigen Band „Diskussion zur politischen Theologie", in dem verschiedene Theologen ihre Einsprüche und Anfragen an das Programm der Politischen Theologie von Johann Baptist Metz äußerten und auf die Metz mit einem ausführlichen Aufsatz reagierte. Ein zentraler Vorwurf war, dass die Politisierung der Kirche eine unzulässige Unmittelbarkeit zwischen Glauben und Politik evoziere. Der Aufsatz von Metz ist genau diesem Vorwurf begegnet, indem er darauf hinwies, dass solch eine Unmittelbarkeit im Moment der Kritik ausgeschlossen ist. Dieses Moment der Kritik geht davon aus, dass bestehende Verhältnisse, der jeweilige Status Quo, auch der jeweilige Staat, geschichtlich geworden und veränderbar sind und unter einem eschatologischen Vorbehalt stehen.

Das Bewusstsein vom eschatologischen Vorbehalt muss als einer der folgenschwersten und wichtigsten Erkenntnisse der Poli-

7. Theologie der Befreiung

tischen Theologie betrachtet werden, da so die Theologie als kritische Theologie konzipiert wurde. Als Kriterium dieses kritischen Denkens wurde die Kategorie des „unschuldigen Leidens" eingeführt. Leiden beinhaltet – so Metz in Auseinandersetzung mit der Kritischen Theorie der Frankfurter Schule und Marx – einen unhintergehbaren Imperativ des Nichtseinsollens, weshalb ihm theoretische wie politische Autorität zukommt. Das Leid verweist immer auf die Widersprüchlichkeit des Bestehenden.

Postpolitische Theologie

Der Sammelband von 1969 versammelt noch explizit vorgetragene Kritik und Ablehnung. Heute hingegen wird die Politische Theologie von Metz umgarnt und vereinnahmt. Der Typus Politischer Theologie als kritische und dialektische Theologie wird zwar seit einigen Jahren weiterhin intensiv in Frage gestellt, jedoch häufig in Form der vordergründigen Zustimmung. So legte Ansgar Kreutzer im letzten Jahr (2017) eine Monographie unter dem Titel „Politische Theologie für heute. Aktualisierungen und Konkretionen eines theologischen Programms" vor. Dabei handelt es sich jedoch weniger um eine Fortführung, denn um eine „(Neu-)Konturierung" (Kreutzer, 31) der Politischen Theologie, die Inhalt und Methode fundamental verändert. Zwar findet sich bei ihm eine ausführliche kritische Würdigung der Metz'schen Theologie, wodurch Zustimmung suggeriert wird. Er nimmt dabei jedoch fundamentale Verschiebungen von Inhalt und Methode vor, die als solche nur selten gekennzeichnet sind.

Eine zentrale Verschiebung praktiziert Kreutzer, wenn er die „Option für die Zivilgesellschaft" einführt (Kreutzer, 14). In der Politischen Theologie wie auch in der Befreiungstheologie wird die Wirklichkeit sowie ihre Veränderbarkeit von der Autorität der Leidenden bzw. der Option für die Armen her gedacht. Diese Option bedeutet eine Perspektive und Positionierung „um der Armen willen" (Norbert Arntz) im Hinblick auf das Ganze der Gesellschaft, die als kapitalistische Tauschgesellschaft identifiziert wird. Mit der „Option für die Zivilgesellschaft" nimmt Kreutzer eine folgenschwere Verschiebung vor, insofern er der Perspektive und Positionierung um der Armen und Leidenden willen die Fokussierung auf die Zivilgesellschaft vorlagert. Die Zivilgesellschaft wird als gesellschaftlicher Teil jenseits der staatlichen Institutionen begriffen, nicht jedoch als Teil bürgerlich-kapitalistischer Gesellschaft kritisch reflektiert. Im Gegensatz zu den Armen und Leidenden trägt die Zivilgesellschaft keinen Imperativ des Nichtsein-sollens in sich, sondern setzt gerade auf ihr Fortbestehen. Kreutzers Anliegen, arme Menschen zu integrieren, bedeutet dann eben immer die Integration in die bestehende Tauschgesellschaft, statt ihre Infragestellung. Mit Verschiebungen wie dieser verändern Kreutzer und andere den Charakter der Politischen Theologie fundamental, weshalb ich vorschlage, von einem anderen Typus, behelfsweise von der unkritischen oder postpolitischen Theologie zu sprechen.

Theologie und Kritik

Selbstverständlich geht es in dieser „Typenunterscheidung" verschiedener politischer Theologien nicht um irgendeine korrekte und reine Auslegung des Ansatzes von Metz. Das ist nicht notwendig, da Politische Theologie schon immer ein mehrstimmiges Gemeinschaftsprojekt war, in dem Metz zwar ein zentraler, aber nicht der einzige Akteur war und ist. Jedoch – und das ist viel wichtiger – zeichnet sich dieses Gemeinschaftsprojekt durch einige gemeinsame Grundzüge aus, die sie als besondere Form politischer Theologie charakterisiert. Zu diesen Grundzügen gehören sicherlich die Autorität der Leidenden, die damit verbundene solidarische Subjektwerdung aller, die Hoffnung auf den Gott, der rettet und das Denken im Modus der (Gesellschafts-)Kritik. Diese Grundzüge zeigen ein bestimmtes Verhältnis zur bestehenden Gesellschaft bzw. zu jeder Gesellschaft auf, in dem diese immer auf ihre Kontingenz und umfängliche Veränderbarkeit hin begriffen wird. Das Festhalten an diesem Modus der Gesellschaftskritik macht eine Auseinandersetzung mit der postpolitischen Theologie notwendig.

Literatur:

Geitzhaus, Philipp: Karl Marx grüßt die Politische Theologie. Zur Kritik der neuesten politischen Theologie, 2018. In: Ethik und Gesellschaft 1/2018.

Geitzhaus, Philipp/Ramminger, Michael: Gott in Zeit. Zur Kritik der postpolitischen Theologie, Münster 2018.

Kreutzer, Ansgar: Politische Theologie für heute. Aktualisierungen und Konkretionen eines theologischen Programms, Freiburg im Breisgau 2017.

Peukert, Helmut (Hg.): Diskussion zur „politischen Theologie", Mainz 1969.

Philipp Geitzhaus

Paulus, die Wahrheit und die Idee des Kommunismus (2019)

Badiou politisch-theologisch

Alain Badiou, Philosoph, Mathematiker und Vertreter der „kommunistischen Hypothese" gehört zu den international bekanntesten KapitalismuskritikerInnen der Gegenwart. Auffällig ist, dass der linke Aktivist Badiou für seine philosophische Argumentation auf den Apostel und Kirchengründer Paulus zurückgreift und damit beide provoziert: ChristInnen wie KommunistInnen.

Paulus

Paulus hat es getan, Lenin auch. Beide haben eine Organisation als Konsequenz eines Aufstands bzw. einer Auferstehung hier, einer Revolution dort, gegründet. So jedenfalls die These des Kommunisten und renommierten Philosophen Alain Badiou. Der Apostel Paulus fasziniert bekanntermaßen nicht nur ChristInnen und TheologInnen. Auch KünstlerInnen, FilmemacherInnen und politische AktivistInnen haben sich immer wieder von dem Kirchengründer beeindrucken lassen. Auffällig ist jedoch, dass dies auch – oder vielleicht sogar gerade? – in einer Zeit geschieht, in der die Kirchen an Bedeutung verlieren. Es gehört zu den gegenwärtigen Plausibilitäten, dass das Christentum „von gestern" ist und keine ernsthafte Zukunft hat. Institutionell macht sich das durch Kir-

7. Theologie der Befreiung

chenaustritte und sogenannten Priestermangel bemerkbar. Dazu zählen natürlich auch die zahlreichen Krisen und Skandale.

Und genau in dieser Zeit ist ein verstärktes Interesse an dem Kirchengründer zu vernehmen – nicht von ChristInnen, sondern von linken, marxistischen Intellektuellen. Linke Optionen und Organisationen erleben ja seit einigen Jahren auch nicht gerade einen Höhenflug. Im Gegenteil: Die Ideen von Gleichheit, Freiheit und Solidarität stehen nicht hoch im gesellschaftlichen Kurs und werden von dem, was manche „autoritäre Formierung" nennen, verdrängt.

Vielleicht ist es gerade die Erkenntnis, dass es institutionell sowie theoretisch gewisse Parallelen von Christentum und linker Bewegung gibt, die einige Intellektuelle zu ihren Überlegungen bewegen. Diesem Anliegen widmen sich seit einigen Jahren Philosophen wie Alain Badiou, Slavoj Žižek, Giorgio Agamben und Jean-Luc Nancy. Die Parallele besteht nicht darin, dass behauptet würde, die kommunistische Bewegung sei im Grunde auch eine Religion. Stattdessen wird festgestellt, dass es sich um zwei Bewegung(en) handelt(e), denen es um das „Andere der Welt" (Nancy) ging und geht.

Der französische Philosoph Alain Badiou erkennt im Apostel Paulus den Prototypen eines bestimmten Denkens. Gemeint ist das Denken der „Einheit in Vielfalt". Diese Einheit wird bei Paulus durch den Glauben an die Auferstehung Christi gewährleistet und dieser Glaube eröffnet eine gemeinsame (politische) Praxis. Man könnte hier von einem paulinischen Universalismus sprechen. Es ist die Einheit, die Menschen unter einer gemeinsamen Idee (Auferstehung) versammelt und gleichzeitig die Besonderheit der einzelnen Menschen zur Voraussetzung hat. Badiou begreift den paulinischen Universalismus als Gegenteil von irgendeiner „Gleichmacherei".

Dieser Punkt ist auch heute von großer Bedeutung, wo Individualismus einerseits und Uniformierung andererseits vorherrschend sind. Ist es sinnvoll, dass sich Menschen, Soziale Bewegungen und

Gruppen unter einem gemeinsamen Anliegen zusammenschließen? Und falls ja: Was für ein Anliegen könnte das sein und wer könnte sich überhaupt unter einer gemeinsamen Sache wiederfinden? Für den Atheisten Badiou kann das gemeinsame Anliegen natürlich nicht die Auferstehung Christi sein. Andererseits reicht ein beliebiges Anliegen nicht aus. Stattdessen muss es sich um ein wahrheitsfähiges Anliegen bzw. eine wahrheitsfähige Idee handeln.

Die Idee des Kommunismus

Für Badiou ist das mögliche und wahrheitsfähige Gemeinsame im Sinne des paulinischen Universalismus die „Idee des Kommunismus". Dabei geht es ihm nicht um die Reaktivierung eines bestimmten kommunistischen Partei- oder Bürokratietyps. Es geht noch nicht einmal darum, eine politische Praxis als „kommunistische" zu deklarieren. Vielmehr betont Badiou den Charakter der Idee der politischen Gleichheit. Gleichheit ist, so Badiou, jenseits bzw. entgegen der Herrschaft des Kapitalismus möglich. Bei Paulus war es das Ereignis der Christusbegegnung, das eine neue subjektive und damit institutionelle Seinsweise im umfangreichen Sinne ermöglicht hatte, bar jeder berechenbaren Möglichkeitsbedingung. Genauso Lenin, der eine unmögliche Revolution durchführen konnte. Unabhängig davon, ob man den Parallelisierungen und Schematisierungen Badious zustimmen möchte, stellt er die zentrale Frage, ob so etwas wie eine unmögliche Möglichkeit denkbar ist. Ist die Realisierung von Gleichheit entgegen aller berechenbaren Wahrscheinlichkeit angesichts kapitalistischer Verhältnisse denkbar, und lohnt es sich deshalb daran festzuhalten?

Politische Theologie

Mit seinen Überlegungen thematisiert Badiou unbewusst eines der zentralen Anliegen der Politischen Theologie. Durchgängig wird von Johann Baptist Metz und anderen an der unmöglichen Mög-

7. Theologie der Befreiung

lichkeit des Reiches Gottes und der Rettung der unschuldig Leidenden festgehalten. Ja, es ist gerade diese Hoffnung, die jeden Status quo auf seine Vorläufigkeit verweist und dadurch Denk- und Handlungsspielräume eröffnet. Damit sind selbstverständlich nicht alle Fragen geklärt. Das Gegenteil ist der Fall: Alles wird in Frage gestellt, außer, dass die unmögliche Möglichkeit des Reiches Gottes denkbar ist.

Literatur

Alain Badiou: Paulus. Die Begründung des Universalismus, Berlin-Zürich ²2009.

Alain Badiou: Die kommunistische Hypothese, herausgegeben von Frank Ruda und Jan Völker, Berlin 2011.

Philipp Geitzhaus: Paulinischer Universalismus. Alain Badiou im Lichte der Politischen Theologie, Münster 2018.

Michael Ramminger

„Wir waren Kirche ... inmitten der Armen" (2019)

Das Vermächtnis der Christen für den Sozialismus in Chile

Zwischen 2015 und 2019 habe ich an einem Geschichtsprojekt zu einer christlichen Bewegung – den Christen für den Sozialismus (CpS) – in Chile gearbeitet, die zwischen 1971 und 1973 entstand und auf der Seite der ersten frei gewählten sozialistischen Regierung Südamerikas, der Regierung der Unidad Popular unter Präsident Salvador Allende, stand.

Ein nicht unerheblicher Teil der chilenischen Priester und Ordensleute hatte sich entschlossen, diese Regierung zu unterstützen. Der kürzlich verstorbene Jesuit Pepe Aldunate formulierte es so:

> „[...] am Tag, als Allende triumphierte, war ich auf der Alameda (der Hauptstraße Santiagos, M.R.) und sah mehr und mehr der Ärmsten Santiagos vorbeiziehen: Sie kamen zufrieden, sie sangen und tanzten, weil sie zum ersten Mal in ihrer Geschichte einen Präsidenten hatten, der auf ihre Sehnsüchte antwortete [...] Dort sah ich die Hoffnung dieses Volkes und fasste die Entscheidung dafür zu arbeiten, dass diese Hoffnung nicht enttäuscht würde."

Die meisten der Priester und Ordensleute lebten in den Armenvierteln, arbeiteten in Fabriken und Betrieben und teilten das Leben der Menschen in den „Poblaciones".

7. Theologie der Befreiung

ChristIn und SozialistIn

Das Besondere ihrer Bewegung bestand darin, dass sie zeigen wollten, dass man als ChristIn auch SozialistIn sein kann. Das versuchten sie theoretisch und praktisch nachzuweisen. Sie wollten keine Parallelkirche sein, sondern diese römisch-katholische Kirche zumindest zum Teil auf der Seite der Armen sehen. Zugleich bestand ihre „Option für die Armen" nicht nur im Teilen von deren Lebenswirklichkeit, sondern darüber hinaus darin, sich in den politischen Organisationen und Parteien jener Zeit zu organisieren: Sie wollten keinen „dritten Weg", kein „social-cristianismo", sondern einfach nur Teil der Kämpfe der Armen werden. In der kurzen Zeit ihres Bestehens trugen sie ihren Teil zum sozialistischen Weg Chiles in den Armenvierteln bei, sie stärkten die politischen Organisationen und zeigten auf, dass die Kirche nicht notwendig auf der Seite der Reichen und Mächtigen stehen muss. Das war für die *Unidad Popular*, wie auch Allende wusste, ein bedeutsamer Beitrag zur damaligen Politik.

Widerstand und Konflikte

Natürlich führte das zunehmend zu einem Konflikt mit einem Großteil der Hierarchie, also der chilenischen Bischofskonferenz: Sie wurden immer wieder vor ihrem parteilich politischen Engagement gewarnt, einzelne Priester wurden suspendiert und gemaßregelt. So, wie der Druck der Oberschicht auf die *Unidad Popular* immer größer wurde, stiegen auch die Spannungen zwischen der Hierarchie und den Christen für den Sozialismus (CpS). Im Oktober 1973, kurz nach dem Putsch der Militärs, der sich in die blutige Diktatur verlängerte, veröffentlichte die Bischofskonferenz eine Unvereinbarkeitserklärung von CpS und priesterlicher Existenz. Der damalige CpS-Ordenspriester Martín Garate kommentiert das später so:

„Mit diesem Dokument hat die Kirche den Ball an das Militär weitergespielt und sie konnten mit den CpS machen, was sie wollten. Das war die größte Sauerei, die je passiert ist. Und ich verzeihe ihnen das nicht, man muss es der Kirche irgendwann verzeihen, aber nein, das hat den Tod so vieler Priester bedeutet ..."

Was bleibt...

Viele CpS-Mitglieder wurden verhaftet, gefoltert, einige ermordet und fast alle mussten sich in das Exil flüchten. Die Bewegung der CpS, eine der ersten befreiungstheologischen Erfahrungen, diese großartige Bewegung in der Nachfolge jesuanischer Praxis, wurde auf diese Weise aus der Geschichte gewischt. Viele ihrer Mitglieder waren von dieser Erfahrung der Gewalt von Kirche und herrschender Klasse in Chile so traumatisiert, dass sie erst Jahrzehnte später darüber sprachen.

Ich konnte Interviews mit vielen ihrer Gründungsmitglieder führen und mir wurden Originaldokumente dieser Zeit zur Verfügung gestellt, aus denen ein Buch über diese Zeit entstand. Immer deutlicher wurde mir, dass diese „Wiederentdeckung" ihren öffentlichen Ort eigentlich in Lateinamerika und in Chile haben müsste und so war es erfreulich, dass sich einer der wichtigsten chilenischen Verlage bereit erklärte, das Buch auch auf Spanisch zu veröffentlichen.

Chile heute

Für uns vom ITP war das der Anlass, nach Chile zu reisen und an verschiedenen Veranstaltungen zum Thema teilzunehmen. Dies geschah in einer extrem kritischen Phase der chilenischen katholischen Kirche. Sie hat vielleicht so wie in keinem anderen Land der Welt durch Missbrauchsskandale und Machtmissbrauch unwiderruflich an Vertrauen bei den Menschen verloren. Aber etwas anderes ist noch viel bedeutender. Die Erinnerungspolitik in Chile konzentriert sich auf die Phase der Diktatur, auf die Menschenrechtsverbrechen und auf den Kampf dagegen, an dem die Basisgemeinden in den 1980er Jahren einen wichtigen Anteil hatten. Aber vielleicht, so sagte uns eine Menschenrechtsaktivistin dieser Zeit, „vielleicht haben wir über die Verteidigung der individuellen Menschenrechte die Verteidigung der sozialen Menschenrechte zu sehr vergessen".

Erinnerung an die Utopie

Und deshalb ist es wichtig, an die Christen für den Sozialismus, an ihr Engagement und das utopische Potenzial dieser Zeit zu erinnern. Chile braucht über die Erinnerung an die Menschenrechtsverbrechen hinaus auch eine Erinnerung daran, weshalb die Menschen dieser Zeit verfolgt worden sind: zunächst wegen ihres Engagements für den Sozialismus der *Unidad Popular*, wegen ihrer Hoffnung darauf, dass eine andere als die herrschende (eben im doppelten Wortsinn) kapitalistische Ordnung möglich und notwendig ist. Auf einem Seminar an der Universität, an der 1973 der berühmte Sänger und Theatermacher Victor Jara verhaftet und später ermordet wurde, waren wir uns als bundesdeutsche ChristInnen gemeinsam mit den Geschichtsstudierenden Santiago de Chiles darüber einig: Die Erinnerung an die CpS ist wichtige Voraussetzung und Bekräftigung unserer gemeinsamen Suche nach den Bedingungen und Möglichkeiten einer Welt ohne Gewalt, Herrschaft und Ungerechtigkeit. Und für uns als ChristInnen ist klar geworden: Die Geschichte der Befreiungstheologie ist jedenfalls ohne die Christen für den Sozialismus nicht zu verstehen.

8. Islamische Theologie der Befreiung

Kacem Gharbi und Benedikt Kern

Der „Islam der Befreiung" hat Gerechtigkeit und Gleichheit zum Grundsatz (2016)

Ein Gespräch mit dem muslimischen Philosophen und Befreiungstheologen Kacem Gharbi (Tunis)

Kacem Gharbi (*1968 in Tunis) ist Philosoph, einer der profiliertesten muslimischen Befreiungstheologen Tunesiens und setzt sich mit den Spielarten des politischen Islam auseinander. Während der Ben Ali-Diktatur war er in den 1990ern acht Jahre lang politischer Gefangener. In seiner Dissertationsschrift beschäftigte er sich mit dem christlichen lateinamerikanischen Philosophen und Befreiungstheologen Enrique Dussel. Heute arbeitet er in einer interdisziplinären Forschungsgruppe der Universität Tunis zu alternativen Ökonomiemodellen.

Benedikt Kern: Das Institut für Theologie und Politik (ITP) in Münster stellt seit fast 25 Jahren eine Schnittstelle zwischen der Befreiungstheologie und sozialen Bewegungen im europäischen Kontext dar. Du setzt dich seit Jahren mit der muslimischen Befreiungstheologie auseinander und bist einer ihrer (noch) marginalisierten Vertreter in Tunesien. Was steckt hinter dem Begriff „Islam der Befreiung", was charakterisiert die muslimische Befreiungstheologie aus deiner Perspektive?

8. Islam der Befreiung

Kacem Gharbi: Zunächst ist der Islam eine Religion, die auf eine Offenbarung gegründet ist und die Gerechtigkeit zum Ziel hat. Der „Islam der Befreiung" ist ein Islam, der es geschafft hat, eine Selbstkritik an seiner Geschichte zu vollziehen, um die eigenen religiösen und ethischen Fundamente wiederzufinden.

Im Gegensatz dazu ist der traditionelle Islam eine erobernde Religion, die imperialistisch ausgerichtet ist und sich damit auseinandersetzt, wie die Welt regierbar ist. Dabei ignoriert dieser Islam seine Verbrechen, die im Namen der Religion stattfinden. In diesem fundamentalistischen Gesicht des Islam findet man nicht die Menschlichkeit, die ich in den koranischen Texten gefunden habe. Hierbei ist es wichtig, zwischen den Korantexten aus Mekka, die Mahmoud Taha die Texte des „grundlegenden Islam" nennt, und jenen aus Medina, die er als die Texte des „Islam der Umstände" bezeichnet, zu unterscheiden. Die gesellschaftliche Anwendung der religiösen, ethischen und politischen Grundsätze fand in den medinischen Schriften auf dem Hintergrund der entstehenden Herrschaft eines islamischen Reiches statt – sie sind somit eine Verfremdung der fundamentalen Ziele des Islam durch Sklaverei, Eroberung, Frauenverachtung und Steuertyrannei. Denn die ursprüngliche Ausrichtung ist befreiend und nur vor dem historischen Hintergrund der damaligen arabischen Welt zu verstehen.

Der „Islam der Befreiung" hat Freiheit und soziale Gerechtigkeit zum Grundsatz. Wenn wir uns beispielsweise Sure 109 ansehen, stellen wir fest, dass die Religionsfreiheit, die die Heiligkeit jedes menschlichen Lebens anerkennt, konstitutiv für den Islam ist. Die Gerechtigkeit wird u.a. in Sure 8 als der wahre Glaube bezeichnet. Das hier entworfene Menschenbild hat konkrete Auswirkungen auf gesellschaftliche Verhältnisse, die dem widersprechen. Um ein Leben in Freiheit und Gerechtigkeit zu errichten, bietet der Koran Inspiration und Handlungsimpulse. Und um diese herauszustellen bedarf es der Hermeneutik, d.h. Verstehensweise, einer befreienden Theologie.

B.K.: Aus der lateinamerikanischen Befreiungstheologie wissen wir, dass eine befreiende Lesart des Christentums aus den konkreten Fragen von Christinnen und Christen, die sich in Befreiungsbewegungen engagieren, entstanden ist. Auch wir im ITP haben in unterschiedlicher Weise die Erfahrung gemacht, dass die Frage danach, wie Gott und Welt, Theologie und Politik zusammenhängen, uns zur Befreiungstheologie geführt hat. Wie bist du zur Befreiungstheologie gekommen?

K.G.: Mein Weg zur Befreiungstheologie war durch zwei Zugänge geprägt: einen theoretischen und den der politischen Praxis.

Zum Theoretischen: Ich habe mich 20 Jahre lang, ohne es artikulieren zu können, für Befreiungstheologie interessiert. Meine Interesse speiste sich aus der Lektüre lateinamerikanischer Literatur und aus Erzählungen über linke Priester (über die ich viele Artikel gelesen habe). Mich hat das Verhältnis zwischen Sozialwissenschaften und Politik auf der einen und Religion auf der anderen Seite interessiert. Dieses Verhältnis war zentral für viele aus meiner Generation. Politisch-theologisch wurden nur leider unterschiedliche Schlüsse aus diesem Verhältnis gezogen, was am Erstarken der reaktionären politisch-religiösen Kräfte deutlich wird.

Zur Praxis: Prägend waren für mich die Ereignisse in Algerien in den 1990ern, angesichts derer wir uns die Frage gestellt haben: Warum sind wir an diesem Punkt unendlicher Gewalt angelangt? Wie rechtfertigen wir aus einem politischen und religiösen Blickpunkt heraus den Tod von 300 000 Menschen? Die Antwort darauf lag für mich schließlich auf der Hand: Ich muss meine religiösen und politischen Überzeugungen auf den Prüfstand stellen.

Damit begann Ende der 1990er mein Weg mit der Theologie der Befreiung, die zum Ansatzpunkt meiner Analyse geworden ist, um zur Überwindung des Tötens und der Ungerechtigkeit zu gelangen.

B.K.: Welche Rolle spielte dabei die Zeit deiner politischen Gefangenschaft?

8. Islam der Befreiung

K.G.: In den acht Jahren und zwei Monaten im Gefängnis wurde mir nur die Lektüre des Koran gestattet. Das habe ich getan und mir ist dabei der gewaltige Widerspruch bewusst geworden zwischen dem, was ich lese und dem, was ich in den Nachrichten sehe. Doch auch der Widerspruch zwischen dem, was ich lese und wie ich traditionell im Glauben erzogen wurde. Dabei wurde mir klar, dass eine neue Hermeneutik notwendig ist, um den Koran zu lesen, zu verstehen und zu vermitteln.

B.K.: Für uns ist ein wichtiger Punkt, dass wir nicht allein Politik machen, nicht allein unsere theologischen Ideen entwickeln, sondern kollektiv. Warst du am Anfang mit deiner Erkenntnis eines befreienden Islam alleine?

K.G.: Ja. Leider hatte habe in meinen Mitgefangenen keine Gesprächspartner gefunden (in diesen Fragen). Sie sahen sich als Opfer, was ihnen keine Selbstkritik ermöglichte. Es ging allen vor allem um den Widerstand, nicht so sehr um ein kritisches Verhältnis zu sich und den sozialen und religiösen Bedingungen. Ich persönlich musste zwar, wie sie, der Repression des Staates widerstehen, doch ich kam nicht daran vorbei, mir Fragen zu stellen hinsichtlich unserer Situation, der Situation in Algerien, hinsichtlich unserer eigenen Geschichte.

B.K.: Wie kamst du dann zur akademischen Auseinandersetzung mit der Befreiungstheologie?

K.G.: Ausschlaggebend waren zwei Treffen: mit François Houtard, einem belgischen katholischen Befreiungstheologen und Soziologen, der seit langem in Ecuador lebt und mit meinem Doktorvater an der Universität von Tunis. Ich denke es sind diese beiden Personen, die mir wirklich geholfen haben, auf diesem Weg hin zur Befreiungstheologie. Die Beschäftigung mit Enrique Dussel und der lateinamerikanischen Theologie der Befreiung im Rahmen meiner Dissertation hat meinen eigenen Blick auf den „Islam der Befreiung" geschärft.

B.K.: Kommen wir noch einmal auf den „Islam der Befreiung" zurück. Wie hat er sich entwickelt und wer waren seine befreiungstheologischen VordenkerInnen?

K.G.: Zuerst sind Namen zu nennen wie Mahmoud Taha (Sudan), Ali Shariati (Iran) und Hassan Hanofi (Ägypten), die einen wichtigen Beitrag zum Projekt der Befreiung geleistet haben. Sie haben es geschafft, durch die Anwendung der marxistischen Analyse den religiösen Erzählungen neue Perspektiven zu geben. Als Beispiel ist die Geschichte von Kain und Abel zu nennen. In einer befreiungstheologischen Perspektive wird ihr Konflikt nicht mehr auf der persönlichen oder familiären Ebene verstanden, sondern als Konflikt zwischen einem Landwirt und einem Schafhirten. Beide Protagonisten bezeichnen jeweils eine Gesellschaftsform: Der Landwirt Kain die Klassengesellschaft und Abel als Hirte die klassenlose Gesellschaft. Beide stehen sich gegenüber. In der Geschichte siegt zunächst die Klassengesellschaft. Der klassenlosen Gesellschaftsform zum letztlichen Sieg zu verhelfen, steht deshalb noch aus.

Ebenfalls wichtige Autorinnen sind Fatima Mernissi (Marokko) und Zahra Ali (franco-Iranerin), die die Perspektive eines feministischen Islam stark gemacht haben.

Diese und viele weitere Figuren haben in der Entwicklung einer islamischen Theologie dazu beigetragen, dass ein befreiender Islam entstanden ist. Auf uns wartet eine immens große Arbeit der Aufwertung dieser Perspektive und ihrer Übersetzung und Aktualisierung.

B.K.: Der Befreiungstheologie ging es von Anfang an darum, ihr theoretisches Projekt als Teil eines umfassenden Befreiungsprojektes zu sehen, als Arbeit innerhalb einer größeren Befreiungsbewegung. Wie

8. Islam der Befreiung

lässt sich ausgehend von dem bislang von dir Gesagten reformulieren, für welches gesellschaftliche Projekt der „Islam der Befreiung" steht?

K.G.: Es geht, ausgehend von den koranischen Quellen, um eine Gesellschaft, in der Menschen soziale Rechte haben, in der alle ein Recht auf ihr Denken und ihren Glauben haben, in der es einen gegenseitigen Respekt gibt. Dies ist eine Gesellschaft der Freiheit und Verantwortung. Was das bedeutet, sehen wir schon in der koranischen Erzählung vom Dialog zwischen Gott und Satan: Gott akzeptiert Satan in seinem Handeln. Doch er überträgt ihm die Verantwortung für sein Tun. Gott hätte natürlich die Möglichkeit das Handeln des Satan zu verbieten, doch er hat ihm das Recht gegeben, seinen Weg frei zu wählen – und die Konsequenzen seiner Entscheidungen zu tragen. Diese positive Dialektik zwischen Freiheit und Verantwortung ist das Fundament einer freien Gesellschaft. Wenn wir von diesen beiden Aspekten sprechen, reden wir von einer gegenseitigen solidarischen Verantwortung. Der Prophet sagt hierzu, dass niemand eine Glaubende sei, wenn ihre Nachbarin nichts zu essen habe. Dies ist ein Appell für Gerechtigkeit und Gleichheit, die wir in den zentralen Texten des Koran finden. Die Leute hätten das Wasser, das Feuer und das Salz gemeinsam, so der Prophet. Das heißt, dass die Quellen des Lebens und der gemeinsamen Organisation des Lebens gleich geteilt werden müssen.

An dieser sozialistischen Perspektive, die eben nicht in den Sowjet-Sozialismus mündet, sondern an einer wirklichen gesellschaftlichen Gerechtigkeit gemessen wird, orientiert sich die muslimisch-befreiungstheologische Vision der kommenden Gesellschaft. Diese Sichtweise verlangt einen epistemologischen und politischen Bruch mit dem Paradigma des aktuellen Kapitalismus und seinen Unrechtsverhältnissen. Dieser Kapitalismus hat den Gott Geld geschaffen, also eine neue Götzenverehrung des Gewinns, des Profits und der

Herrschaft. Der Islam ist strikt monotheistisch, deswegen kann die Vielgötterei des Geldes nicht akzeptiert werden.

B.K.: Auch für uns am ITP ist das Aufzeigen der Unvereinbarkeit von Kapitalismus und den Grundprinzipien einer biblisch-christlichen befreienden Tradition, wie wir sie verstehen, ein zentraler Punkt. Du sprichst in deinem Kontext in dieser Hinsicht vom postkapitalistischen Islam. Was verbirgt sich hinter diesem Begriff?

K.G.: Wenn wir uns die Verse des Propheten anschauen, spricht er immer wieder zu „den Leuten". Der Islam ist also keine Religion der Muslime, sondern „aller Leute" (John Rawls). Daraus entspringt das Recht auf Gleichheit und Gerechtigkeit, ein nach-kapitalistisches Paradigma.

Dieses Paradigma muss erst geschaffen werden. Egalität und Gerechtigkeit können als Basis formuliert werden, doch die Ausgestaltung dieses postkapitalistischen Islam gilt es noch zu entwerfen und zu definieren. Der Islam der Freiheit, Solidarität und Gerechtigkeit muss noch kommen. Was wir gerade als traditionellen Islam, beim IS oder im neoliberalen Islam sehen, ist dem kapitalistischen Paradigma zuzurechnen.

B.K.: Warum?

K.G.: Diese drei genannten Formen des Islam sind in wesentlichen Punkten im kapitalistischen Denken verhaftet. Ich möchte dies nur kurz anreißen: Die Tyrannei des IS ist auf ein imperialistisches Projekt von Gewaltherrschaft ausgerichtet, dessen Ziel auch eine wirtschaftliche Vorherrschaft einschließt. Der neoliberal-traditionelle Islam der Muslimbrüder setzt auf ein islamisches Bankensystem und den Finanzkapitalismus. Der Glaube liberaler Muslime setzt vor allem auf das persönliche Heil des isolierten Individuums.

8. Islam der Befreiung

B.K.: Dein letzter Punkt ist besonders interessant im Hinblick darauf, dass wir in den letzten Jahren im ITP verstärkt die Auswirkungen des neoliberalen Denkens auch auf die Situation des Christentums bedenken und dabei den Trend zur Vereinzelung und Individualisierung als zentrales Problem sehen. Deshalb fragen wir uns, wie man denn Strukturen der Vergemeinschaftung und Solidarität entgegensetzen kann? Wie kann also aus deiner Sicht eine Befreiungstheologie dem, in die Religion integrierten, Neoliberalismus die Stirn bieten?

K.G.: Ich möchte unterstreichen: Nicht in der Religion, sondern in den Gläubigen ist der Neoliberalismus verwurzelt! Deswegen besteht die Rolle befreiender Theologie darin, den Kapitalismus und seine Verwertungslogik zu entlarven und zu delegitimieren (François Houtard). Das heißt, dass somit aufgezeigt werden muss, dass der Islam in seinem Fundament – wenn auch nicht in seiner Geschichte – sozialistisch war.

B.K.: Wie kann der „Islam der Befreiung" eine Alternative zu den derzeit herrschenden Verhältnissen schaffen?

K.G.: Die Aufgabe des befreienden Islam besteht aus zwei Elementen: erstens aus der Anregung einer theoretischen und akademischen Auseinandersetzung um Gesellschaftskritik und den politischen Islam, der eine prophetische Funktion übernimmt. Zweitens ist es wichtig, sich mit bestehenden sozialen Bewegungen zu verbinden, bzw. diese neu zu gründen und stark zu machen, damit eine Gesellschaftsveränderung von unten politisch schlagkräftig wird.

Der größte Gegenspieler einer befreiten Gesellschaft wird derzeit vom IS und fundamentalistisch-islamistischen Gruppen verkörpert. Militärisch ist der IS besiegbar, jedoch nicht seine Ideologie. Wer sagt uns, dass nicht kurz darauf neue fundamentalistische Aufbrüche geschehen? Deswegen muss man die Ideologie dieses imperialistischen Islam theologisch bekämpfen. Das ist die wahre Herausforderung, die sich uns nun stellt.

B.K.: Wer sind die AkteurInnen dieses befreienden Islam?

K.G.: Leider ist die muslimische Befreiungstheologie noch ein Phänomen unter islamischen Intellektuellen. Es fehlt eine breite Unterstützung an der Basis der Bevölkerung, gerade auch unter den Verarmten. Deswegen müssen die Intellektuellen, mit denen ich mich theologisch verbunden weiß, sich damit auseinandersetzen, wie wir in Kontakt mit den Unterprivilegierten kommen. Die gleiche Frage stellt sich auch der tunesischen Linken, die es leider nicht schafft, in der einfachen Bevölkerung Unterstützung zu bekommen und zum eigenständigen Handeln anzustiften. Um uns besser zu koordinieren, wird gerade, unter anderem vom südafrikanischen Befreiungstheologen Farid Esack, ein internationales Netzwerk für muslimische Befreiungstheologie geknüpft. Wir sind in einer extrem marginalisierten Situation. Doch ich bin Optimist. Wir können eine Bewegung werden. Deswegen ist mir die Zusammenarbeit mit dem ITP in Münster sehr wichtig. Davon können wir nur lernen, wie wir Menschen zusammen bringen können, unsere theologische und politische Option voranbringen und in die Gesellschaft hineinwirken. Auf dieser vom ITP organisierten Reise durch Deutschland und die Schweiz bin ich sehr bestärkt worden, um weiterzumachen, mich mit Gleichgesinnten zusammenzuschließen und unsere Befreiungstheologie anzuschärfen. Wir bräuchten in Tunis auch so eine Struktur wie das ITP, die Theologie und politische Kämpfe verbindet.

B.K.: Du hast schon die Verbindung zum Institut für Theologie und Politik und der christlichen Befreiungstheologie gezogen. Was sind aus deiner Sicht die Parallelen zwischen beiden Ansätzen?

8. Islam der Befreiung

K.G.: Es besteht vor allem eine methodologische Verbindung zur christlichen Befreiungstheologie. Der Kontext, sowie die Religion sind zwar unterschiedlich, doch der Weg, d.h. die Methode Gesellschaft zu analysieren und die Rolle der Religion für Veränderungsprozesse zu verstehen, ist gleich. Als Muslime oder ChristInnen müssen wir angesichts der Ungerechtigkeit reagieren; vor allem durch unsere Lektüre der heiligen Texte können wir uns der Ungerechtigkeit und Unterdrückung nicht entziehen und die Augen verschließen. Wir müssen der Wirklichkeit begegnen. Unterdrückung und Ungerechtigkeit haben keine Religion, sie sind ein eigenes System, das sich jedoch der Religion bemächtigen kann. Oft ist die Religion die Begründung von Ungerechtigkeit. Deswegen ist eine Theologie der Befreiung notwendig, um Unterdrückungssysteme und ihre religiöse Begründung zu delegitimieren.

B.K.: Was kann die christliche Befreiungstheologie vom „Islam der Befreiung" lernen?

K.G.: Vielleicht den Gedanken aus dem islamischen Messianismus, dass eine Allianz von jenen notwendig ist, die das Ziel sozialer Gerechtigkeit verfolgen. Es geht darum, dass wir als ChristInnen und Muslime Teil der sozialen Bewegungen sind, um in den Zentren und an den Peripherien das herrschende System zu überwinden. Noch sind wir zarte Keime. Aber wir können wachsen.

Eine gekürzte Fassung des Gesprächs wurde auch von der Zeitschrift Südlink „Ernährungssouveränität" Nr. 177 veröffentlicht.
http://www.inkota.de/material/suedlink-inkota-brief/177-ernaehrungssouveraenitaet/www.itpol.de

9. KIRCHE

Michael Ramminger und Ludger Weckel

Krise und Perspektiven von „Eine-Welt"-Gruppen (1994)

„Eine-Welt"- Gruppen in der Krise?

Wenn man/frau auf die „Dritte-Welt"- oder „Eine-Welt"-Gruppen bzw. „Solibewegung" schaut, stellt sich auf den ersten Blick ein komplexes Bild dar. Wir möchten dieses Bild durch die Darstellung einiger Facetten ein wenig ausleuchten: In den letzten Jahren sind sehr viele Gruppen „eingeschlafen". In einigen, früher sehr starken Bereichen, z.B. Chile- oder Nicaragua-Solidarität, gibt es kaum noch arbeitende Gruppen. Einige Gruppen haben die Thematik gewechselt oder sind dabei, sich umzuorientieren, vornehmlich auf das Gebiet der Ökologie: Regenwaldkampagne, sustainable Development, Rio-Konferenz etc. Auf der Suche nach inhaltlichen Orientierungspunkten und Handlungsrahmen entstehen sogenannte Vernetzungen, die häufig zu Doppelstrukturen führen, d.h. zur Verdoppelung von Themen und Zeitaufwand für ehrenamtlich arbeitende Gruppen.

Kleinere Nichtregierungsorganisationen, die vor Jahren aus Basisinitiativen entstanden sind, sich dann professionalisiert und bislang sehr basisorientiert gearbeitet haben, geraten immer mehr in eine Situation, in der sie ihr Überleben durch Ausweitung von Projektabwicklung, d.h. Entwicklungsarbeit im engeren Sinne in „Dritt-Welt"-Ländern sichern müssen. Die Altersstruktur der Gruppen hat sich deutlich verändert: waren vor einem Jahrzehnt noch vornehmlich junge Leute (zwischen 15 und 25 Jahren) die Hauptgruppe, so lässt sich heute feststellen, dass – vor allem in kirchlichen Berei-

9. Kirche

chen – die Gruppen stärker von den 40-70jährigen getragen werden. Einige Gruppen, in denen vor Jahren noch Außenaktivitäten (Aufklärungsarbeit, UnterstützerInnensuche) im Mittelpunkt standen, haben sich jetzt mehr „nach innen" zurückgezogen: sie existieren als Freundeskreise weiter, die sich punktuell um „Dritte-Welt"-Angelegenheiten kümmern. Es lässt sich eine deutliche Tendenz zum Spezialistentum auch innerhalb der ehrenamtlichen Gruppen ausmachen. Notwendiges Allgemeinwissen ist auf Grund der Ausdifferenzierung der politischen Problemkonstellationen kaum noch aufarbeitbar. Angesichts dieser beschriebenen Phänomene lässt sich durchaus von einer Krise im Bereich der „Dritte-Welt"-Gruppen sprechen. Es herrscht in weiten Bereichen Orientierungslosigkeit, die vor allem in der Suche nach neuen Analysen, Handlungsmöglichkeiten und Topoi bzw. „generativen Themen" deutlich wird. Dabei heißt Krise nicht von vornherein nur „Niedergang" und „Katastrophe", sondern beinhaltet, wenn sie als Ende alter Topoi und Paradigmen bewusst wird, gerade auch die Möglichkeit von Neuorientierung und Neustrukturierung. Engagierte Politik in der Nord-Süd-Problematik darf diesem Phänomenen gegenüber nicht gleichgültig bleiben. Denn die Gruppen der „Dritte-Welt"- Bewegung sind ein wichtiger Faktor zur gesellschaftlichen Sensibilisierung für entwicklungspolitische Anliegen und solidarisches Engagement. Aus ihnen speist sich auch Nachwuchs, Legitimation und politische Kreativität staatlicher Entwicklungspolitik und der Nichtregierungsorganisationen. Außerdem sind sie wichtiger Ort zur Bildung demokratischen Bewusstseins und Verhaltens in unserer Gesellschaft überhaupt und sollten angesichts zivilgesellschaftlicher Ausdifferenzierung und der Krise politischer Institutionen als nicht verzichtbares Moment einer lebendigen, zukunftsfähigen und solidaritätsfähigen Demokratie verstanden werden.

Die Ursachen

Auf der Basis unserer Erfahrungen mit „Dritte-Welt"-Gruppen und in Seminaren stellen wir folgende Faktoren als Ursachen für die Krise der Gruppen fest. Unklare Zielperspektiven: Die sogenannten Solidaritätsgruppen, „Dritte-" und „Eine-Welt"-Initiativen sind entstanden, als die Menschen in den Ländern des Südens ihre Vision von der Befreiung, von der Überwindung der Abhängigkeit und „Unterentwicklung" formulierten und dieses Ziel mittels Befreiungsbewegungen aktiv anstrebten. Die „Aufbrüche der Armen", deren Hoffnung auf mehr Gerechtigkeit und Lebensmöglichkeiten für alle, waren der Utopierahmen auch für diejenigen Menschen der westlichen Welt, die sich organisierten, um sich mit den Benachteiligten solidarisch zu erweisen. Sowohl das Modell der „nachholenden Entwicklung" – der politische Rahmen für staatliche Entwicklungshilfe – wie auch das Modell der „Befreiung aus der Abhängigkeit" – z.B. die Unterstützung für die eigenständigen Wege in Chile und Nicaragua – basierten auf der Vorstellung und Erwartung einer kurzfristig erreichbaren gerechteren Verteilung und relativem Wohlstand. Nacheinander – oder gleichzeitig – haben beide Modelle angesichts dieser Erwartungen versagt; zumindest haben sie sich als auf absehbare Zeit nicht erreichbar erwiesen. Auf der einen Seite das „verlorene Jahrzehnt", die Verschuldungsspirale, die fortschreitende wirtschaftliche und politische Abhängigkeit der Länder des Südens von der westlichen Währungs- und Handelspolitik, die anhaltenden oder neu ausbrechenden Kriege; auf der anderen Seite der Zerfall des osteuropäischen Sozialismusmodells als der für viele Befreiungsbewegungen einzigen realexistierenden Alternative zum herrschenden Kapitalismus. Damit fehlen die ökonomischen und politischen Utopien, Modelle und Strategien einer erreichbaren Überwindung des Grabens zwischen dem Überfluss auf der einen und Verelendung auf der anderen Seite. Der über lange Jahre für sich selbst sprechende Topos der „Gerechtigkeit" verliert angesichts fehlender Strategien und Wege seine selbstlegitimierende Bedeutung. Solidarisches Engagement mündet in ein „Fass ohne Boden".

Unklare Motivationen

Da in den „Dritte-Welt"-Gruppen in der Regel gerade die Inhalte und Themen im Zentrum stehen – im Gegensatz zu Selbsthilfegruppen oder Institutionen –, verliert mit den enttäuschten Erwartungen und den fehlenden Zielen auch eine wichtige Motivationsquelle ihre Kraft. Darauf reagieren Gruppen und Engagierte unterschiedlich: einige geben auf und ziehen sich aus den Aktivitäten ganz zurück, andere überbrücken solche Motivationslücken eine Zeit lang durch vorher angelegte „Motivationsdepots" (Gruppenidentität, Projektunterstützungsverpflichtungen, Freundeskreise) oder durch eine entsprechende moralische Selbstverpflichtung („wir sind doch mitverantwortlich"), wieder andere wechseln – als Gruppen oder Einzelne – auf neue Inhalte (z.B. Ökologiethemen).

Fremdbestimmung

In den stark inhaltlich bestimmten Gruppen bleiben, solange die Inhalte und Ziele klar sind, gruppendynamische Schwierigkeiten eher zweitrangig. Unzufriedenheiten werden zurückgestellt oder unzufriedene Aussteiger aufgrund der Attraktivität der Inhalte durch Neue ersetzt. Sobald aber die Zielperspektive verlorengeht, treten die Spannungen zutage. Dabei geht es sehr häufig um die Frage der Fremd- oder Selbstbestimmung: Wie kommen Entscheidungen zustande? Wer entscheidet was? Wie geht die Gruppe mit Anforderungen und Erwartungen von außen um? Die aufgestauten Unzufriedenheiten oder Stellvertreterkonflikte verschlingen viel Energie.

Ansatzpunkte für ein Interventionskonzept

Da wir die Krise durchaus auch als Chance auffassen, die neue Möglichkeiten beinhaltet, sehen wir folgende Ansatzpunkte für erste Schritte zur Neuorientierung und Stärkung der Gruppen:

Wichtig für die Gruppen ist, die Veränderungen, denen sie in den letzten Jahren unterworfen waren, in den Blick zu nehmen. Dafür ist es unumgänglich, sich der eigenen Anfänge zu vergewissern: Aus welchem Anlass ist die Gruppe entstanden? Was waren die Arbeitsschwerpunkte? Warum, zu welchem Zeitpunkt und mit welchem Interesse sind die einzelnen Mitglieder in die Arbeit eingestiegen? Die Beantwortung dieser Fragen ermöglicht eine Rekonstruktion der Geschichte und „Identität" der Gruppe und der Ursprungsmotivation der Gruppenmitglieder.

In einem zweiten Schritt ist die Frage nach den augenblicklichen Arbeitsschwerpunkten zu stellen. Was sind die Inhalte und Themen, die jetzt im Vordergrund stehen? Welcher Schwerpunkt hat welche Arbeitsanteile und warum? Wie ist die Gruppe zu diesen Arbeitsschwerpunkten gekommen? In einer kritischen Gegenüberstellung von Ursprungsmotivation der einzelnen Gruppenmitglieder und augenblicklichen Arbeitsschwerpunkten können mögliche „Entfremdungen" bzw. „Fremdbestimmungen" ausgemacht und benannt werden. Es besteht die Möglichkeit, Entscheidungsprozesse und Rollendominanzen zu benennen und damit transparent zu machen. Zudem erlaubt es einen Einblick in die augenblicklichen Interessen der einzelnen Gruppenmitglieder und damit ein Offenlegen und Benennen der Gründe des Zusammenhalts der Gruppen.

In einem dritten Schritt geht es darum, sich über den gesellschaftlichen Ort des eigenen politischen Wirkens bewusst zu werden: In welchem Verhältnis steht die Gruppe zu ähnlichen Gruppen mit anderen politischen Zielvorstellungen und zu Gruppen und Institutionen aus anderen politischen Bereichen mit gleichen Orientierungen? Wo gibt es Kohärenzen bzw. Differenzen und welchen praktisch-politischen Ort im Leben der Gruppe nehmen sie ein?

9. Kirche

Wer sollten die Adressaten politischen Handelns sein, und wer sind die konkreten Adressaten? Dieser Schritt sollte auf Grundlage des Vorhergehenden erste Klärungen und Vergewisserungen über die zukünftige politische Arbeit leisten. Von hier aus könnte die Außenwirkung der Gruppe reorganisiert und Zusammenarbeit mit anderen Gruppen neu fundiert werden oder zumindest in einen Klärungsprozess einmünden. Solche Zusammenarbeit böte – im Gegensatz zu vornehmlich organisatorischen Vernetzungen – die Möglichkeit, gemeinsame Handlungsperspektiven und damit einen neuen Konsens über die Ziele des gesellschaftlichen Handelns zu erarbeiten. Die Vermittlung von Kompetenz und Informationen nach außen steht immer auch in engem Zusammenhang mit der Notwendigkeit, Kohärenzen zu den Zielen anderer gesellschaftlicher Gruppen und Bewegungen deutlich zu machen.

Michael Ramminger

Dritte-Welt-Gruppen und Solidaritätsbewegung (1996)

Auf dem Weg zu einer gerechten Weltgesellschaft

Wenn wir in unserem Projekt die Schwierigkeiten von Dritte-Welt-Gruppen so stark thematisieren, dann deshalb, weil wir überzeugt sind, dass es ohne Gruppen im wesentlichen keinen politischen Fortschritt in Richtung auf eine gerechte Weltgesellschaft geben wird. Diese Einschätzung – darüber sind wir uns durchaus im klaren – läuft quer zu vielen momentan favorisierten Strategien innerhalb der Dritte-Welt-Bewegung. Viele setzen eher auf Professionalisierung, auf Nichtregierungsorganisationen oder Vernetzungen beispielsweise im Bereich kommunalpolitischer Entwicklungsarbeit. Allerdings sind diese sogenannten Vernetzungen im Grunde oft nichts anderes, als der Versuch einiger, unter der nur vermeintlichen Legitimation vieler Basisgruppen neue Legitimationen für ihr eigenes Engagement zu schaffen. Tatsächlich sind solche „Vernetzungen" oft lediglich neue Gruppen oder Personenbündnisse, die sich die Rumpfbestände aus vergangenen Zeiten zur Legitimation ihrer politischen Zielsetzungen zu eigen machen: Netzwerke bestehen in der Breite ihrer Mitgliedsgruppen vielfach aus Karteileichen und wenigen Engagierten. Die Fülle von NGOs, lokalen Bündnissen und Netzwerken kann nicht wirklich darüber hinwegtäuschen, dass es keinen zivilgesellschaftlichen Fortschritt gibt und dass die Begründung und Durchsetzung entwicklungspolitischer Forderungen immer schwieriger wird. Trotz der oben angeführten problematischen Situation vieler Dritte-Welt-Gruppen sollten sie als Form entwicklungspolitischen Engagements gerade deshalb nicht allzu schnell aufgegeben werden. Denn gerade solche „Basisgruppen" stellen u.E. den notwendigen und unverzichtbaren Nährboden politischer Willensbildung dar, wenn es um die – wohl nur langfristig erreichbaren – Ziele auf dem Weg zu einer gerechten Weltgesellschaft geht.

Die Funktionen der Dritte-Welt-Gruppen

Dritte-Welt-Gruppen nehmen dabei folgende Funktionen wahr: Sie sind lokale Vermittlungsinstanzen: Viele Gruppen stellen in der lokalen Öffentlichkeit wesentliche Instanzen dar, die die Großproblemlagen von Entwicklungspolitik auf die Verhältnisse vor Ort herunterbuchstabieren. Im Rahmen von Projektarbeit, Fairem Handel oder Bewusstseinsbildung werden Anknüpfungspunkte für konkretes Handeln angeboten und damit gleichzeitig Vermittlungsformen für entwicklungspolitische Zusammenhänge bereitgestellt und verbreitert (Ausstellungen, Verkauf, Büchertische, Vortrags- und Kulturveranstaltungen). Sie sind Sozialisations- und Tradierungsinstanzen, insofern die Kontinuität von Gruppen personenunabhängig einen Ort bildet, an dem die Anliegen solidarischer Verteilung und sozialer Gerechtigkeit thematisch gegenwärtig sind. Gruppen bilden stabile Kerne, durch die Menschen mit diesen Themen konfrontiert werden, sie sich zu eigen machen und weitergeben. Und die Gruppen sind „Durchlauferhitzer", die im Laufe ihrer Existenz immer wieder Menschen motivieren. Sie sind außerdem Selbstbildungsinstanzen. Gerade vor dem Hintergrund der ehrenamtlichen Struktur und der heterogenen Zusammensetzung der Gruppen aus verschiedenen Berufs- und Bildungszusammenhängen ist diese Funktion zu verstehen: Die Gruppen informieren sich über politische und ökonomische Zusammenhänge, sie eignen sich Fachkompetenzen an und sind damit jenseits ihres Anspruchs, entwicklungspolitische Anliegen weiterzuvermitteln, selbst Ort solcher Bildung. Viele Gruppen haben im Laufe ihrer Existenz unzählige Menschen in entwicklungspolitischen Fragen „ausgebildet". Auf Dauer kann politische Willensbildung deshalb u.E. nicht auf breite Zusammenhänge von Menschen in Basisgruppen verzichten. Sie sind Garanten dafür, dass die engagierte Lobbyarbeit Einzelner oder kleiner Institutionen jenen politischen Handlungszwang hervorrufen kann, den kein Diskurs oder „Dialog" zwischen Wirtschaft oder Politik auf der einen Seite und Menschen „guten Willens" auf der anderen Seite wirklich erzeugen kann. Der Appell an die Eigeninteressen von Politik oder Wirtschaft beispielsweise bezüglich „nachhaltiger Entwicklung" scheint uns nur begrenzt erfolgversprechend, ebenso wie politischer Druck auf Institutionen und Industrie, selbst wenn er engagiert und beharrlich von „Lobbyarbeitern" ausgeübt wird, nicht auf die unermüdliche Arbeit der Gruppen vor Ort verzichten kann.

Das Beispiel GEPA

Ein weiteres fatales Beispiel für die Vernachlässigung der Dritte-Welt-Gruppen ist der Handelsbereich. In unserem Projekt hatte sich schon abgezeichnet, dass die Dritte-Welt-Läden in ihrer Motivation und ihrem Engagement nicht so eindeutig auf Professionalisierung und Markteffizienz orientiert sind, wie es beispielsweise die GEPA propagierte. Von den Großimporteuren wird den Gruppen eine verstärkte Professionalisierung anempfohlen, was den Ausbau und die Gestaltung der Läden, die Umsatzsteigerung und die Angebotspräsentation angeht. Diese Orientierung, die von den Gruppen in Anspruch genommen wird, bewegt sich, um es zeichentheoretisch auszudrücken, in den Codes der Marktorientierung und des Managements. Aber diese Vorstellungen brechen sich häufig sowohl mit der Struktur der Gruppen als auch mit deren Bedürfnissen. Das Selbstverständnis solcher Handels- oder Ladengruppen (Projektgruppe, Supermarkt oder Bildungsarbeit?) ist häufig ungeklärt und undiskutiert umstritten. Das neuerdings vorgelegte 17-Punkte-Programm der GEPA (vgl. Publik-Forum 9/96) zeigt eindeutig, dass Bewusstseins- und Bildungsarbeit als Interesse und Motivation der Gruppen unerwünscht sind. Gefordert werden markteffiziente „Supermärkte", die eher in der Tradition gewerkschaftlicher Selbsthilfe- und Kooperativenbewegung stehen, als dass sie an Bildungs- und Bewusstseinsarbeit interessiert sind. Mittelfristig werden die kleinen Handels-Gruppen keine Chance neben Großabnehmern und umsatzorientierten Dritte-Welt-Läden haben. Die Politik der GEPA wird deshalb die Gruppen vor die Frage einer völligen Neuorientierung oder des „Konkurses" stellen – und die politisch engagierten GEPA-KundInnen vor die Frage, ob es nicht in Zukunft sinnvoller ist, den normalen Kaffee zu kaufen und die Differenz zum GEPA-Kaffee denjenigen Organisationen und Hilfswerken zu spenden, die über die ökonomische Unterstützung von Kaffee-Kooperativen hinaus entwicklungspolitische Anliegen haben. Natürlich liegt angesichts des Mangels einer breiten gesellschaftlichen Akzeptanz für wirkliche, entwicklungspolitische Umorientierungen im Weltmaßstab einerseits und der Schwäche von Dritte-Welt-Gruppen andererseits die Versuchung nahe, über eine Amerikanisierung der Politik (Lobbyarbeit) oder über Markteffizienz (GEPA) deren kleine (befriedigende) politische Spielräume zu nutzen. Ebenso nahe aber liegt die Gefahr, sich bei dieser Arbeit die Maßstäbe des politisch Wünschenswerten auf das politisch (oder wie die GEPA: das ökonomisch) Machbare zurechtstutzen zu lassen.

Überschrift

Unser Forschungsbericht kann keine großartigen, neuen Perspektiven für die Dritte-Welt-Gruppen entwickeln. Dies wäre wohl auch unangemessen angesichts gegenwärtiger Verhältnisse, die nicht nur von fehlenden Konzepten für die Überwindung der weltweiten Ungerechtigkeit, sondern ja auch von zunehmendem Problemdruck im eigenen Lande bestimmt sind. Und natürlich lassen sich die neuen Strategien von Dritte-Welt-Bewegung wie z.B. Vernetzung, Lobbyarbeit oder Handelsbereich, Professionalisierungsbestrebungen in

NGOs oder den Dritte-Welt-Zentren nicht gegen die Dritte-Welt-Gruppen ausspielen. Sie sind verschiedene Facetten mit verschiedenen Selbstverständnissen. Wir sind allerdings der Überzeugung, dass die Geschichte und das Potential der vielen ehrenamtlichen Gruppen immer noch einen bedeutsamen Faktor innerhalb der Bemühungen um eine Verbreiterung des Bewusstseins für Ungerechtigkeit in weltweitem Maßstab spielt und dass es deshalb keinen Grund gibt, sie aufzugeben. Es kommt vielmehr darauf an, sie in ihren Anliegen, Kompetenzen und ihrem Engagement zu stärken. Dafür gibt es keine Patentrezepte, aber aus der Bestimmung ihrer Probleme lassen sich einige Interventionsmöglichkeiten entwickeln. Ein lateinamerikanischer Soziologe und Theologe hat einmal gesagt: „Wir leben in einer politisch langweiligen Konjunktur ohne spektakuläre Erfolgsaussichten". In diesem Sinne denken wir, dass es nötig ist, sich den „Mühen der Ebene" zu unterziehen und den Weg der kleinen Schritte zu beschreiten.

Paulo Suess

Zeichen der Zeit (1998)

Medellín war ein Umbruch in der lateinamerikanischen Kirche

Die Beschlüsse der Bischofskonferenz von Medellín waren für die theologischen Grundpositionen der nachfolgenden Jahre richtungsweisend. Das lag wohl vor allem daran, dass sich die Delegierten und die Kirchenleitung darüber einig waren, dass sich die Kirche offensiv mit den drängenden Problemen der Zeit auseinanderzusetzen hatte. Insofern ist es kein Zufall, dass diese innovative Konferenz gerade 1968 stattfand. Allerdings muss bei einem Resumée der Beschlüsse auch Erwähnung finden, dass manches nicht konsequent zu Ende gedacht worden war.

Medellín – ein Meilen-, ein Eck-, aber kein Schlussstein

„Zeichen der Zeit" sind Erinnerungen, Spuren und Hinweise. Sie sind vieldeutiger Ausdruck von Heimsuchungen, offenen Fragen und Hoffnungen. Zeichen haben immer etwas mit der geheimnisvollen Gegenwart eines real Abwesenden zu tun. „Brannte nicht unser Herz, als er unterwegs mit uns redete (Lk 24,32)?" Theologie treiben heißt Zeichen lesen, Spuren suchen und Erwartungen unterscheiden in der Wüste von Kontexten und Texten. Seit der Enzyklika Pacem in terris (1963) steht der Begriff „Zeichen der Zeit" für eine aufmerksame Suche nach den Spuren Gottes in Geschichte und Kontext. Dabei geht es nicht um eine fundamentalistische Identifikation Gottes im Weltgeschehen, sondern um ein neues historisches Bewusstsein, das sich in den Umbrüchen der Moderne herauskristallisiert hat. Die Deutung der „Zeichen der Zeit" ist eine gewagte interpretatorische Aufgabe ohne Schlusswort. Die Enzyklika Johannes XXIII. benennt drei Emanzipationsschübe der Moderne als „Zeichen der Zeit": die Emanzipation der Arbeiterklasse, der Frauen und der kolonisierten Völker. „Zeichen der Zeit" sind keine wiederholbaren Zeichen eines Naturprozesses, sind keine an der Wolkenkonstellation ablesbare Wettervorhersage, sondern historisch verwurzeltes Heilsgeschehen. Dabei sind zwei Momente besonders bemerkenswert: Zum einen steht das Paradigma „Zeichen der Zeit" für den Prozesscharakter der Offenbarung, die sich bis in unsere Gegenwart immer neu ereignet. Offenbarung ist also kein archimedischer Punkt, von dem aus man außerhalb von Geschichte die Welt aus den Angeln heben kann. Zum anderen werden durch den Topos „Zeichen der Zeit" soziokultureller Kontext und Geschichte als theologische Orte benannt, die weit über den Binnenraum der Kirchen in den Welt-Raum hinausreichen. Von den Grenzen der Welt kommen sie auf die Kirchen zu als Korrektiv, Anfrage und Aufgabe. In einem der sieben Einleitungsreferate zu Medellín[1] sprach Eduardo Pironio, damals Weihbischof von La Plata (Argentinien) und Generalsekretär des CELAM und der Medellín-Konferenz, vor den Delegierten zum Thema „Christliche Interpretation der Zeichen der Zeit heute in Lateinamerika". In seinem vielbeachteten Referat sagte Pironio: „Seit der Inkarnation Christi ist jeder historische Augenblick ein Moment der Erlösung." Die lateinamerikanische „Situation der Sünde" müsse in eine „Realität der Gerechtigkeit" verwandelt werden. Die Artikulation von lateinamerikanischer Wirklichkeit in Verbindung mit theologischen Grundaussagen sollte das Wasserzeichen

---

[1] „Medellín" steht hier sowohl für die II. Generalkonferenz des lateinamerikanischen Episkopats (Bogotá, 24.8.; Medellín, 26.8.-5.9.1968), wie auch für die Beschlüsse und für das Ereignis als solches.

9. Kirche

Medellíns werden. Wie hat sich also Medellín – das Lehramt der lateinamerikanischen Kirche – pastoral-theologisch mit den wichtigen Fragen des Jahres 1968 auseinandergesetzt?

Aufbrüche allerorten

In den Ereignissen des Jahres 1968, die nahezu gleichzeitig in Paris und São Paulo, in Prag und in Lima, in Vietnam und in den Vereinigten Staaten stattgefunden haben, verdichtet sich das Elend und die Hoffnung eines Jahrhunderts. Die Gewalt sozialer Ausbeutung, institutioneller Unterdrückung, rassistischer Diskriminierung und machistischer Repression rief nach Veränderung. Die Erfahrungen von 1968 haben weltweit gezeigt, dass die Strukturen der Gewalt erschüttert werden können. Das kleine Vietnam hat die so mächtigen Vereinigten Staaten moralisch und später militärisch in die Knie gezwungen. StudentInnen, ArbeiterInnen und BäuerInnen haben Achtungserfolge gegen den sie entmündigenden Staatsapparat und seine bürokratisch-autoritären Institutionen erzielt. Martin Luther King fiel einem Attentat zum Opfer, aber das Antirassismusprogramm konnte schließlich durchgesetzt werden. Che Guevara wurde nach seiner Ermordung 1967 zur inspirierenden Symbolfigur vieler junger Menschen und politischer Bewegungen. Streiks, Protestmärsche, Universitäts- und Fabrikbesetzungen wurden zu Orten politischer Schulung. Eine Jugend, die nicht bereit ist, sich mit dem Ist-Zustand der Welt abzufinden, hat veraltete Verhaltensnormen unterlaufen, erstarrte Anpassungsrituale abgeschafft und mit der Elle des „Prinzips Hoffnung" das realpolitische Primat neu vermessen. Inmitten der Protestbewegung von '68 ereignete sich eine schöpferische Diskussion über das „Projekt Menschheit", über Zukunftsentwürfe und Lebenssinn. In Lateinamerika erwuchs aus dieser Diskussion ein neues historisches Bewusstsein, das sich als Widerstand in revolutionären Bewegungen, Gewerkschaften, Basisgemeinden und Befreiungstheologie artikulierte. Ganz im Kontrast zu einer kolonialen „Kirche in Lateinamerika" bedeutet Medellín den Beginn einer lateinamerikanischen Kirche. Der Leitungssektor einer Ortskirche versucht sich, seinen Kontinent und die Welt mit eigenen Augen zu sehen. Die Beschlüsse von Medellín sind Ausdruck eines neuen historischen Gegenwartsbewusstseins, das sich jedoch noch nicht mit seiner eigenen Geschichte auseinandergesetzt hat.

Noch keine Trauerarbeit

Medellín arbeitet mit einem historischen Kurzzeitgedächtnis. Subjekte mit sehr unterschiedlichen kollektiven Biographien, wie die indianischen Völker und die Nachfahren afrikanischer SklavInnen, werden oft undifferenziert dem Makrosubjekt „Arme" zugeschlagen. Die Armen Medellíns haben noch keine lateinamerikanischen Gesichter und Namen. Man wird in den Dokumenten von Medellín vergeblich nach Guaranís, Mayas oder Quechuas suchen. Ihre Geschichte, Kulturen und Religionen, die in der langen Nacht der Kolonialzeit gelitten, aber sich auch widerständig behauptet haben, erfahren keine vertiefte Aufarbeitung. Medellín, synchron mit dem aufständischen Zeitgeist, setzt sich nicht mit den historischen Träumen derer auseinander, für die es und zu denen es spricht. Medellín leistet keine Trauerarbeit. Für uns ist es heute ebenso wichtig, uns kritisch mit Medellín auseinanderzusetzen, wie es wichtig ist, Medellín nicht zu vergessen. Drei „Zeichen der Zeit", die sich auf die eine oder andere Weise in den Beschlüssen von Medellín reflektieren, können im historischen Kontext von 1968 ausgemacht werden: der Ruf nach sozialer Veränderung und Befreiung, der Protagonismus der Unterdrückten und die Notwendigkeit eines neuen Lebensprojekts der Menschheit.

Verändern, befreien, verteidigen

Alle 16 Einzeldokumente der Konferenz durchzieht der Ruf nach „einer globalen Veränderung der Strukturen" (Gerechtigkeit 16).

9. Kirche

Welches sind die angemessenen Mittel, diese von allen als dringend erachteten sozialen Veränderungen durchzuführen? Reform oder Revolution? Zwei Tage vor Konferenzbeginn, am 22. August, hatte Paul VI. vor 200.000 BäuerInnen ausgerufen: „Setzt euer Vertrauen nicht auf Gewalt, noch auf Revolution!" Rom und die Mehrheit der lateinamerikanischen Bischöfe hatten wenig Sympathie für eine Revolution nach dem Muster Kubas. Das vordergründig plausible Argument gegen jedwede bewaffnete Revolution war, dass durch Gewalt keine friedliche Welt konstruiert werden könne. Zwischen einer neuen sozialen Ordnung und dem Kampf um diese Ordnung bestünde eine dialektische Beziehung. Man könne keine Despotie der Mittel über die Ziele billigen. Die Mittel eines Kampfes müssen mit seinen Zielen vereinbar sein. Welche Widerstandsformen bleiben dann noch übrig? Im Dokument 2, an dessen Ausarbeitung Helder Camara und Gustavo Gutiérrez beteiligt waren, erklären sich die lateinamerikanischen Bischöfe für die Verteidigung „der Rechte der Armen und Unterdrückten" verantwortlich (Friede III.22). Sie denunzieren die strukturelle und sogenannte „erste" Gewalt, die soziales Elend und Ungerechtigkeit hervorbringt. Medellín prangert die Interventionen der „mächtigen Nationen gegen die Selbstbestimmung der schwachen Völker" ebenso an wie die eigenen Regierungen, die am Wettrüsten teilnehmen (ebd. 32). „Der wirkliche Krieg, den unsere Nationen führen sollen, ist der Kampf gegen das Elend" (ebd. 29). Obwohl im Falle einer „offensichtlichen und lang andauernden Tyrannei, welche die fundamentalen Rechte der Person und das Gemeinwohl des Landes verletzen", ein „revolutionärer Aufstand" rechtmäßig sein könne, so laufe der ordentliche Weg zu Veränderung doch über „Bewusstseinsbildung und Organisation des Volkssektors" (ebd. 18.19.27). Die Denunzierung struktureller und willkürlicher Gewalt, das Einklagen des Selbstbestimmungsrechtes und der Appell an die Betroffenen, sich zu organisieren, sind Aussagen des Lehramtes, die bis heute ihre Aktualität nicht verloren haben.

Protagonismus der Unterdrückten

In seiner Eröffnungsansprache zur Medellín-Konferenz betonte Paul VI., dass eine Annäherung zwischen (hierarchischer) Kirche und den Armen notwendig sei. „Die Kirche hat heute eine Berufung zur Armut Christi." Die Einfachheit der Mittel und Armut der Kirche ist, so der Papst, eine Vorbedingung „für die Glaubwürdigkeit der eigenen Sendung". Und die Delegierten von Medellín antworteten:

> „Wir wünschen, dass unsere Wohnung und unser Lebensstil einfach seien. [...] Wir verzichten auf Ehrentitel [...] und wollen, dass unsere lateinamerikanische Kirche frei sei von weltlichen Verquickungen, Annehmlichkeiten und zweideutigem Prestige." (Armut III.12.16.18)

Die größere Nähe zu den Armen solle nicht deren „legitime Autonomie in den weltlichen Geschäften" beeinträchtigen, sondern sie ermutigen, „sich selbst zu helfen" (ebd. 11.18). Eine gerechte Weltordnung setze voraus, dass „die Menschen nicht Objekte, sondern Subjekte ihrer eigenen Geschichte sind" (Friede II.14a). In dieser Frage blieb Medellín jedoch auf halbem Wege stehen. Die körperliche Nähe zu den Armen und die versprochene „Hilfe zur Selbsthilfe" waren wichtige Impulse für ein neues Verhältnis zwischen Kirche und Volk, zugleich müssten sie aber auch im kirchlichen Bereich strukturelle Konsequenzen haben. Man kann ehrlicherweise nicht für Protagonismus in der Welt einstehen und dann innerkirchlich nur die Adressaten neu aussortieren, diesen aber das entscheidende Wort als Akteure verweigern. Arme und ArbeiterInnen, Indios und Schwarz-Amerikaner, Frauen und Jugendliche sind nicht nur Berater für eine in vormodernen Strukturen erstarrte Kirche. Die Armen-Anderen sind eine konstitutive Instanz der Kirche. In dem mit der Großkirche verzahnten Räderwerk des innerkirchlichen Protagonismus der Armen wäre diese „Veränderung", wie die Kopernikanische Wende, kein Eingriff ins Sonnensystem, sondern nur die Anerkennung, dass die Sonnenbahn schon immer anders verlaufen ist als angenommen.

9. Kirche

Ein neues Lebensprojekt der Menschheit

Eine nach-christenheitliche Kirche muss sich weigern, konkreten, staatlich strukturierten Formen kollektiven Zusammenlebens Modellcharakter zuzubilligen. Sie kann allerdings diesen Charakter sich auch nicht mehr selbst, als societas perfecta, zuschreiben. So bleibt ihr Vorschlag eines „Lebensprojekts" einerseits einem fundamentalistischen Naturrechtsbegriff verhaftet, andererseits ist er die Vision eines in die Weltzeit hinein zu predigenden Reiches Gottes. Solange dann Menschen nicht dem Naturrecht gemäß leben und das Reich Gottes nicht verwirklicht ist, bleibt die kirchliche Predigt der Veränderung – manchmal mit Umkehr, Bekehrung, Neuschöpfung, Auferstehung, Erneuerung in Christus umschrieben – eine dauernde Aufgabe. Medellín hat diese Aufgabe auf den Begriff Befreiung gebracht. Die Veränderung von Strukturen der Gewalt, von politischen und sozialen Strukturen, die Durchsetzung einer umfassenden Agrarreform – all dies setzt Befreiung voraus. „Integrale Befreiung" braucht einen „neuen Kontinent", eine „neue Gesellschaft" mit „neuen Menschen", die „wissen, wirklich frei und verantwortlich" zu handeln (Gerechtigkeit II.3f; Erziehung II.8). Der „neue Mensch" ist einem neuen Wertesystem verpflichtet. Dabei richtet sich Medellín selbstkritisch an die junge Generation. Die Jugend finde „überinstitutionalisierte Organisationen und starre Strukturen" unerträglich (Jugend I.6). Sie lebe Werte, „welche die verschiedenen Epochen der Geschichte erneuern". Und diese Jugend erwarte von der Kirche „eine Haltung des Dialogs", „Dienst ohne Autoritarismus" und „moralischen Rückhalt" bei den sozialen Auseinandersetzungen (ebd. 13.15c.3.5). Obwohl die Medellín-Konferenz keine strukturelle Erneuerung bewirkt hat, so schuf sie doch klimatische Voraussetzungen dafür, dass im langen politischen Winter nach 1968 die lateinamerikanische Kirche zum Ort wurde, an dem politisch Verfolgte, Indios, RevolutionärInnen und TheologInnen sich aufwärmen konnten und für einen Moment Rast fanden im Kampf um ein neues Lebensprojekt.

Medellín war die Zeit der Propheten. Sie war gefolgt von einer Zeit der Märtyrer: Hector Gallego (1971), Rodolfo Lunkenbein und Simão Cristino (1976), Angel Angelelli (1976), Luis Espinal (1980), Oscar Romero (1980), Marçal Guarani (1983), Vicente Cañas (1987). Prophetie und Martyrium haben den Traum einer Kirche, die „authentisch arm, missionarisch, österlich" und gleichzeitig „mutig engagiert ist im Befreiungsprozess der Menschen" (Jugend III.15), nicht zum Alptraum werden lassen. Heute wissen wir, dass die „Option für die Armen", wenn ihr Projekt nicht aus dem Horizont der Welt verschwinden soll, ergänzt werden muss durch die „Option für den Protagonismus der Armen", und das heißt eben auch der Armen in der Kirche. Das Jahr 1968 hat gezeigt, dass keine Institution in der Dialektik von Veränderung und Bewahrung das letzte Wort behalten kann. Auch für die Kirche gibt es keine endgültigen Parameter, die Präsenz Gottes in historischen Projekten auszumachen, weil Gott aus der leichten Brise ebenso sein Wort an uns richten kann wie aus Sturm und Gewitter.

Ludger Weckel

Revolutionäre Zeiten (1998)

Die Bischofsversammlung von Medellín

Das Jahr 1968 ist – rückblickend betrachtet – ein wichtiges Jahr für Lateinamerika, für die dortige Kirche und die Theologie, wichtig für die Theologie der Befreiung, auch wenn die Bezeichnung „Theologie der Befreiung" erst wenige Jahre später erstmals verwendet wurde. Vom 24. August bis zum 6. September 1968 fand in der kolumbianischen Stadt Medellín die II. Generalversammlung des lateinamerikanischen Episkopats statt, das heißt, es trafen sich Delegierte der katholischen Kirche aus allen Ländern Lateinamerikas. Um die Bedeutung dieses Treffens einzuschätzen, ist zunächst wichtig, sich die damalige Zeit mit ihren Aufbrüchen und ihrem Fortschrittsglauben in Erinnerung zu rufen. Die 60er Jahre standen weltpolitisch im Zeichen des kalten Krieges, aber auch im Zeichen der Entkolonialisierung und der Befreiungskämpfe (z.B. Algerien, Vietnam). Die Länder des Südens suchten ihre Chancen innerhalb der globalen Machtkonstellationen zwischen Ost und West, sie wurden von den Mächtigen aber auch gnadenlos in diese Machtverhältnisse hineingepresst: Für (wirtschaftliche) Freiheit und gegen Sozialismus oder für einen sozialistischen Weg und damit automatisch gegen westliche Interessen. Es herrschte ein Glaube an einen machbaren, schnellen Fortschritt, eine schnelle Überwindung von Armut und Hunger. Dies zeigt sich zum Beispiel in den damals vorherrschenden Entwicklungstheorien, die auf den ersten Blick genau gegensätzlich sind, aber doch eine gemeinsame Basis haben. Die Theorie der „nachholenden Entwicklung" (spanisch auch „desarrollismo" genannt) ging vom Modell der „entwickelten Industrienationen" aus und verfolgte das Ziel, durch massive Entwicklungshilfe, durch Förderung von Industrialisierung und gesellschaftlicher Mittelschichten „nicht entwickelte Länder" dem westlichen Modell anzunähern. Die Dependenztheorie hingegen sprach davon, dass die sogenannte Unterentwicklung die Kehrseite der Entwicklung der westlichen Industrienationen sei und deshalb zunächst eine Befreiung aus der Abhängigkeit notwendig sei, um einen eigenen, unabhängigen Entwicklungsweg gehen zu können. Gemeinsam ist beiden Theorien, dass sie an die kurzfristige Machbarkeit glaubten.

Kirchliche Aufbrüche

Auch in den Kirchen herrschte – global betrachtet – Aufbruchsstimmung: Im II. Vatikanischen Konzil (1962-1965) versuchte die katholische Kirche, Fenster und Türen zur Welt hin zu öffnen und produzierte – für die damalige Kirche – erstaunliche Aussagen über die Rolle der Laien, über soziales Engagement von Christen und das Aufbrechen verkrusteter kirchlicher Strukturen. Ähnliche Impulse gingen auf evangelischer Seite von der IV. Vollversammlung des Ökumenischen Rates der Kirchen in Uppsala (1968) aus. Die Konferenz in Medellín 1968 hatte zunächst zum Ziel, die Ergebnisse und Aufbrüche des II. Vatikanischen Konzils für den lateinamerikanischen Kontext umzusetzen. Der wohl bekannteste Befreiungstheologe Gustavo Gutiérrez bemerkte dazu:

> „Das II. Vatikanische Konzil spricht von der Unterentwicklung der Völker unter dem Blickwinkel der entwickelten Länder, um diese an ihre Möglichkeiten und Verpflichtungen jenen gegenüber zu erinnern. Medellín dagegen versucht, das Problem von den armen Ländern aus anzugehen, und definiert sie deshalb als Völker, die einer neuen Spielart von Kolonialismus unterworfen sind. Das II. Vatikanum spricht von einer Kirche in der Welt und

9. Kirche

versucht bei der Beschreibung dieser Kirche, die bestehenden Konflikte zu mildern, Medellín indes bestätigt, dass die Welt, in der die lateinamerikanische Kirche präsent sein muss, sich in vollem revolutionären Prozeß befindet."[1]

Dieser „revolutionäre Prozeß" ist in vielen Texten und Berichten aus Lateinamerika unübersehbar. So schreibt ein kirchlicher Beobachter 1968 aus Uruguay:

„Dass sich die Situation in mehreren lateinamerikanischen Ländern allmählich einem gefährlichen revolutionären Zustand nähert, dafür häufen sich die Symptome. Das schroffe Nebeneinander von permanentem Hunger, Arbeitslosigkeit, hoher Sterblichkeit auf Seiten breiter Volksschichten, die unter unmenschlichen Bedingungen leben müssen, und von unausgesuchtem Komfort, ja kaum vorstellbarem Pomp in der Lebensführung herrschender Kreise hat soviel Sprengstoff angehäuft, dass es, wenn einmal der Funke zündet, zur Explosion des ganzen Kontinents kommen könnte."[2]

Derselbe Autor sieht, dass eine Analyse der wirtschaftlichen Lage und ihre Erfahrungen der Ungerechtigkeit viele zu der Überzeugung führen, „es gebe nur mehr die Möglichkeit, das eiserne Gerüst des herrschenden Systems zu zerbrechen: den bewaffneten Aufstand." Er sieht die Christen und die Kirche in diesem Zusammenhang vor eine unausweichliche Entscheidung gestellt, entweder die bestehende Ungerechtigkeit weiter zu stützen oder aber sich für revolutionäre Veränderungen einzusetzen. In diesem Zusammenhang verweist er unter anderem auf den katholischen Priester Camilo Torres, der sich nach dem Scheitern seiner politischen Bemühungen im Jahr 1967 dem bewaffneten Kampf der Guerilla in Kolumbien angeschlossen hatte und getötet worden war, was Beweis seiner Nächstenliebe und seiner Sehnsucht nach Gerechtigkeit sei.

---

1 Gustavo Gutiérrez: Theologie der Befreiung. Mainz, 10. Aufl. 1992, 191 f.
2 Galo Martínez Arona: Lateinamerikanisches Dilemma. Die Christen und die Revolution, in: Orientierung 32 (1968), 93.

Zeitzeichen

Die Beschlüsse von Medellín stellen sich zwar nicht explizit dieser „unausweichlichen Entscheidung", beschreiten aber einen neuen, kirchlich gesehen sehr wohl „revolutionären" Weg: Sie gehen nicht – wie in offiziellen kirchlichen Dokumenten bis dahin üblich – von festen Glaubensaussagen und kirchlichen Regelungen aus, um diese den Menschen zu verkünden, sondern analysieren zunächst die gesellschaftliche Wirklichkeit, die Nöte und Hoffnungen der Menschen und formulieren den eigenen Anspruch:

> „Der lateinamerikanische Episkopat darf angesichts der ungeheuren sozialen Ungerechtigkeit in Lateinamerika nicht gleichgültig bleiben; Ungerechtigkeiten, die die Mehrheit unserer Völker in einer schmerzhaften Armut halten, die in sehr vielen Fällen an unmenschliches Elend grenzt."

Als wichtigste und folgenreichste theologische Konsequenz gilt vielen Beobachtern die Formulierung:

> „Christus, unser Erlöser, liebt nicht nur die Armen, sondern er, der reich war, machte sich arm, lebte in Armut, konzentrierte seine Sendung darauf, dass er den Armen ihre Befreiung verkündete und gründete seine Kirche als Zeichen dieser Armut unter den Menschen."

Dies begründete in Folge eine neue Praxis der Kirche, einen Positionswechsel, weg von der Seite der Reichen, Staatstragenden und politisch Mächtigen, hin zu einer „Option für die Armen".

Positionswechsel

Die Beschlüsse von Medellín stellten eindeutig in den Vordergrund, dass der Glaube die Forderung und das Engagement nach Gerechtigkeit umfasse, dass ohne Gerechtigkeit christlicher Glaube nicht möglich sei. Dies löste zunächst eine Krise, dann massive Konflikte innerhalb der Kirche aus: Das Verständnis von pastoraler Praxis als die Versorgung der Bevölkerung mit Sakramenten

9. Kirche

geriet ins Wanken und mit ihm die Rolle und damit das Selbstverständnis von den Priestern und Bischöfen. Ihre Tätigkeit im Rahmen von Sakristei und Kirchenraum reichte nicht mehr aus. Im Bereich der neuen Aufgaben, der sozialen Gerechtigkeit kannten sie sich zu wenig aus, fühlten sie sich unsicher. Bald aber entstanden neue pastorale Strategien und Konzepte: Es wurden – zunächst vor allem in ländlichen Bereichen – kleine Pastoralteams gebildet, Laien in die Arbeit einbezogen, der Bewusstseinsbildung, Alphabetisierung und Gesundheitsversorgung eine vorrangige Bedeutung beigemessen und eine „Gute Nachricht" als Hoffnung für die von materieller Not und sozialer Ausgrenzung betroffenen Menschen verkündet. Zudem wurde die Selbstorganisation der Menschen gestärkt: in der Bildung von Basisgemeinden und in der Betonung der darin liegenden Möglichkeiten gegenseitiger Hilfe. Gleichzeitig wurden aber vielerorts auch Gründung und Arbeit von gewerkschaftlichen Initiativen zur Durchsetzung von Interessen wie Landverteilung und Kreditbewilligungen unterstützt. Die Reaktion darauf ließ nicht lange auf sich warten: Zivile und militärische Machthaber sowie die Oligarchie begannen zunächst mit Vorwürfen und Beschuldigungen („Kommunisten", „Subversive"), gingen bald aber zur offenen Verfolgung ihrer Gegner über: Viele Priester, Laien, Engagierte, aber auch Bischöfe wurden vertrieben, verschleppt, gefoltert oder getötet, wie Bischof Oscar Arnulfo Romero aus El Salvador. Heute sind zwar die „revolutionären Zeiten" vorbei und der „Geist von Medellín", der in den Texten deutlich wird, hat es schwer, sich durchzusetzen. Trotzdem bleibt die dort formulierte Herausforderung als Aufgabe bestehen: Die ungerechte Verteilung der Güter dieser Welt anzuklagen und die Sünde, die diese Ungerechtigkeit hervorbringt, aufzudecken.

Ludger Weckel

Ein „umfassender Heilsbegriff" (2008)

Die Aufbrüche in der Ökumene vor 40 Jahren

Nach 40 Jahren, so die Erfahrung, werden Ereignisse zu „Geschichte". Deshalb gibt es auch zur Zeit eine „Aufarbeitung" der 60er Jahre und des Jahres 1968, die weltweit von Aufbrüchen, Befreiungskämpfen gegen Fremdherrschaft und Kolonialismus geprägt waren. In Afrika wurde um Unabhängigkeit der „Kolonien" gekämpft, in Lateinamerika gegen Militarisierung und Abhängigkeit von den USA, in den USA gegen den Vietnamkrieg und für die Anerkennung der Rechte der Afro-Amerikaner_innen, in Europa gegen kolonialistische Politik und autoritäre Strukturen und in Deutschland gegen die Verschleierung von Verantwortung für die Geschichte des Faschismus.

Im kirchlichen Bereich findet eine Bearbeitung dieser Geschichte allerdings kaum statt. In einigen Beiträgen wurde an die II. Generalversammlung der lateinamerikanischen Bischöfe 1968 in Medellín erinnert, die ihre Aufgabe darin sah, die Beschlüsse des Konzils für Lateinamerika umzusetzen. Vor dem II. Vatikanum galt der Satz „Außerhalb der Kirche kein Heil". Der niederländische Theologe E. Schillebeeckx formulierte diesen Satz im Zusammenhang mit dem Konzil um: „Außerhalb der Welt kein Heil". „Außerhalb der Armen, an den Armen vorbei kein Heil", so fasst der salvadorianische Theologe Jon Sobrino die Grundeinsicht der Mehrheit der Bischöfe in Medellín zusammen. Nicht der moderne Mensch, sondern der arme, in seinen Lebensmöglichkeiten beschnittene, der schwache Mensch hat im Mittelpunkt der frohen Botschaft der Kirche zu stehen. Wenn auch die Armen leben können, nicht vorzeitig an Hunger oder dessen Folgen, an Armut oder Gewalt vorzeitig sterben müssen, dann ist dem Willen Gottes Genüge getan.

Auch wenn im Schlussdokument der Versammlung von Medellín weder von der Theologie der Befreiung noch von der Option für die Armen die Rede ist, gilt es doch als Startsignal für die Befreiungstheologie. Die bestehenden zaghaften Ansätze einer Pastoral an der Seite der Armen, einer Option für die Armen wurden mit den Formulierungen der Bischöfe „lehramtlich" unterstützt und gestärkt. Basisgemeinden entstanden, die gemeinsam beteten und für ihre Rechte und Lebensmöglichkeiten kämpften. Und die theologische Reflexion, die theoretische Arbeit an der Begründung des Glaubens wurde von nun an auch von Kirchenleitungen gefördert: die Theologie der Befreiung als das Bemühen, die herrschende Wirklichkeit auf den theologischen Begriff zu bringen.[1]

Die Kirchen des Südens und die Ökumene

Kaum erinnert wurde aber an die Enzyklika „Populorum progressio" (Über den Fortschritt der Völker) aus dem Jahr 1967, die ohne die revolutionäre Gestimmtheit jener Zeit nicht verstanden werden kann. Dort heißt es unter anderem:

> „Es ist nicht dein Gut, sagt Ambrosius, mit dem du dich gegen den Armen großzügig erweist. Du gibst ihm nur zurück, was ihm gehört. Denn du hast dir herausgenommen, was zu gemeinsamer Nutzung gegeben ist. Die Erde ist für alle da, nicht nur für die Reichen."

Im Bereich der Ökumene der evangelischen Kirchen sprach die Genfer Weltkonferenz „Kirche und Gesellschaft" im Juli 1966 erstmals in der Öffentlichkeit von einer „Theologie der Revolution"[2].

---

1 Vgl. Themenschwerpunkt „30 Jahre Medellín", in: Lateinamerika Nachrichten Nr. 294, Dez. 1998. T. Schreijäck (Hg.), Stationen eines Exodus. 35 Jahre Theologie der Befreiung in Lateinamerika, Ostfildern 2007.
2 Vgl. Appell an die Kirchen der Welt. Dokumente der Weltkonferenz für Kirche und Gesellschaft, hg. vom Ökum. Rat der Kirchen, Stuttgart/Berlin 1967.

Und die 4. Generalversammlung des Ökumenischen Rates der Kirchen 1968 in Uppsala/Schweden formulierte:

„Wir hörten den Schrei derer, die sich nach Frieden sehnen. Die Hungernden und die Ausgebeuteten rufen nach Gerechtigkeit. [...] Millionen suchen nach einem Sinn ihres Lebens. [...] Deshalb wollen wir Christen zusammen mit Menschen jeder Überzeugung für die Sicherung der Menschenrechte in einer gerechten Weltgemeinschaft eintreten."[3]

Und von der Versammlung in Uppsala wurde ein sogenanntes „Antirassismusprogramm" beschlossen, das den Rassismus nicht nur zurückwies, sondern antirassistisch arbeitende Gruppen auch materiell unterstützte. Dies hat dem ÖRK heftige Anfeindungen und Anschuldigungen – auch aus den Kirchen in Deutschland – eingetragen, in denen man dem ÖRK vorwarf, mit Kirchengeldern den bewaffneten Widerstand gegen rassistische Systeme (z.B. Südafrika, Rhodesien) zu finanzieren.

Wenige Jahre später, während der Weltmissionskonferenz 1973 in Bangkok, brachten die Kirchen der „neuerwachten Völker", die Kirchen Afrikas, Lateinamerikas und Asiens die Frage ein, ob nicht angesichts der engen Verflechtungen von Mission und Kolonialismus ein „Moratorium der Mission", ein Aussetzen sowohl der finanziellen Unterstützung als auch der Entsendung von Missionaren angebracht sei. Angesichts der bisherigen Verirrungen müsse man sagen, dass auch der Gedanke einer „ökumenischen Einheit" letztlich dazu diene, westliche Dominanz durchzusetzen und nordatlantische Konzepte zu universalisieren. Und was den Ländern des Südens als „Entwicklung" vorgeschlagen werde, sei „nachholende Entwicklung" nach dem Modell des Westens. Statt um Verkündigung müsse es um Präsenz, um Gerechtigkeit und Eigenständigkeit der unterdrückten Völker gehen. Theologisch formulierte die Konferenz in Bangkok:

---

3   Goodall, Norman (Hg.), Bericht aus Uppsala 1968, Genf 1968.

9. Kirche

„In dem umfassenden Heilsbegriff erkennen wir vier soziale Dimensionen des Erlösungswerkes: 1. Das Heil wirkt im Kampf um wirtschaftliche Gerechtigkeit gegen die Ausbeutung des Menschen durch den Menschen. 2. Das Heil wirkt im Kampf um die Menschenwürde gegen politische Unterdrückung durch Mitmenschen. 3. Das Heil wirkt im Kampf um Solidarität gegen die Entfremdung der Menschen. 4. Das Heil wirkt im Kampf um die Hoffnung gegen die Verzweiflung im Leben des einzelnen."

Und weiter heißt es zur Situation von Christ_innen:

„Viele Christen, die um Christi willen im wirtschaftlichen und politischen Kampf gegen Ungerechtigkeit und Unterdrückung stehen, fragen sich und die Kirchen, was Christsein und wahre Kirche heute bedeuten. Ohne die Erlösung der Kirchen aus ihrer Gebundenheit an die Interessen der herrschenden Klassen, Rassen und Staaten gibt es keine heilbringende Kirche [...] Alle Kirchen, alle Christen sind gefragt, ob sie alle in Christus und seinem Erlösungswerk dienen oder auch noch den Mächten der Unmenschlichkeit. ,Niemand kann zwei Herren dienen, Gott und dem Mammon' (Matth. 6, 24)."[4]

Der Konflikt in den Kirchen

Diese Entwicklungen verliefen allerdings nicht konfliktfrei: Überall, wo sich die Menschen organisierten, um sich für ihre Rechte und mehr Gerechtigkeit zu engagieren, trafen sie auf den heftigen Widerstand der Mächtigen, auch in den Kirchen und der ökumenischen Bewegung. Dies können wir sowohl in den heftigen Auseinandersetzungen um das Antirassismusprogramm und um die Theologie der Befreiung als auch im Schicksal des am 4. April 1968 in Memphis/Tennessee ermordeten Baptistenpredigers und Menschenrechtlers Martin Luther King sehen.

Und es gilt bis heute: Wie der Konflikt um die Theologie der Befreiung in der katholischen Kirche nicht beendet ist[5], so gehen auch die Auseinandersetzungen in der ökumenischen Bewegung

---

4   J. Moltmann, „Siehe ich mache alles neu", in: Füssel/Ramminger (Hg.), Zwischen Medellín und Paris. 68 und die Theologie, Luzern 2008.

weiter, was am Beispiel des „Processus confessionis" deutlich wird: Vor allen Dingen aus den Kirchen des Südens wurde in den 90er Jahren Kritik an der neoliberalen Globalisierung formuliert. So stellte 1995 eine Konsultation des Reformierten Weltbundes in Kitwe/Sambia in Afrika fest, dass die gegenwärtige neoliberale Ideologie und das darauf aufbauende Wirtschaftssystem einen status confessionis für die Kirchen darstellen, wie der nationalsozialistische Faschismus und die Apartheid im 20. Jahrhundert. Dies war der Anlass für den Reformierten Weltbund 1997 (Debrecen, Ungarn) und den Ökumenischen Rat der Kirchen 1998 (Harare, Simbabwe), auf ihren Vollversammlungen die Mitgliedskirchen zu einem Processus confessionis im Kontext wirtschaftlicher Ungerechtigkeit und Naturzerstörung aufzurufen.

Die genaue Formulierung der Vollversammlung des Ökumenischen Rates der Kirchen in Harare lautete:

> „Die Vision hinter der Globalisierung steht in Konkurrenz zur christlichen Vision der oikoumene, der Einheit der Menschheit und der ganzen bewohnten Erde [...] Christen und Kirchen sollten über die Herausforderung der Globalisierung aus der Perspektive des Glaubens nachdenken und deshalb Widerstand gegen die einseitige Dominanz wirtschaftlicher und kultureller Globalisierung leisten."

Wie sehr dieser Processus confessionis umstritten ist, hat sich während der Vollversammlung des Ökumenischen Rates der Kirchen 2006 in Porto Alegre/Brasilien gezeigt. Ein Beobachter fasste folgendermaßen zusammen:

> „Die schärfsten Angriffe auf die Agape-Dokumente (also die Beschlüsse über den processus confessionis, L.W.) und die Äußerungen in besagtem Plenum kamen von Delegierten solcher Kirchen, die den Einladungen zur Beteiligung am AGAPE-Kommunikations-

---

5   Vgl. die Notificatio gegen Jon Sobrino (https://www.itpol.de/am-1403-veurteilt-der-vatikan-den-befreiungstheologen-jon-sobrino-keine-sanktionen/), dazu auch Knut Wenzel (Hg.), Die Freiheit der Theologie, Ostfildern 2008, oder die Debatte um „Die Armen und ihr Ort in der Theologie", die Clodovis Boff ausgelöst hat (siehe dazu: https://www.itpol.de/die-armen-und-ihr-ort-in-der-theologie/ zuletzt abgerufen am 14.04.2020).

prozess nicht gefolgt waren, vor allem aus den skandinavischen Ländern. Fragt man sich, was der inhaltliche Grund für diesen unausgetragenen Konflikt ist, so findet man in den inzwischen erarbeiteten Stellungnahmen der europäischen Kirchen und vor allem der Konferenz Europäischer Kirchen folgenden Hinweis: Die Europäer_innen erkennen an, dass die neoliberale Globalisierung im Süden zwar vor allem negative Konsequenzen hat. Sie behaupten aber, in Europa bestehe die ‚Soziale Marktwirtschaft' und man müsse dieses Konzept nur auf die globale Ebene übertragen, um die angeblich positiven Aspekte der Globalisierung zu stärken und die negativen zu vermeiden. Sie verweigern sich einer systemischen Analyse des Neoliberalismus (indem sie behaupten, dies sei ein ideologischer Begriff), sie wollen mit dem Süden auch nicht über Kapitalismus und Imperium diskutieren. Sie wollen nur über konkrete Aktionen und ethische Appelle an die wirtschaftlich und politisch Mächtigen reden."[6]

Haben Kirchen etwas zum Zustand der Welt zu sagen?

Genauso, wie der gesellschaftliche Konflikt zwischen Besitzenden und Mächtigen einerseits und der armen Bevölkerungsmehrheit andererseits bis heute nicht gelöst ist, dauert auch der innerkirchliche und -theologische Konflikt bis heute an – es geht um die Frage nach der Relevanz und Bedeutung von Theologie und christlichem Glauben überhaupt, weltweit, also auch hier in Europa: Hat Theologie zum Zustand dieser Welt, die ja nach christlicher Überzeugung Gottes Schöpfung ist, etwas zu sagen? Und wenn ja, dann stellt sich die Frage, ob dieses Gesagte diese Welt nicht nur erklärt, sondern ob es sie auch verändern hilft.

---

6   U. Duchrow, Porto Alegre – Wohin gehen die europäischen Kirchen nach der Vollversammlung des ÖRK? (www.kairoseuropa.de/fix/PortoAlegreArtikel0602.pdf Link ist nicht mehr aktuell).

Cordula Ackermann

Ökumene der Bewegungen (2018)

Die Feiern des 500. Jahrestages der Reformation im letzten Jahr warfen immer auch die Frage nach der Ökumene auf. Was wären die nächsten Schritte im Sinne der ökumenischen Bewegung? Und wer kann sie gehen? Ein Plädoyer über den kirchlichen Rahmen hinaus zu denken.

Das Reformationsjubiläum war besonders in der BRD ein Anlass für beide Kirchen, einen Blick in die gemeinsame, wenn auch trennende, Geschichte zu werfen. Daran schloss sich die Frage nach einer gemeinsamen Zukunft an. Tatsächlich wird es immer schwieriger, den Unterschied und die Notwendigkeit der Trennung zwischen den beiden großen Kirchen gegenüber Menschen, die ohne kirchliche Bezüge aufgewachsen sind, zu erklären. Und selbst innerhalb der Kirchen ist die Trennung nicht einfach zu rechtfertigen. Das liegt zum einen daran, dass Ökumene an der Basis der Kirchen, also in Gemeinden und Gruppen, schon seit Jahrzehnten praktiziert wird. Zum anderen sind auch auf den oberen Ebenen der Kirchenhierarchien ökumenische Gesten unverzichtbar geworden. Und doch bewegt sich wenig, wenn es an den Kern dieser Jahrhunderte alten Institutionen geht.

Gemeinsame Reich-Gottes-Praxis

Angesichts dessen lohnt es sich zu fragen, ob die nächsten Schritte der Ökumene wirklich in den institutionellen Strukturen der Kirche zu vollziehen sind. Denn Ökumene ist mehr als die

9. Kirche

Idee einer strukturell „wiedervereinigten" Kirche. Ökumene meint die ganze bewohnte Welt. Diesen ursprünglichen Wortsinn anzunehmen heißt, dass die ganze Welt und ihre Bewohner*innen für die christliche ökumenische Bewegung wichtig sind. Was bedeutet es, in und für diese Welt Christ*in zu sein? In den 1980er Jahren formulierte es die ökumenische Bewegung so: „Frieden, Gerechtigkeit und Bewahrung der Schöpfung". Dieser Titel des Konziliaren Prozesses spiegelt eine Erfahrung wider, die vielfach an der Basis gemacht wurde: In den christlich geprägten Gruppen, die sich für Frieden, Gerechtigkeit und Umweltschutz engagierten, traten die Fragen nach konfessionellen Unterschieden hinter die grundsätzliche Frage zurück, wie sie in dieser Welt gemäß dem Evangelium leben können und welche (auch politische) Praxis dem angemessen ist. Kriterium dafür ist die biblische Option für die Armen und die Vision des Reiches Gottes als gerechte Gesellschaft. Diese Option und diese Vision überwinden nicht nur die Grenzen der Konfessionen, sondern auch die Grenzen der Kirchen. Dementsprechend engagierten sich ab den 1960er Jahren Christ*innen, vor allem in Lateinamerika, aber auch an anderen Orten, vermehrt mit und in säkularen sozialen Bewegungen. Die gemeinsame Praxis sahen sie als konkrete Schritte, um ihre Nachfolge zu leben.

Von der ökumenischen Bewegung...

Es gab also schon einmal so etwas wie eine Ökumene mit den Bewegungen. Doch davon ist besonders in Europa aufgrund einer doppelten Krise kaum etwas übrig geblieben: Einerseits durch die Auflösung der Kirchen als Volkskirchen. Andererseits hat die seit den 1990er Jahren propagierte Alternativlosigkeit viel Engagement erstickt und die sozialen Bewegungen, wie z.B. die Friedensbewegung, massiv geschwächt. Dass die Frage nach Ökumene angesichts dessen wieder vermehrt als „Kirchenthema" verhandelt wird, also die Reformen der innerkirchlichen Strukturen in den Fokus gerückt werden, ist verständlich, aber fatal. Das umfassende Verständnis von

Ökumene einer Kirche von unten wird damit wieder auf Christ*innen eingegrenzt und vielleicht andere Religionen.

... zur Ökumene der Bewegungen

Es klingt ein wenig nach einer Ironie der Geschichte, dass es ausgerechnet ein Papst ist, der in den letzten Jahren durch seine Treffen mit sozialen Bewegungen jenen Gesprächsfaden wieder aufgenommen hat, der in der ökumenischen Bewegung der BRD so dünn geworden ist. Es scheint, als habe Franziskus viel weniger Berührungsängste als viele seiner christlichen Glaubensgeschwister, wenn er die Kämpfe der sozialen Bewegungen anerkennt und feststellt: „Die Kirche kann und darf in ihrer Verkündigung des Evangeliums diesem Prozess nicht fern stehen." (Ansprache Welttreffen 2015) Wahrscheinlich steht Franziskus in der Hierarchie mit dieser Auffassung ziemlich alleine da. Es braucht die Kirche von unten, die in diesem Sinne wieder aktiv wird, sonst bleiben die Treffen Symbole. Und es gibt genug Gründe, etwas zu tun. Angesichts der Lage der Welt haben sich weder die christliche Hoffnung noch die Praxis der sozialen Bewegungen erledigt. Wir müssen deshalb von der ökumenischen Bewegung zur Ökumene der Bewegungen kommen.

Michael Ramminger

Parteilichkeit ist konfliktiv (2008)

Zur Notificatio gegen Sobrinos Christologie

Im März 2007 veröffentlichte die Glaubenskongregation des Vatikan eine Notificatio, in der sie einige Punkte der Christologie des in El Salvador lebenden Befreiungstheologen Jon Sobrino scharf kritisierte.[1] Nun gibt es eine weitere Debatte, die der brasilianische Theologe Clodovis Boff ausgelöst hat, der für seine umfangreichen Arbeiten zur Methode der Befreiungstheologie bekannt ist. Er hat in einem Artikel die „real existierende" Befreiungstheologie und die entsprechenden Theologen kritisiert, sie hätten die Fundamente der Befreiungstheologie verlassen und in ihrer Theologie die Armen an die Stelle Gottes gesetzt.[2] Boff bezieht sich explizit auf die Notificatio aus Rom gegen Sobrino und schließt sich ihr inhaltlich an.

Warum nun also wieder Streit um die Befreiungstheologie? Warum wurde diese Auseinandersetzung eigentlich gerade 2007 zugespitzt? Meines Erachtens laufen in der Notificatio verschiedene Interessensstränge zusammen, nämlich erstens die langjährige und fortdauernde Auseinandersetzung um die Befreiungstheologie, zweitens die Situation im Vorfeld der V. lateinamerikanischen Bischofs-

---

1   Es geht um Jon Sobrinos Bücher „Christologie der Befreiung" (Mainz 1998/ Ostfildern ²2008) und „Der Glaube an Jesus Christus" (Ostfildern 2008). Dokumentationen des Konfliktes findet man unter www.itpol.de/ und bei Knut Wenzel, Die Freiheit der Theologie, Ostfildern 2008.
2   Vgl. Ludger Weckel (Hg.), Die Armen und ihr Ort in der Theologie, Münster 2008 (https://www.itpol.de/wp-content/uploads/2014/11/DieArmenundihrOrtinderTheologie.pdf zuletzt abgerufen am 24.03.2020).

konferenz im Mai 2007 in Aparecida und drittens eine grundsätzliche Neupositionierung der römischen Theologie, die der jetzige Papst und frühere Leiter der Glaubenskongregation nun in seiner neuen Funktion durchsetzen kann.

Eine lange Geschichte

Der Konflikt um die Befreiungstheologie ist nicht neu. Erinnert sei hier nur an den „Studienkreis Kirche und Befreiung" und seine Kampagne gegen die Befreiungstheologie, die sich im Jahre 1976 leider auch mit deutschen Geldern (damals Adveniat) zum Ziel gesetzt hatte, „jede Umdeutung des christlichen Glaubens in ein soziales oder politisches Programm [...] zu verhindern"[3].

Diese Kampagne war trotz vieler Gegenstimmen und kritisch-solidarischer Einwände insgesamt erfolgreich. Wir erinnern uns an die Maßregelungen von Leonardo Boff und Ernesto Cardenal oder daran, wie der ermordete Erzbischof Romero von Rom fallen gelassen wurde.

Die Liste ließe sich endlos erweitern. Jon Sobrino schreibt in einem Brief an seinen Ordensoberen:

> „In diesen Jahren wurden viele Theologinnen und Theologen, gute Leute, [...] erbarmungslos verfolgt. Und nicht nur sie [...] Der Vatikan hat manchmal mit üblen Machenschaften die Lateinamerikanische Ordenskonferenz (CLAR) sowie tausende von großherzigen Ordensangehörigen so durcheinander zu bringen versucht, dass sie nicht mehr wussten, wo ihnen der Kopf stand. Das ist deshalb besonders bitter, weil viele von ihnen ganz einfache Menschen sind. Vor allem aber hat der Vatikan alles Mögliche dafür getan, die Basisgemeinden der kleinen Leute, der Privilegierten Gottes zum Verschwinden zu bringen."[4]

---

3   KNA Nr. 53, 04.03.1976, zitiert nach: Dokumentation zum Streit über die Theologie der Befreiung, Initiativkreis „Theologie der Befreiung", Münster 1977.
4   Jon Sobrino, Brief an den Ordensoberen Pater Kolvenbach, in: http://www.-itpol.de/?p=142 (zuletzt abgerufen am 24.03.2020).

9. Kirche

Ein Weg der Anpassung

Rom ist hier, wie der deutsche Philosoph Habermas sagt, einen Weg der Anpassung an die nationalstaatliche Moderne weitergegangen, von dem man sich in Folge des II. Vatikanums zunächst abgewandt zu haben schien.[5] Allerdings ist das doch eine eher freundliche Interpretation: denn es handelte sich eben nicht um einen Weg der Anpassung, sondern um einen Weg der Kollaboration mit den Mächtigen und Herrschenden. Es lag und liegt bei vielen, vermutlich den meisten, die in Opposition zur Theologie der Befreiung standen, die Überzeugung zugrunde, dass der Schrei der Armen nach „Brot und Rosen" kein Ruf nach dem Reich Gottes ist, sondern vielmehr zu seinem Gegenteil führen würde, zur Hölle auf Erden. Mit Abstrichen war und ist der römische Apparat zutiefst davon überzeugt, dass der herrschende Kapitalismus die einzige Möglichkeit für Recht und Ordnung (und Ordnung heißt auch: Überleben der eigenen Institution gewährleistend) ist.

Im Vorfeld der V. lateinamerikanischen Bischofskonferenz in Aparecida

Allerdings gab es auch zwei aktuelle politische Konjunkturen, die aus der Perspektive Roms das gesprochene „Machtwort" in Form eine Notificatio gegen die Christologie von Jon Sobrino plausibel erscheinen lassen.

Zum einen stand bei Veröffentlichung der Notificatio im März 2007 die V. Generalversammlung der lateinamerikanischen Bischöfe in Aparecida/Brasilien im Mai 2007 kurz bevor. Die vorherigen drei Konferenzen waren in unterschiedlicher Weise von der „Option für die Armen" geprägt. So hieß es 1968 bei der II. Vollversammlung in Medellín: „Christus, unser Erlöser, liebt nicht nur die Armen, sondern er, der reich war, machte sich arm, lebte in Ar-

---

5   Jürgen Habermas, Ein Bewusstsein von dem, was fehlt, in: Neue Zürcher Zeitung vom 10.02.2007.

mut [...] und gründete seine Kirche als Zeichen dieser Armut unter den Menschen."[6] Es war der Beginn einer neuen Theologie und einer neuen Praxis der Kirche in Lateinamerika.

Nun stand also die V. Generalversammlung des lateinamerikanischen Episkopats an. Sie wurde im Vorfeld unter das Thema „Jüngerschaft Christi und Mission" gestellt und die Vorbereitung zeigte, dass die Konferenz sicherlich in die Reihe der wichtigen kircheninternen Daten gehörte, bei denen über die Zukunft kirchlich-pastoraler Ausrichtung entschieden werden würde.

Das Vorbereitungsdokument zeigte, dass sich darin befreiungstheologische Elemente befanden und dass Aufgabe der Evangelisierung und Mission der Kirche von dieser befreiungstheologischen Option für die Armen her verstanden werden.

> „Wohin gehst du, Aparecida? Das Volk Gottes erwartet Signale der Gerechtigkeit, Gesten des Mutes und Entscheidungen zugunsten aktiver Mitwirkung in der Kirche, nicht um vor dem Imperium zu fliehen, sondern um es zu verändern."[7]

So fragte der Befreiungstheologe Paulo Suess. Es zeichnete sich also ab, dass in Aparecida die Analyse der gegenwärtigen Gesellschaft und die Handlungsanweisung für die lateinamerikanische Kirche sehr umkämpft sein würden. Und genau dies kann ein guter Grund für die wohl zeitlich nicht zufällige Veröffentlichung der Notificatio über die Christologie Jon Sobrinos gewesen sein.

Lateinamerikanische Entwicklungen

Dazu kommt, dass sich die politische Situation in vielen lateinamerikanischen Ländern verschoben hat und dies einen Neuaufschwung für die Befreiungstheologie und die Basisgemeinden bedeuten könn-

---

6 Sekretariat der Dt. Bischofskonferenz, Die Kirche Lateinamerikas. Dokumente der II. und III. Generalversammlung des Lateinamerikanischen Episkopates in Medellín und Puebla (Stimmen der Weltkirche 8), 117.
7 Paulo Suess, Mission in Aparecida, in: https://www.itpol.de/mission-in-aparecida-paulo-suess/ (zuletzt abgerufen am 24.03.2020).

te, deren Mitglieder in vielen Ländern – manchmal mit, manchmal auch ohne die Hilfe der kirchlichen Hierarchie und Institutionen – an diesen Veränderungen mitgearbeitet haben und mitarbeiten. Beispielhaft sei hier nur der ehemalige Bischof Fernando Lugo als gewählter Präsident von Paraguay genannt.

Die Befreiungstheologie war nie „tot"; vielmehr war sie durch institutionelle Verfolgung innerhalb und außerhalb der Kirche geschwächt, viele waren der Auseinandersetzungen müde oder haben ihre Arbeit im Dienst an den Armen „im Stillen" weiter getrieben. Die Inspiration einer befreienden Theologie hat weiter gewirkt, was unter anderem auch dazu beigetragen hat, dass die neoliberale Hegemonie, die über Militärputsche, Menschenrechtsverletzungen und nicht zuletzt durch die tatkräftige Unterstützung verschiedener kirchlicher Kräfte aufgebaut wurde, heute an ihr Ende gekommen ist.

Worum es (eigentlich) geht

Es ist nicht einfach nur ein Kampf um „Wahrheit" oder „Rechtgläubigkeit", den die Kongregation in Sorge um das Glaubensheil der KatholikInnen hier führt. Es geht um eine parteiliche Theologie, um ein verortetes und verzeitlichtes Christentum an der Seite der Armen und Ausgegrenzten, das wohl mindestens zwei Konsequenzen für die Kirche insgesamt hätte: Zum einen würden diejenigen unter Druck geraten, die das Heil der Kirche nicht in den Armen, sondern an der Seite der Mächtigen und Reichen suchen und dabei auch vor verurteilungswürdigen Praktiken gegen ihre Gegner nicht zurückgeschreckt haben. Zum anderen würde eine solche Ortsverschiebung der katholischen Kirche natürlich auch eine Gefährdung ihrer ohnehin prekären Situation als Institution bedeuten. Angesichts von Pluralisierung, Individualisierung und nicht zuletzt der zunehmenden Attraktivität evangelikaler, pentecostaler und neopentecostaler Religionsgemeinschaften sieht sich Rom einem zunehmenden Bedeutungs- und Einflussverlust ausgesetzt.

Eine eindeutige „Option für die Armen", die zwar angesichts weltweiter Ungerechtigkeit, Umweltzerstörung und kriegerischer Auseinandersetzungen an der Zeit wäre, könnte durchaus eine gesellschaftliche „Marginalisierung" der Kirche bedeuten. Sie ist nicht zwangsläufig mit einer „Evangelisierungsgarantie" verbunden. Das eben kann man aus der Geschichte des Kreuzes lernen.

In diesem Kontext wird jetzt über die bisherige, quasi weltanschauliche Auseinandersetzung über Befreiung und politisch-gesellschaftliche Praxis hinaus eine theologische Auseinandersetzung inszeniert, die einen Befreiungstheologen der Häresie zu bezichtigen sucht, und zwar einen Theologen, der ganz ausdrücklich die Geschichte und die Wahrheit des gekreuzigten Jesus mit den Armen und Ausgebeuteten, den heute Gekreuzigten, in das Zentrum seiner Überlegungen stellt und damit nicht eine eigene, neue Theologie begründet, sondern sich in Übereinstimmung beispielsweise mit den Überlegungen zur Christologie Karl Rahners weiß. Der hatte von der Gefahr gesprochen, die Menschlichkeit Gottes als bloße Livrée, als Umhang zu verstehen und gefordert, die Inkarnation, die Geschichtlichkeit radikal ernst zu nehmen, damit nicht „alles von oben her", sondern „daraufhin gesehen und gedacht" wird.[8] Denn eine Christologie von „oben nach unten", so Rahner, läuft heute Gefahr, mythologisch zu sein.

Es geht nicht um „eine" Theologie, sondern um „die" Theologie

Es handelt sich damit um eine sehr tiefgehende, grundsätzliche Auseinandersetzung. Es geht nicht einfach um „eine" Theologie, sondern um alle Theologie, die sich ernsthaft die Frage stellt, wie angesichts der Zeichen der Zeit heute Gott gedacht und glaubhaft gesagt werden kann. Es deutet sich ein grundlegender Konflikt an, der jede Theologie treffen wird, die sich irgendwie auf die Fra-

---

8 Vgl. K. Rahner, Grundkurs des Glaubens, Freiburg 1984, 283.

ge praktischer Nachfolge und die Hoffnung auf das Reich Gottes als Orthodoxiekriterium bezieht und auf den „historischen" Jesus verweist, also auf eine Interpretation jüdisch inspirierten christlichen Geistes, der von Befreiung, Exodus und Parteilichkeit redet.

Die aktuelle Auseinandersetzung um die Christologie Jon Sobrinos ist kein „Einzelfall" und auch kein Relikt einer überkommenen, aber noch nicht zu Ende gebrachten Auseinandersetzung aus den achtziger Jahren. Sie verweist auch nicht nur auf ein autoritäres Vorgehen und damit auf ein Demokratiedefizit der kirchlichen Institution. Es geht im Kern um eine Auseinandersetzung darüber, welchen Gott wir anbeten, den Gott der Philosophen oder den Gott, dessen „Ehre das Leben der Armen" ist. Und damit geht es um die Armen und Anderen selbst und um ihr Recht auf Leben und Würde.

Martin Ostermann

Walter Dirks zur Zukunft des Vaticanum II (2009)

In einem Rückblick auf das II. Vatikanische Konzil schrieb Walter Dirks (1901-1991), bekannter Publizist und engagierter Katholik, unter dem Titel „Gehorsam und Aufbruch":

> „Es wäre schlimm, wenn der Ertrag des II. Vaticanums in derselben Weise und in demselben Geiste als kodifiziert gälte, wie die Beschlüsse des Tridentinums und des I. Vaticanums [...] Es wäre erst recht schlimm, wenn der Geist, der in Rom so viele bewegt hat, nun gehindert würde, weiterhin die Herzen und Köpfe der ecclesia semper reformanda in Unruhe zu bringen." (Die Autorität der Freiheit, Bd. III, 1967, S. 621)

Beide Entwicklungen, die Mumifizierung der Verlautbarungen des Konzils und die Unterdrückung seines Geistes, sind nur allzu bald eingetreten und heute, 50 Jahre nach dem Anstoß Johannes XXIII., „die Fenster aufzureißen" und „die reinen klaren Linien der Urkirche" nachzuziehen, steht zur Entscheidung, ob der Aufbruch des II. Vaticanums einen Bruch mit dem Überkommenen und einen Neuanfang bedeutet, oder ob das, was damals geschah, nun kodifiziert und in den breiten Strom von kirchlichem Traditionalismus eingeordnet nur als solcher in der Gegenwart noch wirksam werden soll. Unmittelbar nach dem Konzil hatte schon Karl Barth, der bedeutendste evangelische Theologe des 20. Jahrhunderts, die Auffassung vertreten, die Beschlüsse des II. Vaticanum seien gegenüber dem Tridentinum und dem I. Vaticanum ein deutlicher Bruch und ein Neuanfang (Ad limina apostolorum, 1967).

9. Kirche

Das Konzil und Lateinamerika

An das Konzil zu erinnern und Wege zu erkunden, „die die Kirche in der Zukunft wird zurücklegen müssen, wenn sie dem Geist des Konzils treu bleiben will" (Der unterbrochene Frühling, 2006, S.10), hatten sich im November 2005 Theologen aus Lateinamerika und Europa aus Anlass des 40. Jahrestages der Beendigung des II. Vatikanischen Konzils vorgenommen. Angesichts neoliberaler Globalisierung und ihrer zerstörerischen Folgen für das Leben auf der Erde und viele Menschen in den Ländern des Südens sowie einer mythenverdächtigen Wiederkehr der Religion, skizzierten sie Aufbrüche in eine hoffnungsvolle Zukunft.

Demgegenüber hat die Glaubenskongregation mit ausdrücklicher Billigung Benedikts XVI. am 11. Juli 2007 ihrerseits klar gemacht, wie das II. Vaticanum laut päpstlicher Weisung verstanden werden soll, und eine Erklärung vorgelegt (Antworten auf Fragen zu einigen Aspekten der Lehre über die Kirche), die die Aufbrüche des Konzils beiseite schiebt und ein Kirchenverständnis propagiert, das der exklusiven Interpretation vor dem II. Vaticanum entspricht. Für den regierenden Papst Benedikt XVI. scheint klar, dass in der gegenwärtigen Zivilisationskrise nur kirchlicher Traditionalismus einer überbordenden Moderne Paroli bieten kann. Die Wiedereinführung des tridentinischen Ritus als reguläre Form der liturgischen Feier, die Einsetzung der alten Karfreitagsfürbitte mit ihrem nur leicht modifizierten Gebet für die Juden und die Aufhebung der Exkommunikation der Bischöfe der Piusbruderschaft sind die in letzter Zeit öffentlich besonders registrierten Symptome für diese Orientierung des Papstes.

Traditionalismus und Ökumene

Die von Benedikt XVI. geübte Form von römischem Traditionalismus hatte schon Walter Dirks im Auge, als er folgende Überlegung formulierte:

> „Ein neuer Aufbruch im Pilgerweg sowohl des Einzelnen als auch der Kirche ist nicht Ungehorsam, sondern Gehorsam, aufmerksames Hören nämlich auf die Stimme dessen, der unsichtbar vorangeht und dem wir zugleich – in derselben Bewegung – entgegengehen." (AdF III S.620)

Dirks unterstreicht, dass – anders als im vorkonziliaren offiziellen Katholizismus – das neue Verständnis des Glaubensgehorsams auch die großen historischen Ungehorsamen einbegreift, die hingerichteten Hus und Savonarola, die schismatischen Albigenser und Waldenser und viele andere. Über Luther schreibt er:

> „Man versteht, dass Martin Luther mindestens gehorsam sein wollte; ja alle vorurteilslosen Katholiken erkennen an, dass er mindestens zum Teil gehorsam war, als er zu einem neuen Verständnis des Glaubens und der Erlösung aufbrach." (AdF III, S. 620)

Autoritarismus und Befreiungstheologie

Dass Glaubensgehorsam nicht dasselbe ist wie Beugung unter kirchlichen Autoritarismus, konnte man in jüngster Zeit am Fall des Befreiungstheologen Jon Sobrino studieren, der ausgerechnet im Vorfeld der lateinamerikanischen Bischofskonferenz von Aparecida (März 2007) durch eine Notificatio der Glaubenskongregation (März 2007) zum Widerruf wichtiger Thesen seiner Christologie der Befreiung gezwungen werden sollte. In einem Brief an seinen Ordensoberen, Pater Kolvenbach, in dem er eine Unterschrift unter die Notificatio verweigerte, hat er öffentlich erklärt, dass die Glaubenskongregation ihn nicht nur übel ermahnt und bezichtigt, sondern der Vatikan schon früh in verschiedenen Diözesankurien und durch eine Reihe von Bischöfen ein Klima geschaffen hat, das sich gegen seine Theologie und die Befreiungstheologie überhaupt richtet. Die Linie, die Benedikt XVI. als Papst autoritativ durchzusetzen bestrebt ist, hatte er schon als Kardinal und Präfekt der Glaubenskongregation in vielfältigen Konflikten mit der Befreiungstheologie praktiziert: Befreiungstheologen, die mit den Ar-

9. Kirche

men lebten und arbeiteten, wurden an Traditionsmaßstäben einer eurozentristischen Theologie gemessen, die dem befreiungstheologischen Verständnis des Glaubensgehorsams schlechterdings nicht gerecht werden konnte (vgl. Greinacher: Konflikt um die Theologie der Befreiung).

So zeigt sich heute in vielen Feldern, was Walter Dirks schon unmittelbar nach dem Konzil als entscheidende Frage der Zukunft vor Augen hatte: Wird es neue Aufbrüche im Gehorsam des Glaubens geben oder wird auoritativer kirchlicher Traditionalismus zur beherrschenden Macht? Auch am Umgang mit dem II. Vaticanum wird herauskommen, welchen Weg die Kirche in den vor uns liegenden Jahren gehen wird.

Literatur

Walter Dirks, Die Autorität der Freiheit, 1967.
Norbert Greinacher, Konflikt um die Theologie der Befreiung. Diskussion und Dokumentation, Zürich 1985.
Michael Ramminger/Alberto da Silva Moreira, Der unterbrochene Frühling. Das Projekt des II. Vaticanums in der Sackgasse, Münster 2006.

Michael Ramminger

Missbrauch, Kirche, Katakomben (2010)

Die jüngsten Missbrauchsfälle in der katholischen Kirche werden inzwischen auch von der Kirchenleitung als offensichtliches Problem zugegeben. Die Erklärungsversuche und Veränderungswünsche reichen vom Beharren des Vorsitzenden der Deutschen Bischofskonferenz, Zollitsch, dass die Missbrauchsfälle nicht ursächlich mit dem Zölibat zusammenhängen, bis zur gegenteiligen Unterstellung wie in den Forderungen der Initiative „Wir sind Kirche"[1], dass der Zölibat überprüft und die katholische Kirche grundlegend demokratisch reformiert werden müsse. Aber der grundsätzliche Verrat an der messianischen Botschaft Jesu, die Tatsache, dass ein deutscher Bischof erst auf öffentlichen (außerkirchlichen) Druck zurücktrat und die Tatsache, dass die Vertuschungspraxis letztlich weitergeht, verweisen auf eine Dimension der Krise der Kirche, von der Joseph Ratzinger möglicherweise mehr ahnt als alle kirchlichen Reformbewegungen zusammen.

---

1 „Auch in der Diözese Würzburg gibt es sexuellen Missbrauch von Priestern, der zumindest indirekt mit dem Zölibat in Zusammenhang steht", sagte Dr. Wunibald Müller, Leiter des Recollectiohauses in Münsterschwarzach, Diözese Würzburg: http://www.wir-sind-kirche.de/index.php?id=128&id_entry=2628 (zuletzt abgerufen am 24.04.2020).

9. Kirche

Macht und Missbrauch

Priester sollen sich aus der Perspektive der Hierarchie als Hirten verstehen. Sie sind die vom Papst (Gott) eingesetzten „Hüter" der „Herde" (Gemeinde). Der Hirte sammelt, leitet und führt, er ist der „Retter" der Herde, er sorgt für die Nahrung und „kennt das Ziel der Herde". Er wacht und überwacht die Herde.[2] Diese Überwachung besteht bis heute aus Elementen politisch-herrschaftlicher Kontrolle durch Dogmen, ethische Instruktionen, Implantierung sozialer Kontrollmechanismen und nicht zuletzt aus dem „Geständnis". Der Theologe Karl Rahner hatte das Pfarreisystem deshalb zu Recht mit Polizeirevieren verglichen.[3] Die Schafe sind Besitz des Hirten, er führt und leitet nicht nur, er kontrolliert auch: Die Geschichte der Beichte ist auch die Geschichte des intimsten Zugriffes der Hirten auf das Leben der ihm Anempfohlenen: Wer sollte vor den Körpern Halt machen, wenn ihm die Seelen schon gehören? Dieses System hat sich über die Jahrhunderte institutionell verdichtet und sich – bei aller Brüchigkeit – offenkundig bis heute gehalten. In diesem Konstrukt der nie ausgesprochenen, aber immer noch existierenden Superiorität des „von Gott" und nicht von der Gemeinde erwählten Hirten ist wohl nicht zuletzt auch Raum genug für die übelsten Perversionen und schlimmsten Machtmissbräuche, die man denken kann: Der seelische und damit letztlich immer auch körperliche Missbrauch in der Kirche (als Gebrauch, d.h. als objektivierende, inferiorisierende Behandlung) ist Teil ihres Selbstverständnisses. Dieses Selbstverständnis aber, darauf kommt es an, ist Teil eines mittelalterlich-feudalen Knotenpunktes gesellschaftlicher Macht, der durch die Kirche gebunden wurde und in dem sie Legitimität und Selbsterhaltung findet.

---

2 Hermann Steinkamp, Die sanfte Macht der Hirten, Mainz 1999, 25ff.
3 Karl Rahner, Strukturwandel der Kirche als Aufgabe und Chance, Freiburg i.Br. 1972, 115f.

Die Institution über allem

Dieses Machtverhältnis immunisiert sich vor sich selbst und seinen Irrwegen dadurch, dass seine Träger sich als Teil einer „heiligen Institution" begreifen, die auch durch die abscheulichste Praxis in ihrer Sendung und Übergeschichtlichkeit nicht in Frage gestellt ist. So können auch die abstrusesten Praxen noch als dem Willen Gottes gemäß interpretiert werden. Und dabei geht es nicht nur um Kindesmissbrauch, sondern auch um die unerträgliche Anpassung an herrschende Verhältnisse, den Umbau von Kirchen in „Religionskonzerne" oder Rationalisierungsprozesse gegen den Willen von Gemeinden. Kirche wird als ein überweltliches Konstrukt verstanden, das im Verständnis ihrer „Heiligen" durch keine wie auch immer geartete Wirklichkeit gefährdet ist, und dessen Botschaft zweitrangig geworden ist. Die Beibehaltung des mittelalterlich-feudalen institutionellen Selbstverständnisses bei gleichzeitigen neoliberalen Strukturreformen verweist auf die dramatische Unfähigkeit der Kirche, sich in einer kapitalistisch-globalisierten, einerseits religiös und weltanschaulich differenzierten und andererseits vom Einheitsdenken bestimmten Welt zu verorten.

Die Angst hinter allem

Das II. Vatikanum von 1962-65 war der Versuch der katholischen Kirche, sich aus diesem Ungleichzeitigkeitsverhältnis zu befreien und einen neuen, einen eigenen Ort in der Welt, in den unterschiedlichen Gesellschaften der Moderne zu bestimmen. Der Optimismus in Bezug auf die Freiheitsmöglichkeiten, die Fortschrittsfähigkeit und die Demokratiepotentiale der damaligen Zeit war groß, vielleicht zu groß, und rief die vatikanischen Gralshüter auf den Plan. Leise und fast unbemerkt wurde jedes Risiko, das die Konzilskirche einzugehen bereit war, um einen messianischen Ort in der Welt zu finden, hintergangen: Durch Bischofsersetzungen, Entmachtung von Bischofskonferenzen und nicht zuletzt durch

9. Kirche

Verrat, wie im Fall von Bischof Romero. Die verzweifelte Suche nach Legitimität lässt Angst erkennen: Angst, das Alleinvertretungsmonopol auf Hoffnung und Sinn, wie auch immer sie aussehen, zu verlieren, Angst, diesmal sehr weltlich gedacht, dieses Monopol als gesellschaftliche Institution, als wichtiger Faktor gesellschaftlicher Meinungs- und Hegemoniebildung zu verlieren (ohne zu begreifen, dass es schon längst verloren ist).

Solange diese Angst nicht überwunden ist, solange sich auch Reformbestrebungen und -forderungen auf liberale Strukturreformen reduzieren, werden die Kirchen keine Zukunft haben. Zurück zur biblischen Botschaft, zur radikalen Verkündigung (und Praxis!) prophetischer Reich-Gottes-Gerechtigkeit – und von dort aus nach neuen Organisationsformen suchen! Einen anderen Weg gibt es nicht. Es ist ein Weg mit unbekanntem Ausgang, wie ihn auch der Evangelist Markus angesichts des leeren Grabes vorschlägt: „Er geht euch voran nach Galiläa. Dort werdet ihr ihn sehen, wie ich gesagt habe." Dorthin zurück, wo alles begann, zurück in die Katakomben. Aber „werden wir, werden die Kirchen den Mut dazu haben?" wie Johann Baptist Metz kürzlich auf einer Tagung des ITP fragte.

Philipp Geitzhaus und Julia Lis

Eine Kirche, die interveniert (2013)

Mit der Erinnerung an das Zweite Vatikanische Konzil ist die Hoffnung von Papst Johannes XXIII., dass die Kirche eine Kirche der Armen wird, wieder etwas mehr ins Bewusstsein der Christ_innen gekommen. Dieser Begriff klingt im hiesigen, mehrheitlich wohlhabenden Kontext, eher unverständlich.

Eine „Kirche der Armen"?

Meistens wird unter einer „Kirche der Armen" hierzulande eher eine Kirche für die Armen verstanden. Eine Kirche, die um sozialen Frieden bemüht ist und Armenküchen und Tafeln organisiert. Oder aber: Eine Kirche, die nicht so viel hat, sich auf das Wesentliche, die Freude und Leichtigkeit konzentriert. Eine „schlanke Kirche", die sich eine sommerliche Sorglosigkeit leisten möchte und kann.

Diese beiden Modelle verweisen auf grundlegende Probleme, die auftauchen, wenn von einer Kirche der Armen im gesellschaftlichen Kontext eines reichen, (post-)industriellen Landes wie der BRD gesprochen wird, in dem Kirche weitgehend ein Mittelstandsphänomen ist. Sie können als Problemanzeiger dienen, die auf die Schwierigkeiten des Verständnisses von „Armut" verweisen. Denn was arm sein heißt, erschließt sich nicht ohne Weiteres und meistens gar nicht denen, die nicht mit Armut und Ausgrenzung konfrontiert sind.

9. Kirche

Mit der Rede von einer armen Kirche könnte die Hoffnung auf und die glaubende Vorwegnahme einer Welt verknüpft sein, in der die Armgemachten und Ausgegrenzten im Zentrum stehen und zu Hauptakteur_innen werden: Eine Kirche, in der das inflationär verwendete und dadurch seines Aussagegehalts weitgehend beraubte Wort von der Nächsten- und Fernstenliebe sich in praktische Solidarität übersetzen ließe.

Solidarität: kollektives Handeln und Widerstehen

So eine Kirche fällt natürlich nicht vom Himmel und kann auch nicht idealistisch theologisierend herbeigeredet werden. Denn Solidarität lässt sich nicht theoretisch erlernen, sondern nur in kollektiven Prozessen, die den gesellschaftlichen Individualismus überwinden und neue Handlungsmöglichkeiten eröffnen. So müssen einzelne Schritte auf dem Weg hin zu einer armen Kirche erarbeitet werden. Ein erster notwendiger Schritt ist es, ein ehrliches Bewusstsein davon zu bekommen, wer in der gegenwärtigen Gesellschaft die Verlierer_innen sind, d.h. wer in und an ihr leidet, wer armgemacht und ausgegrenzt wird. Dieser Schritt bestimmt den Standort, von dem aus Kirche weiter gedacht und gelebt wird.

Hier wären zum einen die Menschen zu nennen, die am meisten vom Krisenmanagement der EU-Troika betroffen sind. Gegenwärtig findet in den Ländern Südeuropas ein unvorstellbarer Verarmungsprozess statt (allen voran Griechenland, über 60% Jugendarbeitslosigkeit!). An den Außengrenzen Europas leiden Flüchtlinge unter der Abschottungspolitik der EU, die sie daran hindern soll, die „Festung Europa" überhaupt zu betreten. Innerhalb der EU-Staaten hat sich ein Abschiebe- und Ausgrenzungssystem entwickelt. Nicht selten sind Flüchtlingsunterkünfte an die Stadtränder gelegt, was die Möglichkeit, am öffentlichen Leben teilzunehmen, erheblich einschränkt. Frauen werden besonders benachteiligt. In der Krise sind es zumeist ihre Arbeitsplätze, die als erstes eingespart werden.

Damit das Wahrnehmen solcher Zustände nicht allein in lähmende Resignation mündet, darf Solidarität nicht bei einem abstrakten Gefühl stehen bleiben, sondern muss zum konkreten Handeln führen. Dazu gehört insbesondere die enge Verbundenheit mit (anderen) Betroffenen. Doch genauso notwendig ist die „prophetische Anklage", also diese Verhältnisse öffentlich zur Sprache zu bringen. Beides, die verbindliche Verbundenheit mit den Verlierer_innen und das Anklagen der Unterdrückungsstrukturen, gehören zum „Gottesdienst" Jesu. In ganz außergewöhnlicher Weise finden wir das in den Glücklichpreisungen und Wehrufen Jesu im Lukasevangelium (Lk 6, 20-26). Voraussetzung eines solchen Gottesdienstes in der Nachfolge Jesu ist eine Weise der Analyse der Gesellschaft, die für die Benachteiligten und für jene, die gegen die herrschenden Verhältnisse der Unterdrückung aufbegehren, Partei ergreift.

Interventionsfelder einer „Kirche der Armen"

In diesem Sinne Kirche zu sein und zu leben ist gegenwärtig nicht nur eine abstrakte Vorstellung, ein frommer Wunsch für die Zukunft oder ein Blick zurück in eine romantisierte Vergangenheit, sondern geschieht hier und jetzt, wenn auch marginal. Es geschieht etwa dort, wo sich christliche Gruppen lokal wie überregional für die Rechte von Flüchtlingen engagieren sowie in der Anklage der Unrechtsstrukturen, die diese der Chance auf ein würdiges Leben berauben. Hier sei auch an die wichtige Tradition des Kirchenasyls erinnert. Es geschieht im Einsatz gegen Aufrüstung und Waffenhandel, dem Menschenleben geopfert werden, wie dies die „Aktion Aufschrei. Stoppt den Waffenhandel" anprangert.

Es geschieht auch – ganz aktuell – während der europäischen Blockupy-Aktionstage in Frankfurt beim Protest gegen die europäische Krisenpolitik, an dem sich christliche Gruppen, wie das Befreiungstheologische Netzwerk und auch wir vom ITP beteiligt haben. Aktionstage wie diese symbolisieren das regelmäßige loka-

9. Kirche

le Engagement der verschiedenen Initiativen in verdichteter Form und verhelfen damit zur Sichtbarmachung der einzelnen Kämpfe. Ein Engagement, das Früchte tragen will, muss notwendig auch gemeinsame Ausdrucksformen finden. So eine kollektive Sichtbarmachung hat auch die Funktion, den Glauben an eine solidarische Welt wider alle Plausibilitäten zu bezeugen.

Diese drei politischen Aktionsfelder stehen für eine kämpferische und zugleich zeichenhafte Praxis, die versucht, Hoffnung auf ein Leben in Fülle für alle zu entwickeln und einer solchen Hoffnung Gestalt zu geben.

Die Frage nach einer Kirche, die sich als Kirche der Armen verstehen will, nach ihrer Sinnhaftigkeit wie nach ihrer konkreten Gestalt, stellt sich aus einer solchen Perspektive noch einmal neu. So eine Kirche könnte vielleicht als intervenierende Kirche gedacht werden – als eine Kirche, die sich einmischt und dazwischengeht, wo die Rechte von Menschen mit Füßen getreten oder mindestens „unbeteiligt" ignoriert werden.[1] Eine intervenierende Kirche in diesem Sinne ermöglicht damit in sich auch eine Umkehrbewegung, wie sie gegenwärtig nötiger ist denn je.

---

1   Vgl. dazu Strobel, Katja: „Kirche der Armen" hier und heute? Kritische Überlegungen zur Erinnerung an den Katakombenpakt, in: Institut für Theologie und Politik (Hg.): Der doppelte Bruch. Das umkämpfte Erbe des Zweiten Vatikanischen Konzils, Münster 2011, S. 78-80.

Philipp Geitzhaus und Julia Lis

„Anders Mensch sein in einer anderen Kirche für eine andere Welt" (2015)

Zum Abschluss des Erinnerungsprojekts an das II. Vatikanische Konzil

Erinnerung wiederaneignen

Als wir 2010 dieses Projekt während des Pontifikats von Benedikt XVI. begannen, geschah dies vor dem Hintergrund einer kirchlichen Wetterlage, in der vielen christlichen Gruppen ein kalter Wind entgegenkam. Eine Hermeneutik, die versuchte das Konzil in seiner erneuernden Kraft zu schmälern, die Betonung auf das Unveränderliche statt auf das Neue zu legen, machte sich großkirchlich breit. In dieser Situation das Zweite Vatikanische Konzil zu erinnern, bedeutete, einen Versuch seiner Wiederaneignung zu unternehmen. Schon die Konziliare Versammlung in Frankfurt ermöglichte in gewisser Weise eine Gegenerinnerung zur vorherrschenden kirchlichen Interpretation. 2015 wurde diese aneignende Erinnerung an das Konzil einen Schritt weitergetrieben, als wir an den Katakombenpakt als einen Aufbruch hin zur Kirche der Armen und zur Befreiungstheologie erinnert haben. Ob das Konzil nur im Licht des Katakombenpaktes richtig gelesen werden kann und dieser somit einen hermeneutischen Schlüssel zum Verständnis des Konzils liefert oder ob umgekehrt der Katakombenpakt eine Folge und Weiterführung des Konzils darstellt und von

9. Kirche

diesem so erst hervorgebracht werden konnte, bleibt sicherlich zu diskutieren. Feststeht aber, dass für eine Interpretation des Konzils, die dieses als Aufbruch der Kirche hin zur Welt aus dem Geist des Evangeliums heraus liest, beide in einem Zusammenhang stehen.

Die K(irchen)-Frage stellen

Wo aber kann heute eine solche erinnernde Interpretation von Konzil und Katakombenpakt geschehen? Und wer ist das Subjekt jener Erinnerung im Geiste einer befreienden Erzählung? Solch eine Erzählung kann nur dort tradiert werden, wo Orte und Räume entstehen, in denen Menschen sich als Erinnerungsgemeinschaft begreifen. Eine Erinnerungsgemeinschaft ist aber dann etwas anderes als ein nostalgischer Kreis, wenn in ihr der Gegenwartsbezug und damit die Relevanz des Erinnerten lebendig bleibt. Unsere Versammlungen waren Orte der Begegnung, Orte einer solchen Erinnerungsgemeinschaft. Und sie eröffneten wieder Räume, uns gemeinsam zu organisieren, im Wissen darum, dass eine Kirche, die die Veränderung der Welt auf das Reich Gottes hin mit anderen zusammen vorantreiben möchte, nicht aus vereinzelten Gruppen und Individuen bestehen kann, sondern zur Aufgabe hat, zu einem Volk Gottes zu werden.[1]

Doch besteht so ein Volk Gottes heute einfach so weiter (oder lässt es sich reaktivieren)? Das 2. Vatikanische Konzil heute zu erinnern, bedeutet auch nach „Kirche" zu fragen und sich dabei einzugestehen, welchen immensen Bedeutungsschwund das Christentum in seiner traditionellen Verfasstheit innerhalb der Großkirchen in den letzten 50 Jahren erfahren hat. Das liegt nicht zuletzt daran, dass im gegenwärtigen neoliberalen Kapitalismus die

---

1   Eindrucksvoll hat dies die Botschaft der Konziliaren Versammlung formuliert, vgl. Hoffen und Widerstehen! Botschaft der Konziliaren Versammlung 18.-21. Oktober 2012 in Frankfurt, in: ITP (Hg.): „Anders Mensch sein in einer anderen Kirche..." Werkbuch II, Münster 2014, S. 48.

Kirchen in ihrer identitätsbildenden wie in ihrer sinnstiftenden Funktion zunehmend an Bedeutung verloren und somit auch als „sozialisierende, traditionsstiftende Instanz"[2] unwichtig geworden sind. Die Frage nach der Organisierung eines befreienden Christentums stellt sich vor diesem Hintergrund mit besonderer Brisanz.

Handlungsfähig werden

Wenn das II. Vatikanum mehr sein soll als eine bloße Erinnerung, sondern auch heute Menschen bewegen soll, die Zeichen der Zeit zu erkennen, sie im Lichte des Evangeliums zu deuten und daraus Widerstand gegen all das, was heute Menschen unterdrückt, zu entwickeln, dann geht es insbesondere um *unsere* gemeinsame Handlungsfähigkeit. Mit den Worten von Papst Franziskus gilt es, nach den Opfern dieser Globalisierung der Gleichgültigkeit und nach der Verwüstung des „gemeinsamen Hauses", der „Mutter Erde", zu fragen, wie zuletzt bei der Versammlung in Rom 2015 geschehen. Tatsächlich hat sich mit Papst Franziskus während unserer Erinnerungsarbeit für diese Themen ein Zeitfenster geöffnet, das wir nutzen wollen. Doch nicht nur seine furchtlose Kritik an den Verhältnissen, sondern vor allem, dass er zu Veränderungen anstiftet und ermutigt, die Dinge von der Basis her selbst in die Hand zu nehmen, sollte Ansporn sein: „Sie sind Aussäer von Veränderung"[3]. Diesen Impuls wollen wir aufgreifen und weiterführen: In diesem Sinn verstehen wir unsere Erinnerungsarbeit gemeinsam mit vielen als den Anfang eines Anfangs, hin zu einer Kirche, die uns neu zu Menschen im Dienste einer anderen, gerechten, möglichen Welt Gottes werden lässt.

---

2 Ramminger, Michael: Katholizismus in der Warteschleife, in: ITP (Hg.): „Anders Mensch sein in einer anderen Kirche..." Werkbuch II, Münster 2014, S. 41, auch einzusehen unter http://www.itpol.de/?p=1988.
3 Ansprache von Papst Franziskus beim Welttreffen der Sozialen Bewegungen, 09.07.2015, http://www.itpol.de/?p=1804.

Julia Lis und Michael Ramminger

Neue strategische Allianz? (2016)

Das Institut für Theologie und Politik beim Welttreffen der Sozialen Bewegungen in Rom

Diese Welttreffen auf Initiative des Papstes sind insofern ein Novum, dass der Papst hier, um die Probleme und die Zukunft der Welt zu thematisieren, nicht Regierungschefs, PolitikerInnen oder WirtschaftsvertreterInnen trifft, sondern jene, die Politik von unten machen und dabei oft als Störenfriede gelten. Die Bewegungen, die hier zusammenkommen, repräsentieren ein breites Spektrum: Landlosenbewegungen, Basisgewerkschaften, die vor allem ArbeiterInnen im informellen Sektor organisieren, Initiativen, die versuchen, durch Häuserbau in den indischen und afrikanischen Slums menschenwürdige Wohnbedingungen herzustellen, Gruppen, die sich in Europa gegen Zwangsräumungen engagieren und Angehörige der kurdischen oder auch der palästinensischen Befreiungsbewegungen. Aus Deutschland waren neben dem ITP (das einen Beobachterstatus hatte, weil es nicht als Soziale Bewegung im engeren Sinn aufgefasst werden kann) die Refugee-Welcome-Bewegung und Blockupy International vertreten.

Diversität: Stärke und Problem zugleich

Um Diversität und möglichst breite Repräsentanz war der Kreis der OrganisatorInnen der Welttreffen, zu dem neben dem argentinischen Gewerkschaftler und Vertrauten von Papst Franziskus, Juan

Grabois, vor allem die MST aus Brasilien, die WBCA und Slum Dwellers International gehören, bereits in seiner Einladungspolitik sichtbar bemüht. So war es gelungen, im November 2016 VertreterInnen aus fast 70 Ländern in Rom zu versammeln. Diese Diversität entpuppte sich, gerade weil es der Anspruch des Treffens war, über eine bloße Aufzählung der existierenden Probleme hinauszukommen und nach gemeinsamen Forderungen und Handlungsoptionen zu suchen, auch als Schwierigkeit: zu divers und zu unmittelbar wurden die Probleme häufig besprochen. Gerade wir europäischen VertreterInnen mussten immer wieder feststellen, dass unsere Situation oft nur wenig Berücksichtigung fand: Sind es doch gerade in Europa nur sehr selten die organisierten Armen, die progressive Soziale Bewegungen bilden, sondern viel eher politisch engagierte AktivistInnen und Intellektuelle aus der Mittelschicht. Dennoch stellt es eine Errungenschaft der Treffen dar, dass es ein Bewusstsein dafür gibt, sich nicht allein daran zu erfreuen, dass sich an so vielen Orten der Welt Menschen in unterschiedlicher Weise für Gerechtigkeit, ein Ende der Ausbeutung von Mensch und Natur und für ein menschenwürdiges Leben für alle engagieren, sondern auch nach einer gemeinsamen Strategie zu suchen, um real in die Verhältnisse eingreifen zu können.

Begegnung mit Papst Franziskus

Nach drei Tagen, die mit Diskussionen in Panels und Arbeitsgruppen ausgefüllt waren, welche neben den drei klassischen Themen der Treffen Land, Arbeit und Wohnen diesmal auch die Krise der repräsentativen Demokratie und die Migrationsfrage thematisierten, fand die Begegnung mit Papst Franziskus in der vatikanischen Audienzhalle statt, zu der neben den TeilnehmerInnen des Welttreffens auch VertreterInnen italienischer, sozial engagierter Gruppen eingeladen waren. TeilnehmerInnen des Treffens übergaben dem Papst ein Abschlussdokument mit einigen Vorschlägen der Bewegungen für politische Veränderungen, die dringend anstehen. So wurde etwa ein universales Weltbürgerrecht gefordert, um den gesellschaftlichen Ausschluss von MigrantInnen zu beenden oder der sofortige Stopp von Gentechnologie in der Landwirtschaft und der Lebensmittelproduktion. Der Papst antwortete auf diese Forderungen mit einer Ansprache, in der er seine Kapitalismuskritik aufgriff und zuspitzte: „Das System ist terroristisch!" Er ging auf das Übertreten des Sabbatgebotes durch Jesus und seine Jünger ein und stellte dies in Zusammenhang mit dem Handeln der Sozialen Bewegungen, wenn sie Land oder Fabriken besetzen und somit Gesetze um der Würde der Menschen willen überschreiten.

Und die Kirche?

Mit dieser Form der Gesetzeskritik hat Papst Franziskus zwar den Zusammenhang zwischen dem Tun der Sozialen Bewegungen und der Botschaft des Evangeliums hergestellt und damit ein befreiungstheologisches Motiv aufgegriffen. Sonst aber blieb die Befreiungstheologie bei dem Treffen ziemlich ausgeklammert. Das mag auch daran gelegen haben, dass bewusst nicht vor allem kirchliche Bewegungen und Gruppierungen eingeladen werden sollten. Aber es macht auch deutlich, dass die Geschichte der Befreiungstheologie immer noch zu einem gefährlichen und deshalb oft verdrängten Erbe gehört. Die Kirche wird dann eher als Gegenüber wahrgenommen, an das Forderungen gestellt werden. Aber der Gedanke, dass Kirchenreform und Gesellschaftsveränderung zusammengehören, dass die Kirche eine andere werden muss, um wirksam gegen die strukturelle Unterdrückung und Ausbeutung kämpfen zu können und dass aber vor allem dieser Kampf die Kirche selbst fundamental verändern wird, braucht ein Bewusstsein, dass wir gemeinsam weiter verbreiten müssen. Vielleicht können dazu die Welttreffen der Sozialen Bewegungen und die damit verbundenen Bemühungen um eine strategische Allianz zwischen der Kirche und diesen Bewegungen einen entscheidenden Beitrag leisten.

Benedikt Kern

„Manchmal denke ich, dass ihr tut, was Jesus tat" (2017)

Wie die Sozialen Bewegungen eine Kirche der Armen zum Kampf um neue gesellschaftliche Verhältnisse anstiften könnten

Bereits drei Mal hat sich Papst Franziskus mit linken Sozialen Bewegungen aus aller Welt getroffen und sie darin bestärkt, für eine progressive Veränderung „von unten" zu kämpfen. Doch was ergibt sich daraus theologisch für die Kirche und ihre Praxis?

Die seit 2014 jährlich stattfindenden Welttreffen des Papstes mit einigen Sozialen Bewegungen und die daraus entstandenen Kontinentaltreffen in Argentinien und den USA stellen in Bezug auf die Zusammenarbeit von katholischer Kirche und linken Basisbewegungen einen Meilenstein in der jüngeren Kirchengeschichte dar. Dies steht in engem Zusammenhang mit dem Kirchenreformprojekt dieses Papstes, der vor allem in seinem Schreiben Evangelii Gaudium (EG) deutlich gemacht hat, dass die katholische Kirche eine Kirche der Armen werden muss. Dass „Kirche der Armen" nicht allein bedeutet, dass es eine verstärkte karitative Ausrichtung der kirchlichen Praxis geben soll, sondern dass es hierbei um eine solidarische und parteiliche Positionsbestimmung geht, die die gesellschaftlichen Verhältnisse grundsätzlich zu verändern versucht, unterstreicht Franziskus durch sein spezifisches Verständnis von Veränderung und seine deutliche Götzenkritik am Kapitalismus in den Ansprachen der Treffen.

Soziale Bewegungen und das Reich Gottes

Franziskus bezeichnet die Bewegungen mit ihrer solidarischen Graswurzel-Praxis als organisierte „Protagonisten an den großen Wandlungsprozessen" (Ansprache Welttreffen 2015), da sie sich „im Zentrum des menschlichen Unwetters" (ebd.) befänden. Diese Praxis wird von Franziskus als Beispiel befreienden Handelns beschrieben: „Manchmal denke ich, dass ihr tut, was Jesus tat" (Ansprache Welttreffen 2016). Als Konsequenz leitet er daraus ab, dass die Kirche diesen sozialen Kämpfen nicht fernstehen kann und darf (vgl. Ansprache Welttreffen 2015).

Daran lassen sich zwei theologisch zentrale Anknüpfungspunkte ausmachen: Zum einen, dass die parteiliche Praxis der Bewegungen als Aufbauarbeit des Reiches Gottes verstanden werden muss. Hierbei geht es nicht um eine theologische Vereinnahmung säkularer AkteurInnen, sondern dies stellt für die Kirche einen Verständnisrahmen der Bewegungspraxis dar. Dieser wiederum kann zum zweiten dazu führen, dass die Kirche selbstkritisch ihre Evangelisierung an den realen Verhältnissen entsprechend der prophetischen Tradition neu ausrichtet.

Die Welttreffen als Bewährungsprobe einer Kirche der Armen

Die Kirche der Armen ist für Franziskus eine evangelisierende Kirche, d.h. dass sie sich selbst und die Gesellschaft im Sinne des Evangeliums umgestaltet wider die vorherrschende destruktive Kraft des kirchlichen Narzissmus (von dem Kardinal Bergoglio im Konklave bereits gesprochen hatte). Wenn die Kirche ihre Selbstbezüglichkeit überwinden soll, dann benötigt sie eine mit den Sozialen Bewegungen geteilte Hoffnung, als Quelle der Kraft für die sozialen Auseinandersetzungen (vgl. Ansprache Welttreffen 2014). So kann eine Kirche der Armen ihre Sendung realisieren, „Werkzeug

Gottes für die Befreiung und die Förderung der Armen zu sein" (EG 187).

Die Welttreffen können somit als Bewährungsprobe einer Kirche der Armen, die sich um progressive gesellschaftliche Veränderung müht, verstanden werden: Franziskus verdeutlichte in seiner Ansprache auf dem Welttreffen von 2015, dass die Kirche den Bewegungen nicht fern bleiben dürfe – erst recht nicht, wenn sie eine Kirche des Aufbruchs werden sollte, die „Gefahr läuft, sich mit dem Schlamm der Straße zu beschmutzen" (EG 45).

Es ist eine bleibende Herausforderung für die Allianz von Kirche und Sozialen Bewegungen, Orte der Begegnung, der gemeinsamen Artikulation und der Umsetzung verändernder solidarischer Praxis zu schaffen. Dies stellt kirchlicherseits Fragen an eine Pastoral und ihre Handlungskonzepte für eine Kirche der Armen unter den jeweiligen kontextuellen Bedingungen. Es lässt sich festhalten, dass die Praxis beider Seiten durch eine intensivierte Allianz gestärkt würde – und dies ist in den gegenwärtigen globalen Verhältnissen angesichts von Krieg, wirtschaftlicher Ausbeutung und den unterschiedlichen Unterdrückungsformen nötig. Dies werden wir als ITP weiterhin theologisch reflektieren und versuchen daraus Handlungsoptionen in der Zusammenarbeit mit Sozialen Bewegungen zu entwerfen.

Institut für Theologie und Politik

Müssen wir wirklich der AfD zuhören? - Nein! (2018)

Der Katholikentag 2018 in Münster hat den religionspolitischen Sprecher der AfD, Volker Münz, zu einer Veranstaltung eingeladen: Am 21.02.2018 sagte Münz dazu in einem Interview: „Ein positives Signal – wir müssen einander zuhören!" Müssen wir wirklich der AfD zuhören? Für viele Menschen ist das tatsächlich selbstverständlich. Es ist ja immerhin eine gewählte Partei.

Münz gehört zu den politischen Freunden von Poggenburg und Andreas Höcke. Auch er hat die Erfurter Resolution unterschrieben, hält Höcke, der unter Pseudonym für neokonservative und Neonazizeitschriften geschrieben hat, nicht für einen Rassisten und Gideon nicht für einen Antisemiten. Sie hetzen gegen den Islam, reden vom „Entsiffen des Kulturbetriebes". Sie sind diejenigen, die das Klima hegen und pflegen, in dem es 2016 über 4000 Übergriffe auf Flüchtlinge gegeben hat. Sie wollen uns erklären, dass die „christliche Kultur des Abendlandes" in Gefahr sei und suchen die Kooperation zu PEGIDA.

Hetzen und jammern

Ab und an hört man auch das Argument, man dürfe sie nicht zu Märtyrern und Opfern machen, indem man nicht mit ihnen diskutiert. Welche schreckliche Verkehrung der Verhältnisse! Opfer sind Flüchtlinge, Muslime, Schwule und Lesben, die Angst vor Übergriffen haben oder wirklich Opfer geworden sind. Übrigens gehört genau das zu ihrer Strategie: „Hetzen und Jammern" wird es in einer Sonderausgabe der Zeitung Analyse und Kritik bezeichnet, und der Versuch von Dialogforen mit der PEGIDA in Sachsen zum Beispiel war im wesentlichen daran gescheitert, dass es den Akteuren um Erweiterung ihres Resonanzraumes und Zustimmung zu ihren Inhalten, nicht aber um den Austausch von Argumenten ging. Warum also sollte ich einem AfD-Abgeordneten zuhören?

AfD – total normal?

Von anderen wieder wird einem die Normalisierung der AfD anempfohlen: es wird schon vorbeigehen, nicht so schlimm werden ... Es ist jetzt schon schlimm, unerträglich! Und es war schon einmal ein großer Fehler, sich gesprächsbereit oder schweigend und abwartend verhalten zu haben. Wie schrieb Göbbels 1928 im Völkischen Beobachter:

> „Wenn es uns gelingt, bei diesen Wahlen 60 oder 70 Agitatoren und Organisatoren unserer Partei in die verschiedenen Parlamente hineinzustecken, so wird der Staat selbst in Zukunft unseren Kampfapparat ausstatten und besolden. Eine Angelegenheit, die reizvoll und neckisch genug ist, sie einmal auszuprobieren [...]"

Kein Podium für Gewaltphantasien

Gerade als ChristInnen sollten wir aus der Geschichte gelernt haben. Es ist Feigheit, sich der AfD nicht entgegenzustellen. Als ChristInnen sollten wir für Buntheit, Verschiedenheit, Menschenrechte und Toleranz stehen. Und unsere Toleranz hört dort auf, wo andere aus Hass, Ressentiment, Rassismus ihr vermeintliches Wohl meinen verteidigen zu müssen. Als ChristInnen dürfen wir der AfD kein Podium für ihre wie auch immer bemäntelten Gewaltphantasien geben. Die AfD muss vom Katholikentag ausgeladen werden!

Michael Ramminger

Laudato Si und der Mist des Teufels (2015)

„Laudato Si", der Sonnengesang des hl. Franziskus, gab der neuen Umweltenzyklika des Papstes ihren Namen. Sie wurde von vielen als erste wichtige Äußerung der katholischen Kirche zu Klimafragen gelobt. Publik-Forum titelte „Ein Papst setzt auf Grün" und nur nordamerikanische, fundamentalistische ChristInnen und die Neo-Konservativen schäumten vor Entrüstung. Viel Richtiges – und doch Bekanntes – steht in der Enzyklika[1]:

„Der Klimawandel ist ein globales Problem mit schwerwiegenden Umwelt-Aspekten und ernsten sozialen, wirtschaftlichen, distributiven und politischen Dimensionen; er stellt eine der wichtigsten aktuellen Herausforderungen an die Menschheit dar." (Nr. 25)

Aber setzt der Papst da wirklich auf „Grün"? Wohl kaum im bundesdeutschen, politischen Sinne. Denn in der Enzyklika heißt es: „Die Haltungen [...], welche die Lösungswege blockieren, reichen [...] bis zur bequemen Resignation oder zum blinden Vertrauen auf die technischen Lösungen." (Nr. 14) Man könnte ergänzen: bis zum Vertrauen auf politische, institutionelle Lösungen, Klimakonferenzen etc. Der Papst setzt also definitiv nicht auf „bundesdeutsches" Grün. Worauf aber dann? In seiner letzten Rede vor den sozialen Bewegungen in Bolivien im Juli hat er es noch einmal selbst zusammengefasst:

---

1 Zusammenfassung der Enzyklika Laudato Si: https://www.itpol.de/laudato-si-ueber-die-sorge-fuer-das-gemeinsame-haus-eine-zusammenfassung-der-neuen-enzyklika-von-papst-franziskus/ (zuletzt abgerufen am 24.03.2020).

> „Das hemmungslose Streben nach Geld, das regiert, das ist der ‚Mist des Teufels'. [...] Wenn das Kapital sich in einen Götzen verwandelt und die Optionen der Menschen bestimmt, [...] zerrüttet es die Gesellschaft, verwirft es den Menschen, macht ihn zum Sklaven, zerstört die Brüderlichkeit unter den Menschen, bringt Völker gegeneinander auf und gefährdet – wie wir sehen – dieses unser gemeinsames Haus, die Schwester und Mutter Erde."[2]

Laudato Si und *Evangelii Gaudium*

Zwei Dinge scheinen mir in diesem Rundschreiben von Bedeutung: Franziskus sieht genau, dass sich der Klimakatastrophe nicht mit einer Änderung des Lebensstils beikommen lässt, sondern stellt die Frage nach dem Zusammenhang von Wachstum, Produktionsweise und Machtverhältnissen. So schreibt er:

> „Wir können aber nicht unbeachtet lassen, dass die Nuklearenergie, die Biotechnologie, die Informatik, die Kenntnis unserer eigenen DNA und andere Fähigkeiten, die wir erworben haben, uns eine gewaltige Macht verleihen. Besser gesagt, sie geben denen, welche die Kenntnis und vor allem die wirtschaftliche Macht besitzen, sie einzusetzen, eine beeindruckende Gewalt über die gesamte Menschheit und die ganze Welt" (Nr. 104).

Zweitens stellt er immer einen Zusammenhang zwischen Klimawandel/Naturausbeutung und sozialen Verwüstungen her:

> „Zum Beispiel: die enge Beziehung zwischen den Armen und der Anfälligkeit des Planeten; die Überzeugung, dass in der Welt alles miteinander verbunden ist; die Kritik am neuen Machtmodell und den Formen der Macht, die aus der Technik abgeleitet sind; die Einladung, nach einem anderen Verständnis von Wirtschaft und Fortschritt zu suchen; der Eigenwert eines jeden Geschöpfes; der menschliche Sinn der Ökologie [...]" (Nr. 16).

---

2 Franziskus, Rede vor den sozialen Bewegungen: https://www.itpol.de/rede-von-franziskus-an-die-sozialen-bewegungen-vom-09-juli-2015/ (zuletzt abgerufen am 24.03.2020).

Laudato Si kann also ohne *Evangelii Gaudium*³ („Diese Wirtschaft tötet!") nicht gelesen werden.

Informatik und Gottesfrage

Franziskus setzt darauf, dass die Katholische Kirche, die ChristInnen sich noch beunruhigen lassen können, dass wir uns der existentiellen und ekklesiologischen Anfrage stellen:

> „Sehen wir ein, dass etwas nicht in Ordnung ist, wenn so viele sinnlose Kriege ausbrechen und die brudermörderische Gewalt sich sogar unserer Stadtviertel bemächtigt? Sehen wir ein, dass etwas nicht in Ordnung ist, wenn der Boden, das Wasser, die Luft und alle Wesen der Schöpfung einer ständigen Bedrohung ausgesetzt sind?"⁴

Sehen wir das ein und sagen: Wir wollen „wirklich" eine Veränderung? Sehen wir wirklich ein, dass diese von uns geschaffene Welt zunehmend unerträglicher wird – für Millionen von Menschen? Vor allem aber: sehen wir ein, dass dies auch eine zutiefst kirchliche, theologische Frage, dass es die Gottesfrage ist? Wie von Gott reden in dieser Zeit, wie in dieser Zeit beten, zur Kirche gehen, die Bischöfe im Namen des Gekreuzigten und Auferstandenen kritisieren, ohne all das zu bedenken – und wichtiger noch – in unser tägliches Handeln und Reden einzubeziehen? Wie steht es um unseren Glauben, um unsere Hoffnung, wenn wir aus all dem Elend, der täglichen „schwarzen Chronik" nur die Schlussfolgerung ziehen, „dass man nichts tun kann, als sich um sich selbst und den kleinen Kreis von Familie und Freunden zu kümmern"⁵? (Franziskus, Rede) Resignationsresistenz, Leidempfindsamkeit, parteiliche, messianische Liebe forderte die politische Theologie in den

---

3   Apostolisches Schreiben Evangelii Gaudium: http://w2.vatican.va/content/francesco/de/apost_exhortations/documents/papa-francesco_esortazione-ap_20131124_evangelii-gaudium.html (zuletzt abgerufen am 24.03.2020).
4   Franziskus, Rede.
5   Ebd.

siebziger Jahren zur Überwindung bürgerlicher Religion. Diese Forderungen haben nichts an Aktualität verloren. Es ist Zeit für einen prophetischen Aufbruch, Franziskus zeigt es. Und es ist Zeit für einen Ausbruch: aus den kirchlichen Verhärtungen, Resignationen und Hoffnungslosigkeiten. Hin zu den Rändern, den Bewegungen und Initiativen. Dort, wo oft mehr Hoffnung und Widerstandskraft existiert, als wir vermuten: „Die Kirche kann und darf in ihrer Verkündigung des Evangeliums diesem Prozess nicht fern stehen."[6]

---

6   Franziskus, Rede.

Benedikt Kern

Klimasynode im Braunkohlerevier (2019)

Die Klimakrise als Kairos für eine Kirche im Kapitalismus

Die weltweit größer werdende Klimabewegung zeigt mit politischen Streiks, Demonstrationen und Aktionen Zivilen Ungehorsams, so wie bei Ende Gelände in den Braunkohlerevieren, bei den Blockaden der Automesse IAA durch die Aktion Sand im Getriebe in Frankfurt und des Hamburger Steinkohlehafens durch das Bündnis deCOALonize: Das Fortschreiten des drastischen Klimawandels hat seine Ursachen in unserer kapitalistischen Wirtschaftsweise. Wenn dieser Planet eine Zukunft haben soll, braucht es eine radikale Veränderung.

Bei der Klimafrage geht es nicht nur darum, ob ein paar Südseeinseln und die Stadt Venedig bei steigendem Meeresspiegel untergehen, sondern es wird einen Kampf um Ressourcen und das Überleben in vielen Erdregionen geben, wenn die Folgen des Klimawandels weiter voranschreiten. Klima und soziales Zusammenleben sind deshalb nicht voneinander getrennt zu sehen. Die Klimakatastrophe ist ein politisches, ökonomisches und somit gesellschaftlich erzeugtes Problem. Es steht also alles auf dem Spiel.

Die Forderung „system change not climate change" der Klimagerechtigkeitsbewegung bringt es dabei auf den Punkt. Es geht nicht nur um die persönliche Lebensweise, sondern um die Grundlagen dessen, wie wir global unser Leben, unsere Produktion und

Reproduktion organisieren. Befreiungstheologisch gesprochen geht es darum, wie wir die strukturelle Sünde, die dem Kapitalismus zu eigen ist, überwinden können, damit ein gutes Leben für Mensch und Natur auf diesem einen Planeten möglich wird.

Es geht um alles

Wenn es also um alles geht, gilt das auch für die Kirche und die ChristInnen. Die Amazonassynode der katholischen Bischöfe in Rom hat dies aufgegriffen und angesichts der Zerstörung natürlicher Lebensräume den Zusammenhang von sozialer und ökologischer Frage hergestellt. Wir haben uns von dieser Perspektive inspirieren lassen und zusammen mit dem Diözesanrat der Katholiken im Bistum Aachen, der Initiative „Buirer für Buir" und dem Katholikenrat Düren am 18.-20. Oktober 2019 zur „Klimasynode von unten" ins Rheinische Braunkohlerevier eingeladen. Auf der Klimasynode wurden die Fragen nach den globalen Verhältnissen und deren Überwindung aus den Perspektiven der eigenen Erfahrungen und wissenschaftlichen und theologischen Blickwinkeln zusammengetragen.

Denn wie das Amazonasgebiet von globaler Wichtigkeit für die Stabilität des Klimas ist, so ist das Rheinische Braunkohlerevier ein Hotspot des Klimawandels: Hier wird ein signifikanter Anteil des europaweiten CO_2-Ausstoßes durch die Kohleverstromung seit der Ölkrise in den 1970ern erzeugt. Grund dafür ist das damals wie heute gültige Dogma: Energie muss billig und (politisch) sicher sein, das heißt der nationalen Energieversorgung und dem Standortprotektionismus wird in einem Industrieland alles andere untergeordnet – selbst bei unabsehbaren Konsequenzen für Mensch und Natur.

Markus Wissen unterstrich auf der Klimasynode, was er schon in seinem Buch „Imperiale Lebensweise" treffend formuliert hat: „Wer keinen Begriff der kapitalistischen Gesellschaft hat und diese implizit als das höchste Stadium einer natürlich sich vollziehenden Menschheitsentwicklung versteht, die oder der hat der Krise wenig mehr als technische und marktförmige Lösungen entgegenzusetzen."[1]

Die Zerstörung drängt zum Handeln

Auf der Klimasynode stand das Sehen als erster Aspekt des Dreischritts Sehen-Urteilen-Handeln besonders im Vordergrund. So wurde das beinahe vollständig den Abrissbaggern zum Opfer gefallene Dorf Manheim am Rand des Braunkohletagebaus Hambach sowie der mittlerweile als Widerstandssymbol bekannte Hambacher Wald besucht. Die Schrecken der Zerstörung durch den Energiekonzern RWE aber auch die Hoffnungen des beherzten Widerstands in der Baumhausbesetzung waren für die rund 80 Teilnehmenden sehr beeindruckend. Das hat herausgefordert zu einer gemeinsam verabschiedeten synodalen Abschlusserklärung, die die Probleme des Amazonasgebietes auf das Rheinische Braunkohlerevier in globaler Perspektive übertragen hat und zugleich eine klare Positionierung der kirchlichen AkteurInnen und engagierter ChristInnen eingefordert hat. Denn angesichts der unmittelbaren Zerstörung wird die Notwendigkeit widerständiger Praxis von ChristInnen deutlich.

Ganz im Sinne einer Kirche, die an die Ränder geht, ist es deshalb wichtig, dass ChristInnen sich mit den Forderungen und Praxen des Zivilen Ungehorsams der Klimabewegung solidarisieren, bzw. aktiv daran teilnehmen.[2] Denn die Aufbrüche durch „Fridays for Future", „Ende Gelände" und andere Klimaprotestbewegungen zeigen: es ist an der Zeit, dem Klimawandel, der durch das „Weiter-so" der kapitalistischen Verhältnisse vorangetrieben wird, „von unten" unsere Hoffnung auf Veränderbarkeit praktisch entgegenzusetzen.

---

1   Brand, Ulrich und Wissen, Markus: Imperiale Lebensweise. Zur Ausbeutung von Mensch und Natur im Globalen Kapitalismus, München 2017, 34f.
2   Vgl. Kern, Benedikt: Das Klima weiter im Hambacher Forst verhandeln!, Feinschwarz (16.11.2018), www.feinschwarz.net/das-klima-weiter-im-hambacher-forst-verhandeln/ (zuletzt abgerufen am 24.03.2020).

Michael Ramminger

Das Modernisierungsprogramm von DBK und ZdK (2020)

Nachdenkliche Anmerkungen zum synodalen Prozess in der römisch-katholischen Kirche

Der „synodale Weg" in der katholischen Kirche ist eröffnet. Der Druck, die katholische Kirche solle sich erneuern und reformieren, ist in den letzten Jahren erheblich gestiegen. Doch was bedeutet Erneuerung und Reform?

Die bundesdeutsche Bischofskonferenz ist sich bis auf wenige Ausnahmen[1] einig: Wir werden einen großen Schritt in Richtung einer modernisierten, demokratisierten, geschlechtergerechten Kirche machen. Dafür steht zunächst einmal der synodale Weg selbst, an dem auch Laien beteiligt sein sollen, dafür steht dann auch die Aufreihung der Themenschwerpunkte und geplanten Foren: Macht – priesterliche Lebensform – Sexualreform – Stellung der Frau.[2] Es scheint eine Agenda, der auch das ZdK der deutschen Katholiken und in großen Teilen auch der Laienkatholizismus zustimmen können. Dabei achten die deutschen Bischöfe selbstverständlich darauf, keinen Konflikt mit Rom und dem Vatikan her-

---

[1] Der Regensburger Bischof Rudolf Voderholzer sowie Kölns Kardinal Rainer Maria Woelki hatten erklärt, gegen die Statuten gestimmt zu haben. Voderholzer behielt sich vor, aus dem „synodalen Weg" auszusteigen. Marx betonte jedoch, alle Bischöfe hätten sich einstimmig dazu bekannt, diesen Weg zu gehen.

[2] Vgl.: https://www.katholisch.de/artikel/23070-marx-synodaler-weg-geht-weiter-mit-vier-foren (zuletzt abgerufen am 24.03.2020).

9. Kirche

vorzurufen und betonen immer wieder, dass es keinen Sonderweg der bundesdeutschen Kirche ohne Rücksicht auf die Weltkirche geben werde.

Aber obwohl es also so scheint, als ob die Deutsche Bischofskonferenz und die bundesdeutsche katholische Kirche insgesamt auf der Seite von Papst Franziskus stehen, gibt es doch erhebliche Unterschiede in der Einschätzung dessen, was unter Erneuerung und Evangelisierung verstanden wird. Denn auf bedauerliche Weise treffen sich m.E. institutioneller Selbsterhaltungsversuch der Institution „katholische Kirche" und verkürztes Reforminteresse des bundesdeutschen Laienkatholizismus im synodalen Weg.

Zeitgeist und Strukturreform

Erinnern wir uns an den Brief des Papstes vom 29.06.2019 an die bundesdeutsche Kirche. Franziskus hatte sie darin ermuntert, im Reformprozess voranzugehen, zugleich aber auch gewarnt: „Es dürfe jedoch nicht um eine Anpassung an den Zeitgeist und rein strukturelle Fragen gehen." Franziskus begrüßt in seinem Brief den synodalen Prozess und mahnt zugleich aber, dass Evangelisierung sich nicht nur auf funktionalen, organisatorischen Wandel beschränken dürfe, sondern sich der „Heimsuchung durch den Herrn" stellen müsse. Franziskus kritisiert explizit und wohl sehr sensibel für die Versuchungen des bundesdeutschen Katholizismus, dass

> „[...] eine der ersten und größten Versuchungen im kirchlichen Bereich darin bestehe zu glauben, dass die Lösungen der derzeitigen und zukünftigen Probleme ausschließlich auf dem Wege der Reform von Strukturen, Organisationen und Verwaltung zu erreichen sei [...]."

Kein Forum zur Evangelisierung

Der Brief ist bei vielen als Bremshebel des Erneuerungsprozesses interpretiert worden und auch die bundesdeutschen Bischöfe haben sehr deutlich gemacht, dass sie in ihrem Programm des synodalen Weges den Einwand von Franziskus nicht wirklich zu berücksichtigen gedenken: „Es gibt keine Stoppschilder aus Rom für den Synodalen Weg und wir werden daher weitergehen", sagte der (bisherige) Vorsitzende der Deutschen Bischofskonferenz (DBK), Kardinal Reinhard Marx in Fulda. Man werde Rom kontinuierlich informieren: „Die Anzahl der Foren werde nicht erweitert [...]. Ein weiteres Forum zum Thema Evangelisierung werde es hingegen nicht geben", sagte Kardinal Marx bei der Abschlusspressekonferenz 2019.[3] Auch der ZdK-Präsident Thomas Sternberg begrüßte das Votum der Bischöfe zur Satzung. Der Beschluss „bestätigt uns in unserer Entscheidung, die Einladung der Bischöfe, den Synodalen Weg mit uns gemeinsam zu gehen, angenommen zu haben."[4]

Keine verbeulte Kirche

Aber wer den Einwand von Franziskus, dass Evangelisierung mehr sei als Strukturreform, das Umkehr der Kirche mehr sei als organisatorische Neuaufstellung, als Stoppschild bezeichnet, hat vom Christentum doch eher wenig verstanden. Evangelisierung und Reform der Kirche ist für Franziskus an die Einsichten aus Evangelii Gaudium („Diese Wirtschaft tötet"), an die radikale Umkehr angesichts des Klimawandels (Laudato Si) und die Überwindung der globalisierten Gleichgültigkeit (Lampedusa) gebunden. All das aber spielt im gegenwärtigen Prozess keine Rolle. Und zudem macht es der Papst vielen im deutschen Katholizismus mit seiner konserva-

---

[3] Und weiter: Die Oberhirten hätten die für den Prozess notwendige Satzung mitsamt einer Präambel mit großer Mehrheit verabschiedet, so Marx weiter. Nun muss auf Seiten der Laien noch das Zentralkomitee der deutschen Katholiken (ZdK) zustimmen. https://www.katholisch.de/artikel/23070-marx-synodaler-weg-geht-weiter-mit-vier-foren.

[4] https://www.katholisch.de/artikel/23070-marx-synodaler-weg-geht-weiter-mit-vier-foren.

tiven Einstellung bzgl. der Frauen und der Ämterfrage auch sehr leicht, seine Einwände abzutun.[5]

Der synodale Weg macht auf mich den Eindruck, als sei es eine gemeinsame, wenn auch perspektivlose Anstrengung von Bischöfen, Klerus und Laienkatholizismus, der bürgerlichen Kirche wieder Lebensatem einzuhauchen. Zähneknirschend macht der Apparat einige (notwendige!) Zugeständnisse in Amtsfragen und bei der Integration der Frauen, große Teile des Laienkatholizismus geben sich damit zufrieden. Wenige aber haben ein wirkliches Interesse an einer evangelischen Umkehr der Kirche. Erinnern wir uns: Es gab schon mal einen „synodalen Weg" in der bundesdeutschen Kirche. Die Würzburger Synode 1974. Neben notwendigen Strukturreformen der Kirche gab es damals aber auch das Papier „Unsere Hoffnung". Darin hieß es:

> „Und wo die Unterdrückung und Not sich – wie heute – ins Weltweite steigern, muss diese praktische Verantwortung unserer Hoffnung auf die Vollendung des Reiches Gottes auch ihre privaten und nachbarschaftlichen Grenzen verlassen können. Das Reich Gottes ist nicht indifferent gegenüber den Welthandelspreisen!"

Von dieser Notwendigkeit ist im aktuellen Reformprozess leider wenig zu spüren. Das würde nämlich zu einer „verbeulten" Kirche führen, wie Franziskus sagt. Und die will wohl heute kaum einer, eine „moderne Kirche" dagegen schon.

---

5   Vgl. Dazu: Barbara Imholz/ Julia Lis: Papst Franziskus und die Frauen. Gegen das Patriarchat in Kirche und Gesellschaft, ITP-Rundbrief 50, 03/2019 sowie in diesem Buch S. 143f.

10. Messianischer Religionsunterricht

Ricarda Koschick

Religionsunterricht zwischen Bedeutungslosigkeit und Anpassung? (2001)

Seit Ende letzten Jahres 2001 trifft sich im Institut halbjährlich eine Gruppe von ReligionslehrerInnen, die sich über die Relevanz des Faches Religion innerhalb des Fächerkanons an Schulen austauschen und danach fragen, welchen Beitrag das Fach Religion angesichts seiner zunehmen-den Bedeutungslosigkeit leisten könnte. Die folgenden Thesen sind eine Zusammenfassung der ersten Diskussionsrunde. In Gesprächen und Diskussionen mit Religionslehrern und Religionslehrerinnen kommt immer wieder die Sprache auf die schwierige und prekäre Situation des Religionsunterrichts: Die Position des Faches im Unterrichtskanon, aber auch die Probleme bei der Vermittlung jüdisch-christlicher Traditionen sind dabei Themen. Dies gilt um so mehr für die von uns, denen die Traditionen im befreiungstheologischen, kritischen Sinne am Herzen liegen. Ausgangspunkt unserer Verständigung waren einige Thesen, die bei den teilnehmenden Kollegen und Kolleginnen trotz der Arbeit an unterschiedlichen Schulformen Zustimmung fanden. Die Thesen, die ich im Folgenden vorstelle und kommentiere, unternehmen den Versuch, einerseits zu beschreiben, was im und mit dem Religionsunterricht geschieht, und andererseits zu formulieren, was wir vermissen.

10. Religionsunterricht

1. Der Religionsunterricht drückt sich um das Christentum herum und schielt ins vermeintliche Leben

Wenn man sich die Lehrpläne und Schulbücher der Gesamtschule anschaut, so entdeckt man vielleicht noch in der Unterstufe, das heißt im 5. und 6. Jahrgang, Themen wie „Abraham", „David" oder auch die Gleichnisse, aber spätestens in der Mittelstufe, 7. bis 10. Jahrgang, trifft man auf Themen wie „Drogen", „Liebe und Freundschaft" usw., Themen also, die eher einem Sozialkundeunterricht zugeordnet werden könnten bzw. sollten. Wir meinen aber immer noch, dass katholischer oder evangelischer Religionsunterricht auch nach der Unterstufe, und nicht erst wieder in der Oberstufe, um biblische Bezüge nicht herum kommt. Was bedeutet es, so fragen wir uns, für eine Schriftreligion, und das ist das Christentum, wenn ihr die biblischen Schriften abhanden kommen?

2. Der Religionsunterricht drückt sich um die Bibel herum und schielt auf literarische und andere Texte

Nimmt man sich beispielsweise das kürzlich erschienene Religionsbuch „Spurenlesen" für den 5. und 6. Jahrgang vor, dann entdeckt man auf den ersten Blick wichtige und richtige Themen: „Abraham – Verheißung und Bund", „Exodus – Weg in die Freiheit" oder „Starke Frauen: Rut und andere Geschichten". Zentrale biblische Inhalte meint man erwarten zu können. Die Enttäuschung ist groß, wenn man mit diesem Lehrbucharbeiten will: Die Reihe „Starke Frauen: Rut und andere Geschichten" z.B. beginnt mit einem Auszug aus einem Jugendroman von Judith Kerr, dann folgt ein Zeitungsausschnitt über ein „Vertriebenenschicksal", dann endlich Rut, wobei dieser zentrale biblische Text in Auszügen präsentiert wird, in denen der sozio-historische Kontext mit seiner den Konflikt bestimmenden Länderfeindschaft weggekürzt wurde. Wir fragen uns, was die Schüler und Schülerinnen eigentlich in dieser Unterrichtssequenz verstehen sollen. Sollen sie verstehen, dass Rut eine starke Frau war? Oder dass Rut fleißig war? Wo bleibt die Arbeit, auch die methodische, mit und an dem biblischen Text? Wäre uns nicht ein Lehrwerk hilfreich, in dem wirtschaftliche, politische, geographische und soziale Bedingungen in verstehbare Sprache herunter buchstabiert würden, so dass Rut in dem ihr eigenen Kontext anschaulich und verständlich würde? Das Ausweichmanöver auf andere literarische Texte führt jedenfalls von biblischen Fragestellungen weg.

3. Der Religionsunterricht drückt sich um den radikalen christlichen Gott herum und schielt nach anderen Göttern

In verschiedenen Didaktiken heißt es immer wieder, man müsse zunächst einmal die Sprache der Religionen lernen, um das Christentum zu verstehen. Dann findet man Versatzstücke verschiedener Religionen und sehr anschauliches Material. Was man aber nicht oder nur am Rand findet: das Christentum und seinen herrschaftskritischen Anspruch und seinen Gott, der aus der Unterdrückung hinausführen will. Im Sinne einer großen Beliebigkeit, wie wir sie auch anderenorts entdecken, können sich Schüler und Schülerinnen dann aussuchen, welche der angebotenen Religionen bzw. welche angebotene Interpretation ihnen zusagt. Wer setzt, so fragen wir, denn eigentlich die Kriterien für diese Wahl? Wo sind die Begründungen, die, so haben wir beobachtet, auch in anderen Fächern nicht mehr gefordert scheinen?

4. Der Religionsunterricht drückt sich um die Analyse der Religion des Geldes/des Kapitals herum und schielt nach der sogenannte Lebenswelt der Schüler und Schülerinnen

Mit der Lebenswelt sind dann Cliquen, Mode usw. gemeint. Diese Lebenswelt wird von den Verhältnissen bestimmt, in die die Kinder hinein geboren werden. Wie die Erwachsenen, so werden auch die Kinder von einer Religion des Geldes geprägt. Sie haben

10. Religionsunterricht

zunächst keine Wahl, gezielt wird ihr Marktwert erhoben und anerzogen. Das, was in Schule und traditionellen Unterrichtsformen in der Regel als Individualisierung kritisiert wird, erweist sich unseres Erachtens bei genauerer Betrachtung eher als ein hohes Maß an Angepasstheit an verschiedene Dogmen des Marktes. Ein am Kreuz ermordeter Jesus passt da nicht; was bedeutet die christliche Botschaft, dass Zerstörung nicht hingenommen wird und dass Machtstrukturen nicht unbedingt immer auch gleich Sachzwänge sind? Oder sind dies nur Leerformeln? Abschließend fragten wir uns während des Treffens, ob nicht die Haltung des Sichherumdrückens und das Schielen nach Anderem selbst wieder als Aufgabe einer Alphabetisierung in Religion und einer Alphabetisierung in christlicher Botschaft aufgefasst werden könnte und müsste? Aber: Trauen wir das dem Religionsunterricht zu?

Andreas Hellgermann

Anmerkungen zum schwierigen Gebrauch des Kompetenzbegriffs in der Bildung (2013)

Meines Erachtens kann man die Einführung und Bedeutung des Kompetenzbegriffs in die Bildungsdiskussion nur verstehen, wenn man zugleich sieht, wie sich ökonomische Denkweisen im Laufe der letzten 50 Jahre verändert haben und mehr und mehr Eingang gefunden haben zum Beispiel auch in die Bildungspolitik der gesamten EU und damit im Rahmen von europäischen Angleichungsprozessen („Bologna") auch in die jeweilige nationalstaatliche Bildungspolitik. Es wäre sicher zu kurz gegriffen zu sagen, dass man den Kompetenzbegriff eingeführt hat, um eine Ökonomisierung von Bildung voran zu treiben. Es lässt sich aber sehr wohl zeigen, wie sehr dieser Begriff sich geradezu als Plattform oder auch Einfallstor für einzig an ökonomischen Kategorien orientiertem Denken und Handeln eignet.

Natürlich ist Kompetenz nichts Schlechtes und jede/r von uns möchte lieber von einem kompetenten Arzt behandelt werden, einen kompetenten KFZ-Mechatroniker das Auto reparieren lassen und von inkompetenten Gas- und Wasserinstallateuren oder gar Kommunalpolitikern verschont bleiben. Aber was ist ein kompetenter Seelsorger, ein kompetenter Zuhörer oder gar ein kompetenter Künstler oder Mystiker? Der Kompetenzbegriff wird mittlerweile inflationär verwendet und dies hat nicht zuletzt mit den Möglichkeiten zu tun, durch ihn auf Bildung Einfluss zu nehmen.

10. Religionsunterricht

Ein Ausgangspunkt bzw. Bezugspunkt für die Einführung dieses Begriffs in die Bildungsdiskussion stellt die Linguistik von Noam Chomsky in den 60er Jahren dar. Chomsky verwendet den Begriff als Gegenbegriff zur Performanz und unterscheidet zwischen Kompetenz als dem gesamten (unbewussten) Wissen eines Sprechers (gewissermaßen die prinzipielle Sprachfähigkeit) und Performanz als der real stattfindenden Sprachverwendung, das Sprechen selbst. Kompetenz bei Chomsky ist also so etwas wie Hintergrundwissen, Performanz die Fähigkeit, etwas umzusetzen und damit ist Performanz nahe an dem, was wir heute unter Kompetenz verstehen. Parallel bzw. etwas später entwickelt auch die Psychologie einen Begriff von Kompetenz, auf den dann (Weinert) auf verschiedene Weisen zurückgegriffen wird. Dadurch wird vor allem der Fokus auf das Verhalten von Menschen gerichtet.

Einen verstärkten Einzug in die Bildungsdiskussion hält der Begriff auf unterschiedlichen Wegen, vor allem im Kontext der Handlungsorientierung. Er bietet sich geradezu als Gegenbegriff zu einer rein Wissen vermittelnden Auffassung von Bildung – dem vielbeschworenen „Nürnberger Trichter" – an, bei dem der Lehrer Wissen als Inhalt, den er hat, an den Schüler weitergibt. Der brasilianische Befreiungspädagoge Paulo Freire hat dafür den Begriff der Bankiersmethode verwendet: Der Lehrer lagert das Wissen in die Köpfe der Schüler ein.

Dem steht mit dem Kompetenzbegriff nun eine Vorstellung gegenüber, bei der es nicht mehr um die Aufnahme von irgendwann einmal einsetzbarem Wissen geht, sondern um die Entwicklung von Fähigkeiten, also um Verhalten. Die für die in Deutschland stattfindenden Diskussionen wohl wichtigste Definition von Kompetenz, die entsprechend in allen Lehrplänen wiederzufinden ist, ist die von Weinert (Psychologe). Er hat Kompetenzen beschrieben als

> „die bei Individuen verfügbaren oder durch sie erlernbaren kognitiven Fähigkeiten und Fertigkeiten, um bestimmte Probleme zu lösen, sowie die damit verbundenen motivationalen, volitionalen (d.h. absichts- und willensbezogenen) und sozialen Bereitschaften und

Fähigkeiten, um die Problemlösungen in variablen Situationen erfolgreich und verantwortungsvoll nutzen zu können"[1].

Spätestens durch die PISA-Studie (Lesekompetenz, mathematische und naturwissenschaftliche Kompetenz) wird der Begriff prominent. Inwiefern begegnen sich nun der Kompetenzbegriff auf der einen und bestimmte Entwicklungen im ökonomischen Denken des 20. Jahrhunderts auf der anderen Seite?

Dazu muss man zumindest kurz in die Welt der Ökonomie des 20. Jahrhunderts zurückblicken: Nach der Weltwirtschaftskrise in den 30er Jahren hält der Keynesianismus als dominierende ökonomische Grundvorstellung und Antwort auf eben diese Krise Einzug in das ökonomische Denken und Handeln. Mit ihm verbunden sind die entsprechenden Maßnahmen staatlicher Eingriffe wie zum Beispiel Konjunkturprogramme, die zu der bis in die 70er Jahre hinein erfolgreichen Nachkriegsökonomie geführt haben (Stichwort hierfür auch: nachfrageorientierte Ökonomie – die Wirtschaft produziert das, wofür es gerade in der durch entsprechenden Mangel bzw. Nachholbedarf bestimmten Nachkriegszeit eine Verwendung gibt). Parallel dazu entwickelt sich aber eine liberale oder auch „neoklassische" Kritik, die zwar anerkennen muss, dass diese Art von Ökonomie über einen langen Zeitraum funktioniert hat, jedoch alle möglichen Formen staatlicher Eingriffe für falsch hält. Spätestens nach dem Einsetzen von Wirtschaftskrisen (zum Beispiel durch entsprechende Überproduktionen und damit verbundenem Sinken der Nachfrage) in den 70er Jahren wird dieses Denken dominant und hält seinen Siegeszug mit Ronald Reagan und Margaret Thatcher in den 80er Jahren unter dem Stichwort „Neoliberalismus" (natürlich müsste man den schwierigen Begriff Neoliberalismus hier genauer erläutern).

Im Zentrum dieses neoliberalen Weltverständnisses steht ein Menschenbild, das von Gary Becker, einem maßgebenden Ökono-

---

1 Zitiert nach: Eckard Klieme: Was sind Kompetenzen und wie lassen sie sich messen?, in: Pädagogik 6/04.

10. Religionsunterricht

men des Neoliberalismus, folgendermaßen beschrieben wird und das unter dem Stichwort „homo oeconomicus" auch Eingang findet in den neuen Lehrplan für die HBFS (Höhere Berufsfachschule):

> „In der Tat bin ich zu der Auffassung gekommen, dass der ökonomische Ansatz so umfassend ist, dass er auf alles menschliche Verhalten anwendbar ist [...] seien es wiederkehrende oder seltene Entscheidungen, handle es sich um emotionale oder nüchterne Ziele, reiche oder arme Menschen, Männer oder Frauen, Erwachsene oder Kinder, kluge oder dumme Menschen, Patienten oder Therapeuten, Geschäftsleute oder Politiker, Lehrer oder Schüler."[2]

Grundlegend für diese Auffassung vom Menschen ist eine Veränderung der Auffassung von dem, was Ökonomie ist: Hierbei geht es nicht mehr um Dinge, Investitionen, Berechnungen etc., sondern im Kern ist Ökonomie eine Wissenschaft vom menschlichen Verhalten! Dies ist in der neoklassischen Theorie auf verschiedene Weisen zum Ausdruck gebracht worden:

> „Die Ökonomie ist die Wissenschaft des menschlichen Verhaltens, die Wissenschaft menschlichen Verhaltens als eine Beziehung zwischen Zwecken und knappen Mitteln, deren Verwendung sich gegenseitig ausschließen."[3]

Das Interessante ist, dass damit einer Verbindung zu allen andern Wissenschaften menschlichen Verhaltens, beispielsweise der Pädagogik ein Raum eröffnet wurde, der nun immer weiter gefüllt wird. Dreh- und Angelpunkt hierfür ist die aus dieser Grundauffassung resultierende „Humankapitaltheorie" (die vor allen Dingen von den beiden Nobelpreisträgern Becker und Schultz entwickelt worden ist):

> „Das besondere Kennzeichen des Humankapitals besteht darin, dass es ein Teil des Menschen ist. Es ist human, weil es im Menschen verkörpert ist, und Kapital, weil es eine Quelle zukünftiger

---

2   Gary S. Becker: Der ökonomische Ansatz zur Erklärung menschlichen Verhaltens, Tübingen 1982, S. 7.
3   L. C. Robbins: Essay on the Nature and Significance of Economic Science, London 1932, Neuausgabe 1962, S. 16.

Befriedigung oder zukünftiger Erträge oder eine Quelle von beidem ist."[4]

Damit wird alles das, was der Mensch bekommt, als Ertrag bzw. Einkommen auf sein Kapital betrachtet, und alle Veränderungen sind Investitionen zur Vergrößerung des vorhandenen Kapitals – eben des Humankapitals. Dementsprechend sind Bildung und Erziehung auf der individuellen und auf der gesellschaftlichen Ebene immer als Investitionen in das vorhandene und zu vergrößernde Humankapital anzusehen.

An dieser Stelle treffen sich der in die Bildung eingeführte Kompetenzbegriff und die Humankapitaltheorie. Bei dem, was in Schule und Ausbildung gelernt wird, geht es jetzt nicht mehr darum, die Welt zu verstehen, sich in ihr orientieren und sie verändern zu können, sondern darum, Fähigkeiten und Fertigkeiten zu entwickeln, die wie jedes andere Kapital auch eingesetzt werden können, um entsprechende Erträge zu erzielen.

Spätestens zu Beginn des 21. Jahrhunderts wird die Humankapitaltheorie von der OECD aufgegriffen und zur Basistheorie ihrer Untersuchungen (bspw. PISA) und Empfehlungen. Die OECD verbindet diesen ökonomischen Ansatz mit der Vorstellung, dass Lernen in den verschiedensten Zusammenhängen zu einer Kompetenzvermehrung im weitesten Sinne führt und diese Kompetenzen, auf dem Markt zum eigenen Wohlergehen eingesetzt, eine individuelle Nutzenmaximierung ermöglichen. Dahinter steht die alte und mehr denn je gültige Vorstellung von Adam Smith, dass die „unsichtbare Hand des Marktes" die egoistischen Einzelinteressen letztendlich zum Wohlergehen aller ausgleicht. Dementsprechend ist die Vorstellung der OECD von Humankapital: „Das Humankapital ist der Bestand an Fähigkeiten und Kenntnissen, die der einzelne besitzt oder – normalerweise durch Bildung und Ausbildung – entwickelt und sodann als Gegenleistung für ein Einkommen auf

---

[4] Theodore W. Schultz: Investment in Human Capital: The Role of Education and of Research, New York 1971, S. 48.

10. Religionsunterricht

dem Arbeitsmarkt anbietet." Dieses Humankapital wird verstanden als „in Individuen verkörperte Kenntnisse, Fähigkeiten, Kompetenzen und Eigenschaften, die die Erzeugung persönlichen, gesellschaftlichen und ökonomischen Wohlergehens ermöglichen".[5]

Und auch für die EU ist die Verbindung von Bildung und Ökonomie, vermittelt über den Kompetenzbegriff, zur Standard- bzw. Idealvorstellung geworden. Der Idealbürger der EU ist selbstverständlich der Unternehmer bzw. besitzt unternehmerische Kompetenz, was 2006 als Beschluss des EU-Parlaments formuliert worden ist:

> „Definition: Eigeninitiative und unternehmerische Kompetenz ist die Fähigkeit des Einzelnen, Ideen in die Tat umzusetzen. Dies erfordert Kreativität, Innovation und Risikobereitschaft sowie die Fähigkeit, Projekte zu planen und durchzuführen, um bestimmte Ziele zu erreichen. Unternehmerische Kompetenz hilft dem Einzelnen nicht nur in seinem täglichen Leben zu Hause oder in der Gesellschaft, sondern auch am Arbeitsplatz, sein Arbeitsumfeld bewusst wahrzunehmen und Chancen zu ergreifen; sie ist die Grundlage für die besonderen Fähigkeiten und Kenntnisse, die diejenigen benötigen, die eine gesellschaftliche oder gewerbliche Tätigkeit begründen oder dazu beitragen. Dazu sollte ein Bewusstsein für ethische Werte und die Förderung einer verantwortungsbewussten Unternehmensführung gehören."[6]

Und der Religionsunterricht wird „Lieferant" für die entsprechenden Werte und soll damit seinen Beitrag zur verantwortungsbewussten Unternehmensführung leisten, was dann im neuen Lehrplan HBFS folgendermaßen formuliert wird: Der Religionsunterricht hat eine „Kompensationsfunktion". Sie bezieht sich „auf sinnstiftende Interpretationsangebote zu Ökonomie, Gesellschaft, Technik und Mensch, die sich in hermeneutischen und kulturkritischen,

---

5 OECD 2001 und 2002 zitiert nach: Jörg Nicht, Thomas Müller: Kompetenzen als Humankapital in: Initial – Berliner Debatte Februar 2010.
6 EMPFEHLUNG DES EUROPÄISCHEN PARLAMENTS UND DES RATES vom 18. Dezember 2006 zu Schlüsselkompetenzen für lebensbegleitendes Lernen, in: Amtsblatt der Europäischen Union, 18. Dezember 2006, S. 17f.

historisch-systematischen, aber auch in kreativen Zugängen niederschlagen."

Zu dieser Entwicklung gäbe es viel zu sagen. Hier nur zwei kritische Anmerkungen:

Pierre Bourdieu:

> „Max Weber hat gesagt, dass es die Herrschenden immer nach einer ‚Theodizee ihrer Privilegien' verlangen, oder besser, nach einer Soziodizee, einer gedanklichen Rechtfertigung ihrer gesellschaftlichen Sonderrechte. Kompetenz bildet heute das Herzstück dieser Soziodizee, die nicht nur, und ganz nahe liegend, von den Herrschenden anerkannt wird, sondern auch von allen anderen."[7]

Paulo Freire:

> „Indem man so von der eigenen Welt abgekoppelt wird, verliert man die Möglichkeit, kulturelle Wegweiser auszubilden, die einen befähigen, die Welt zu verstehen, wie auch in ihr zu handeln und sie zu transformieren. Darum ist die neoliberale pragmatische Einstellung in aggressiver Weise darauf aus, einen Bruch zwischen einem selbst und seiner Welt zu bewirken, indem man eine tiefgehende Verbindung zwischen einem selbst und dem Markt geltend macht. In anderen Worten, der Fokus der Erziehung in der neoliberalen Welt ist darauf gerichtet, wie man ein kompetenter Verbraucher wird, wie man ein kompetenter Verteiler von Wissen wird, ohne irgendwelche ethischen Fragen zu stellen."[8]

---

7   Pierre Bourdieu: Gegenfeuer. Konstanz 2004, S. 62f.
8   Paulo Freire,:Eine Antwort, in: Ders.: Bildung und Hoffnung, herausgegeben von Peter Schreiner, Norbert Mette, Dirk Oesselmann, Dieter Kinkelbur, Münster, New York, München, Berlin 2007, S. 136.

AutorInnen

Cordula Ackermann (1988), Mag. theol., Mitarbeiterin am Institut für Theologie und Politik.

Norbert Arntz (1943), kath. Pfarrer i.R. und Mitarbeiter am Institut für Theologie und Politik.

Christine Berberich (1971), Dipl.-Theol., arbeitete von 2000 bis 2015 ehrenamtlich im Institut für Theologie und Politik mit und ist derzeit als freiberufliche Lektorin tätig.

Dick Boer (1939), Theologe, Mitarbeiter des Historisch-Kritischen Wörterbuchs des Marxismus.

Nancy Cardoso Pereira, Dr. theol. und methodistische Pastorin in Brasilien.

Fernando Castillo (1943-1997), Dr. theol., war Assistent von Johann Baptist Metz an der Universität Münster und arbeitete später am *Centro Ecuménico Diego de Medellín* in Santiago de Chile.

Kacem Gharbi (1968) ist Philosoph und einer der profiliertesten muslimischen Befreiungstheologen Tunesiens.

Kuno Füssel (1941), Dr. theol., war wissenschaftlicher Mitarbeiter von K. Rahner, H. Vorgrimler und J. B. Metz. Bis 2007 Lehrer an einer Berufsschule.

Philipp Geitzhaus (1988), Mag. theol., Mitarbeiter am Institut für Theologie und Politik in Münster.

Andreas Hellgermann (1960), Dr. theol., arbeitet als Lehrer an einem Berufskolleg in Münster.

Franz J. Hinkelammert (1931), Theologe und Ökonom. 1976 Mitbegründer des befreiungstheologischen Instituts *Departamiento Ecumenico de Investigaciones* in Costa Rica.

Claudia Huml (1971), arbeitet als Lehrerin an einem Berufskolleg in Münster.

Barbara Imholz (1957), ist Mitarbeiterin am Institut für Theologie und Politik.

Olaf Kaltmeier (1970), Prof. Dr., ist Professor für Iberoamerikanische Geschichte an der Universität Bielefeld.

Benedikt Kern (1988), Mag. theol., Mitarbeiter am Institut für Theologie und Politik in Münster. Berater der Kirchenasyle in Nordrhein-Westfalen mit dem Ökumenischen Netzwerk Asyl in der Kirche in NRW e.V.

Ricarda Koschick (1965), arbeitet als Lehrerin an einem Gymnasium in Münster.

Andreas Kückmann (1968), Landschaftsökologe, engagiert sich im Institut für Theologie und Politik.

Sandra Lassak (1975), Dr. theol., war Mitarbeiterin im Institut für Theologie und Politik und ist aktuell bei Misereor tätig.

Julia Lis (1982), Dr. theol., Geschäftsführerin des Instituts für Theologie und Politik in Münster.

AutorInnen

Boniface Mabanza, Dr. theol, arbeitet an der Kirchlichen Arbeitsstelle Südlichen Afrika in Heidelberg.

Martin Ostermann, war Religionslehrer in Münster und in der Chilesolidarität engagiert.

Pilar Puertas (1857), Historikern, Mitarbeiterin am Institut für Theologie und Politik.

Michael Ramminger (1960), Dr. theol., war Mitarbeiter von Johann Baptist Metz am Fachbereich kath. Theologie in Münster. Mitbegründer des Instituts für Theologie und Politik in Münster.

Jon Sobrino SJ (1938), Prof. Dr. theol. em. War Direktor des Zentrums Monseñor Romero an der Zentralamerikanischen Universität in San Salvador (UCA).

Katja Strobel (1975), Dr. theol. war mehrere Jahre lang Mitarbeiterin am Institut für Theologie und Politik.

Paulo Suess (1938), Dr. theol. war viele Jahre lang Generalsekretär des brasilianischen Indigenenmissionsrates (CIMI).

Elsa Tamez (1951), Prof. Dr. theol., war Professorin an der *Universidad Biblica Latinoamericana* in Costa Rica und war Mitarbeiterin am *Departamiento Ecumenico de Investigaciones*.

Ludger Weckel (1960), Dr. theol., Mitbegründer und mehrere Jahre lang Mitarbeiter des Instituts für Theologie und Politik.

Edition ITP-Kompass

Bücher zur Befreiungstheologie, zur Politischen Theologie und zur Pädagogik aus dem Institut für Theologie und Politik

Philipp Geitzhaus und Michael Ramminger (Hg.)

Ereignis, Freiheit, Transzendenz
Auseinandersetzungen mit Alain Badiou

Alain Badiou ist gegenwärtig einer der meistdiskutierten Philosophen. Stellt Badiou mit seinen Überlegungen zum Ereignis, zum Apostel Paulus und zum „Tode Gottes" die Grundlagen der Theologie in Frage? Mit Beiträgen von Alain Badiou, Philipp Geitzhaus, Kuno Füssel, Andreas Hellgermann, Julia Lis, Michael Ramminger und Thomas Rudhof-Seibert.
Edition ITP-Kompass, Bd. 32, Münster 2020, 174 S.

AK Religionslehrer_innen im ITP

Künstliche Intelligenz oder kritische Vernunft
Wie Denken und Lernen durch die Digitalisierung grundlegend verändert werden

Die Digitalisierung von Bildungsprozessen ist in vollem Gange. Und sie erscheint notwendiger denn je. Aber das bedeutet nicht, dass man sich ihr ausliefern muss. Schon gar nicht, wenn Bildung ihren emanzipatorischen Kern nicht aufgeben will.
Edition ITP-Kompass, Bd. 31, Münster 2020, 148 S.

Michael Ramminger

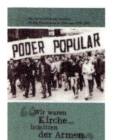

„Wir waren Kirche ... inmitten der Armen"
Das Vermächtnis der Christen für den Sozialismus in Chile von 1971-1973

Michael Ramminger rekonstruiert die Geschichte der Christen für den Sozialismus in Chile bis zum Putsch gegen die sozialistische Regierung Salvador Allendes anhand von Interviews und Originaldokumenten und macht damit einen wichtigen Teil der Anfangsgeschichte dieses befreienden Christentums und der Befreiungstheologie zugänglich.
Edition ITP-Kompass, Bd. 29, Münster 2019, 476 S.

Dick Boer

Wenn nichts mehr stimmt...
Hiob rettet den „Namen"

Was tun in einer Zeit, in der jede Perspektive auf Veränderung zum Guten abhandengekommen ist? Das ist das Thema des Buches Hiob. Die Frage ist: Wird Hiob auch umsonst dem Projekt der Befreiung, in der Bibel mit dem Namen Gottes verbunden, die Treue halten?
Argument/Edition ITP-Kompass, Münster 2019, 184 S.

Urs Eigenmann/Franz J. Hinkelammert/ Kuno Füssel (Hg.)

Der himmlische Kern des Irdischen
Das Christentum als pauperozentrischer Humanismus der Praxis

Dieses Buch ist zum einen die Frucht über dreißigjährigen Bemühens einer internationalen Gruppe von Theologinnen und Theologen, eine befreiende Theologie zu entwickeln. Zum anderen geht es von der Tatsache aus, dass das Christentum die einzige Weltreligion darstellt, deren Orthodoxie aus der Verkehrung ihres Ursprungs hervorgegangen ist und orientieren sich konsequent an dem biblisch bezeugten Ursprung.
Edition Exodus/Edition ITP-Kompass, Luzern/Münster 2019, 268 S.

Philipp Geitzhaus/Michael Ramminger (Hg.)

Gott in Zeit
Zur Kritik der postpolitischen Theologie

Im Zentrum der politischen Theologie von Johann Baptist Metz steht nicht die Gesellschaftskritik, sondern ihr Gottesbegriff und ein Denken der befristeten Zeit. Ihr geht es zunächst nicht um „meine Zeit", also die Zeit des herrschenden bürgerlichen Subjekts, sondern vor allem um das Leben der Anderen, also die Lebens-„Zeit" der Anderen. Nur so wäre von Gott zu reden.
Edition ITP-Kompass Bd. 28, Münster 2018, 256 S.

buecher@itpol.de – www.itpol.de
Institut für Theologie und Politik (ITP)

Institut für Theologie und Politik

Das Institut für Theologie und Politik (ITP) ist unabhängig, aber parteilich. Befreiungstheologie ist unser Ansatzpunkt, um Gesellschaft zu begreifen, Herrschaftsverhältnisse in Frage zu stellen und solidarische Alternativen zu entwickeln. Seit 1993 ist der Träger des ITP ein als gemeinnützig und wissenschaftlich anerkannter Förderverein.

Das ITP ist ein Multiplikator befreiungstheologischer Theorie und Praxis unter aktuellen globalen gesellschaftlichen Bedingungen und Schnittstelle zwischen Kirche und Sozialen Bewegungen.

Es geht darum, neue Machtverhältnisse zu schaffen und zwar von unten her. Ein Wandel der Verhältnisse geschieht aber nicht von allein, sondern braucht Reflexion, Organisation, Beratung und Begleitung.

Wir wollen uns gemeinsam mit allen auf den Weg zu einer anderen Kirche und Gesellschaft machen, die dem Reich Gottes näher kommt, als das, was heute als alternativlos gilt.

Das ITP wird getragen von einem gemeinnützigen Förderverein. Dies bringt inhaltliche Unabhängigkeit, aber auch ökonomische Unsicherheit mit sich. Arbeit wird vor allem durch ehrenamtliches Engagement der MitarbeiterInnen geleistet. Finanziert wird das ITP vor allen Dingen durch Spenden.

Weitere Informationen unter www.itpol.de